COLLOQUIAL
RUSSIAN

Uniform with this volume

COLLOQUIAL ARABIC
COLLOQUIAL CZECH
COLLOQUIAL DUTCH
COLLOQUIAL FRENCH
COLLOQUIAL GERMAN
COLLOQUIAL GREEK
COLLOQUIAL HINDUSTANI
COLLOQUIAL HUNGARIAN
COLLOQUIAL ITALIAN
COLLOQUIAL PERSIAN
COLLOQUIAL PORTUGUESE
COLLOQUIAL RUMANIAN
COLLOQUIAL SPANISH
COLLOQUIAL TURKISH

COLLOQUIAL

RUSSIAN

WILLIAM HARRISON
YELENA CLARKSON
STEPHEN LE FLEMING

Department of Russian
University of Durham

ROUTLEDGE & KEGAN PAUL
LONDON, HENLEY AND BOSTON

First published in 1973
Revised edition published in 1978
by Routledge & Kegan Paul Ltd
39 Store Street
London WC1E 7DD,
Broadway House
Newtown Road
Henley-on-Thames
Oxon RG9 1EN and
9 Park Street
Boston, Mass. 02108, USA
Printed in Great Britain by
Lowe & Brydone Printers Limited
Thetford, Norfolk

ISBN 0 7100 8965 1

CONTENTS

PRONUNCIATION ix
THE RUSSIAN ALPHABET 1
ABBREVIATIONS 6

LESSON 1. Verbs: Present Tense — Gender of Nouns — Prepositional Case of Nouns — Absence of Article — Absence of Verb 'to be' in Present Tense — Personal Pronouns 8

LESSON 2. Verbs — Nouns: Accusative Case — Adjectives — Possessive Pronoun — Prepositions — Есть 16

LESSON 3. Verbs: Second Conjugation — Imperative — Impersonal Use of Third Person Plural — Some Irregular Verbs — Short Predicative Form of Adjectives — Questions — Accusative of Motion 24

LESSON 4. Gender of Nouns — Genitive Singular — Uses of Genitive — Prepositional Case — Some New Verbs 34

LESSON 5. Names — Masculine Animate Accusative — — More Uses of the Preposition У — Verbs — Уме́ть and Мочь 46

LESSON 6. Nouns: Masculine Prepositional in -у́ — Plurals — Adjectives — Adverbs — Duration of Time — Partitive Genitive 57

LESSON 7. Verbs in -ся — Verbs in -овать and -евать — Instrumental Case — Uses of Instrumental Case — Кто and Что   67

LESSON 8. Dative Case — Declension of Nouns in Singular — Declension of Pronouns — Declension of сам — Prepositions к and по — Dative with Neuter Short Form of Adjective — Принадлежа́ть—Нра́виться — э́тот   78

LESSON 9. Past Tense — Aspects — Formation of Perfective Aspect—Days of the Week —Months— Names   91

LESSON 10. Future Tense, Imperfective Aspect — Future Tense, Perfective Aspect — Irregular Perfective Futures — Нельзя́ — Let us ... — Не бу́дет as the Future Tense of Нет   104

LESSON 11. Ходи́ть and Идти́ 'to go' (on foot) — The Perfective Verb Пойти́ — Е́здить and Е́хать 'to go' (not on foot) — Ходи́л and Пошёл — Indirect Speech   117

LESSON 12. Prefixed Verbs of Motion — Приходи́ться   130

LESSON 13. Prefixed Verbs of Motion—Imperatives — Ви́ден, ви́дно; слы́шен, слы́шно — Nationalities   143

LESSON 14. Носи́ть, нести́; понести́ 'to carry, take' — Вози́ть, везти́; повезти́ 'to convey, take' — Prefixed Verbs Formed from носи́ть, нести́ and вози́ть, везти́ — носи́ть 'to wear'   153

LESSON 15. Adjectives — Свой Declension of Pronouns in the Singular — Ordinal Numerals — The Relative Pronoun — Expressions of Time — Заве́дующий — Води́ть, вести́ 'to lead' — Лета́ть, лете́ть 'to fly' — Бе́гать, бежа́ть 'to run' — Ма́ленький   164

LESSON 16. Nouns: Genitive Plural — Plural of
Adjectives— The Verb Учи́ть — Мно́гие: 'many'   182

LESSON 17. — -то and -нибудь — Irregular Plurals —
Numerals — Age   195

LESSON 18. Declension of Nouns in the Plural —
Declension of Adjectives in the Plural — Stress in
the Plural of Nouns — Some Irregular Plural
Declensions — The Declension of Це́рковь:
'church' — Declension of neuter nouns in -мя   207

LESSON 19. Numerals — Expressions of Time —
'About' with Numeral Constructions — Боль-
но́й — The Verb Сходи́ть — Verbs with the
Suffix -нуть   223

LESSON 20. Comparative of Adjectives and Adverbs— Irregular Comparatives — 'Than' — Чем
... тем... — Гора́здо — Как мо́жно ...   237

LESSON 21. Superlative of Adjectives — Some Exceptional Comparatives and Superlatives — Superlative of Adverbs — The Reflexive Pronoun
себя́ — Чей 'whose' — Са́мый 'the very ...'   250

LESSON 22. Participles — Present Active Parti-
ciple — Past Active Participle — Present Passive
Participle — Past Passive Participle — Uses of
Participles — Adverbs Formed from Present
Active Participle — Adjectivalized Participles
— The Particle бы́ло   262

LESSON 23. Gerunds — Present Gerund — Past Gerund — Use of Gerunds — Conjunctions — Кто ...
кто...   279

LESSON 24. Не́кто, не́что — Не́кого, не́чего — Не́где,

нéкуда, нéкогда — Ложи́ться, сади́ться, станови́ться   292

LESSON 25. Verbs for 'to put' — Пуска́й, пусть — Есть and Ку́шать — Verbs in -нять — Declension of Surnames — Numerals and Dates   304

LESSON 26. Ничто́, никто́, никако́й — Declension of оди́н 'one' — Чтобы́ — Выходи́ть/Вы́йти за́муж 'to get married'   317

LESSON 27. Formation of the Subjunctive — Uses of the Subjunctive — бы and чтобы́ — Use of the Imperative Form instead of the Subjunctive   326

LESSON 28. Declension of Numerals — Use of Numerals — Adjectives with Numerals — Collective Numerals — О́ба, о́бе 'both' — Полтора́/полторы́ — Declension of по́лдень 'midday' and по́лночь 'midnight' — Fractions — Declension of ско́лько 'how many' — Agreement of Verb and Numeral Subject — Expressions of Time   340

KEY TO THE MAIN ENGLISH—RUSSIAN TRANSLATION EXERCISES   355

ENGLISH—RUSSIAN VOCABULARY   371

RUSSIAN—ENGLISH VOCABULARY   387

INDEX   427

PRONUNCIATION

STRESS

Every Russian word of more than one syllable has a syllable which is stressed, that is, pronounced more forcefully and emphatically than the rest of the word. (English also stresses one syllable more than the rest.) In this book, as in most textbooks and dictionaries, the vowel in the stressed syllable of a word is marked with an accent, thus: систéма. The vowel ё is always stressed.

The unstressed syllables, as in English, tend to be pronounced less distinctly.

CONSONANTS

1. Differences between Russian and English consonants:

д, т and н in Russian (as in French and German) are dental, that is, pronounced with the tip of the tongue against the teeth and not, as in English, against the alveolar ridge behind the top teeth.

р is rolled, that is, articulated in the front of the mouth with the tip of the tongue vibrating just behind the alveolar ridge. (In English 'r' is not normally rolled, while in French and German the 'r' vibration occurs in the throat.)

х is a sound not found in English, but Scots have it in such words as 'loch' and Germans in 'noch'.

2. Hard and soft consonants:

Russian distinguishes between 'hard' and 'soft' consonants. By a soft consonant we mean one followed by a soft sign ь or by one of the vowels и, е, ё, ю or я. By 'soft' we mean palatalized, that is, articulated with the back of the tongue raised to meet the soft palate of the roof of the mouth, which results in adding to the consonant a trace of the sound of 'y' as in English 'yes'. In the word билéт, for example, both the б and the л are soft before the vowels и and е. Soft б is not greatly different from hard б, but hard and soft л differ very noticeably. Hard л in a word like журнáл is pronounced with the middle of the tongue lying lower in the mouth than in the English 'l', while soft л is produced by bunching the tongue up against the roof of the mouth as in стиль. Hard and soft consonants may distinguish words, as with т in быт and быть.

While most consonants in Russian can be either hard or soft, depending on the following vowel or hard or soft consonant, some sounds can only be hard and some can only be soft. Thus ж, ш and ц are hard whatever follows them, so that the vowels е and и sound as э and ы, and the soft sign ь is ignored: центр, цирк; шесть, ешь; жить, ужé. ш and ж are harder in Russian than in English, i.e., not palatalized, and to achieve a good Russian ж or ш it helps to extend the lower jaw when you say them. ч and щ, on the other hand, are soft and after them the vowels а and у have the values of я and ю.

3. Voiced and voiceless consonants:

Many consonants can be grouped in pairs in which one is pronounced with the vocal chords in the throat vibrating and the other is articulated in the same way but with the vocal chords silent: the first is called a 'voiced' consonant, the second 'voiceless'. Thus б and п are both pronounced by expelling a burst of air through the lips, but with б this is accompanied by resonance in the vocal chords; б is voiced, п voiceless. Similar pairs are formed by the consonants в − ф; г − к; д − т; ж − ш; з − с.

This fact is important for two reasons. Firstly, at the end of a breath-group, before a pause in speech, however slight, a final consonant, if voiced, is unvoiced, so that лорд (an English lord) could rhyme with порт (port), флаг with так, and луг (meadow) sounds the same as лук (onion). Secondly, in groups of consonants all are voiced or unvoiced in accordance with the last consonant of the group, so that in the word лодка, д is unvoiced to т because к, the final consonant in the group, is voiceless. Similarly т in the word футбол is voiced to д because б, the final consonant in the group, is voiced. This process is known as backward or regressive assimilation.

Regressive assimilation effects not only voicing or unvoicing of consonants, but also hardening or softening in accordance with the final consonant of the group. In the word эксперт, п, coming before е, is soft; but so too, therefore, are the preceding consonants с and к. In the word сбрить (to shave off), р is soft before и, and so, therefore, are б and с; while р is not considered voiced or unvoiced for the purposes of regressive assimilation, б in the group сбр- becomes influential over the preceding с and effects its voicing to з; the word is thus pronounced with initial soft з, soft б and soft р.

VOWELS

When stressed, vowels are pronounced as spelt (except the vowels е and и after the hard consonants ж, ш and ц, as mentioned).

When not stressed, some vowels are significantly 'reduced'.

о and а:

In the syllable immediately before the stress о is 'reduced' to a sound identical to unstressed а [ʌ]; мотор [mʌtór], Москва [mʌskvá]. Two syllables or more before the stress, or anywhere after the stress, о and а are further reduced towards the neutral vowel [ə], which is the vowel in the second syllable of English 'river': коммуни́зм [kəmmunízm], шокола́д [shəkʌlát], а́том [átəm], батаре́я [bətʌréyə]. *But* if **o** or **a** come, unstressed, at the beginning of a word they are reduced only to [ʌ] no matter how far before the stress they come: организа́ция [ʌrgənızátsıyə].

e and я:

Unstressed **e** and **я** are reduced to a weak **и** [ı] or, if they come at the beginning of a word, to [yı]: чемпио́н [tshımpıón], о́пера [ópırə], Евро́па [yıvrópə], ягуа́р [yıguár]. At the end of a word unstressed **e** and **я** sound more like [yə]: Индия [índıyə].

э:

Unstressed **э**, a letter which generally comes at the beginning of a word, is reduced to [ı]: эта́ж [ıtásh].
The other vowels are not significantly altered when unstressed.

PUNCTUATION

All subordinate clauses are separated from the main clause by commas in Russian.

Nouns and adjectives denoting nationality are spelt with small letters, e.g. кита́ец *a Chinaman*; ру́сский *Russian*.

THE RUSSIAN ALPHABET

А а	*А*	*а*	(u *in* hut)
Б б	*Б*	*б*	(b)
В в	*В*	*в*	(v)
Г г	*Г*	*г*	(g)
Д д	*Д*	*д*	(d)
Е е	*Е*	*е*	(ye)
Ё ё	*Ё*	*ё*	(yo)
Ж ж	*Ж*	*ж*	(zh *or* s *in* leisure)
З з	*З*	*з*	(z)
И и	*И*	*и*	(i *or* ea *in* seat)
Й й	*Й*	*й*	(y *in* bay; *forms diphthongs*)
К к	*К*	*к*	(k)
Л л	*Л*	*л*	(l)
М м	*М*	*м*	(m)
Н н	*Н*	*н*	(n)
О о	*О*	*о*	(o *in* or)

П п	*П*	*п*	(p)
Р р	*Р*	*р*	(r *rolled*)
С с	*С*	*с*	(s)
Т т	*Т*	*т*	(t)
У у	*У*	*у*	(oo *in* boot)
Ф ф	*Ф*	*ф*	(f)
Х х	*Х*	*х*	(kh *or* ch *in* lo*ch*)
Ц ц	*Ц*	*ц*	(ts *in* bi*ts*)
Ч ч	*Ч*	*ч*	(ch *in* chur*ch*)
Ш ш	*Ш*	*ш*	(sh)
Щ щ	*Щ*	*щ*	(shtch)
Ъ ъ	*Ъ*	*ъ*	*hard sign*
Ы ы	*Ы*	*ы*	(y *in* bur*y*)
Ь ь	*Ь*	*ь*	*soft sign*
Э э	*Э*	*э*	(e *in* met)
Ю ю	*Ю*	*ю*	(yu *or* u *in* *u*se)
Я я	*Я*	*я*	(ya in *y*ard)

N.B. English equivalents are only approximate.

RULES OF SPELLING

1. Do not write ы, ю, or я after г, ж, к, х, ч, ш, щ.
   Instead write и, у, or а.
2. Do not write ю or я after ц.
   Instead write у or а.
3. Only write о after ж, ц, ч, ш, щ, if it is stressed;
   otherwise write е.

These rules are important in the declension of nouns and adjectives and in the conjugation of verbs.

READING PRACTICE

Read the following words:

атом мотор трактор танк ракета
театр оркестр орган опера тромбон барабан
  программа балет билет кино музей
Лондон порт Волга Европа
луна спутник планета система батарея май
футбол футболист чемпион фотографический
документ коммунизм цемент центр организация
Индия география ягуар хан эхо аэропорт
эксперт этаж джаз музыка цыган журнал
товарищ Хрущёв юмор сюжет революция
шоколад большевик Нью-Йорк фильм стиль
альбом объект социалистический реализм
Уильям Шекспир Оскар Уайльд

Write them out in longhand:

атом   мотор   трактор   танк
ракета
театр   оркестр   орган   опера

4

тромбон   барабан   программа

балет   билет   кино   музей

Лондон   порт   Волга   Европа

луна   спутник   планета   система

батарея   май

футбол   футболист   чемпион

фотографический

документ   коммунизм   цемент

центр   организация

Индия   география   ягуар   эхо

аэропорт

эксперт   этаж   джаз   музыка

цыган   журнал

товарищ   Хрущёв   юмор   сюжет

революция

шоколад   большевик   Нью-Йорк

фильм   стиль

албан   объект   социалистический

реализм.

Уильям   Шекспир   Оскар   Уайльд

ABBREVIATIONS

acc.	accusative case
adj.	adjective
adv.	adverb
comp.	comparative degree
conj.	conjunction
dat.	dative case
fut.	future tense
gen.	genitive case
Impf.	imperfective aspect
instr.	instrumental case
n.	noun
nom.	nominative case
num.	numeral
past	past tense
Pf.	perfective aspect
pl.	plural
pr.	preposition
prep.	prepositional case
pres.	present tense
pro.	pronoun
sg.	singular
superl.	superlative degree
v.i.	intransitive verb
v.t.	transitive verb

THE LESSONS

LESSON 1 — УРÓК ПÉРВЫЙ

На концéрте

Концéрт.

Оркéстр игрáет, а я слýшаю.

Вот инструмéнты: роя́ль, барабáн, тромбóны, скри́пка, флéйты.

Соли́ст игрáет на роя́ле. Он игрáет ти́хо.

Я слýшаю и дýмаю. Я дýмаю ужé не о мýзыке.

Я дýмаю о мóре.

Игрáют вóлны, в нéбе летáет чáйка. На мóре лóдка.

Я в лóдке...

Вдруг шум! Бýря? Нет, э́то барабáн. Тепéрь музыкáнты игрáют грóмко.

Я опя́ть на концéрте.

Разговóр

— Тамáра, привéт! Что ты дéлаешь зáвтра?

— Зáвтра? Не знáю. А что?

— Понимáешь, зáвтра на стадиóне интерéсный матч.

— Кто игрáет?

— Игрáют Спартáк и Динáмо.

— Опя́ть?! Нет, Бори́с! В клýбе зáвтра концéрт, в кинó интерéсный фильм, а ты дýмаешь тóлько о мáтче!

WORDS AND PHRASES

уро́к = lesson
пе́рвый = first
на конце́рте = at a concert
орке́стр игра́ет = the orchestra plays, is playing
я слу́шаю = I listen, am listening
вот = here is, here are
вот инструме́нты = here are the instruments
роя́ль = grand piano
бараба́н = drum
тромбо́н = trombone
скри́пка = violin
фле́йта = flute
соли́ст игра́ет ти́хо = the soloist is playing quietly
я уже́ не слу́шаю = I am no longer (already not) listening
я ду́маю о му́зыке = I am thinking about the music
мо́ре = the sea
волна́ = wave
не́бо = sky
ча́йка лета́ет = a seagull flies
я в ло́дке = I am in a boat
вдруг шум = suddenly there is a noise
бу́ря = storm
э́то = this is, these are
тепе́рь = now
музыка́нты игра́ют гро́мко = the musicians are playing
   loudly
опя́ть = again
разгово́р = conversation
приве́т = greetings; hello!
что ты де́лаешь? = what are you doing? (ч is pronounced
   as ш [sh] in что)
за́втра = tomorrow
не зна́ю = I don't know
(ты) понима́ешь = you understand
на стадио́не = at the stadium
интере́сный матч = interesting match

кто = who
клуб = club, social centre
кино́ = cinema
фильм = film
то́лько = only

GRAMMAR—ГРАММА́ТИКА

1. Verbs: the present tense

There are two classes or conjugations of verbs in Russian.
The verbs in this lesson belong to the First Conjugation.
In the Infinitive, verbs usually end in -ть; e.g. **игра́ть**
'to play', **ду́мать** 'to think'. The present tense of
игра́ть is:

я	игра́ю	*I play, I am playing*
ты	игра́ешь	*you play*
он, она́	игра́ет	*he, she plays*
мы	игра́ем	*we play*
вы	игра́ете	*you play*
они́	игра́ют	*they play*

The present tense of ду́мать:

я	ду́маю	*I think*
ты	ду́маешь	*you think*
он, она́	ду́мает	*he, she thinks*
мы	ду́маем	*we think*
вы	ду́маете	*you think*
они	ду́мают	*they think*

Ты 'you' is used when speaking to relatives, close
friends and children; **вы** is plural, but it is also used
in addressing one person formally.

2. The gender of nouns

There are three genders of Russian nouns: masculine,
feminine and neuter. The gender of a noun is determined
not by its meaning, but by the final letter of the word

in its Nominative form (i.e. the form which it has when
it is the subject of the sentence).

Nouns which end in a consonant are masculine:

бараба́н 'drum', **шум** 'noise',
музыка́нт 'musician'.

Some nouns which end in the soft sign, **-ь**, are also
masculine:

роя́ль '(grand) piano'.

Nouns ending in **-а** or **-я** (with some exceptions) are
feminine:

скри́пка 'violin', **ча́йка** 'gull', **бу́ря** 'storm'.

Nouns ending in **-о** or **-е** are neuter:

не́бо 'sky', **мо́ре** 'sea'.

Notice the plural forms of some of the words in the text:

инструме́нты, фле́йты, во́лны, музыка́нты.

We shall return to the plural in later lessons.

3. The Prepositional case of nouns

Russian nouns change their endings according to the
role they play in the sentence. After the prepositions
which we have met in this lesson, **в** 'in', **на** 'on, at',
о 'about, concerning', the Prepositional case is used.
Nouns ending in a consonant in the Nominative case
add **-е** to form the Prepositional:

конце́рт *concert*　　на конце́рте　*at a concert*

The other nouns we have met change the last letter to **-е**:

рояль	*piano*	играть на рояле	*to play the piano*
волна	*wave*	на волне	*on the wave*
буря	*storm*	в буре	*in the storm*
небо	*sky*	в небе	*in the sky*

Море 'sea' does not change, because it already ends in -e; **кино** 'cinema' is not declinable, that is, it never changes its form, so that 'at the cinema' is **в кино**.

These words are used in this lesson in the Prepositional singular; the Prepositional plural will come in a later lesson.

With some nouns Russian uses **на** where an English speaker might expect **в**: на стадионе *in/at the stadium*.

4. Absence of an article

There are no words in Russian for 'a, an' or 'the', so that **концерт** can be used for both 'a concert' and 'the concert'.

5. Absence of the verb 'to be' in the present tense

Russian does not normally use a word for 'am', 'is' or 'are', so that **Я на концерте** means 'I am at a concert'. Sometimes, particularly between nouns, a dash may be used to indicate the verb 'to be': **Борис — музыкант** 'Boris is a musician'.

6. Personal pronouns

The personal pronouns **я** 'I', **ты** 'you', **мы** 'we', **вы** 'you', **они** 'they' should cause no difficulty, but care should be taken with **он** and **она**. **Он** is used when referring to a male person or to any masculine noun, so that it can mean 'he' or 'it' if you are referring to **барабан** 'drum' or **тромбон** 'trombone', which are masculine. Similarly, **она** means 'she' if it refers to Tamara and 'it' if it refers to **скрипка** 'violin', which is also feminine. There is **a** neuter form **оно**, which is used in referring to neuter nouns.

EXERCISES — УПРАЖНЀНИЯ

1. барабȧн, тромбȯн; скрѝпка, флѐйта; мȳзыка, шум; концѐрт, фильм; солѝст, оркѐстр; клуб, кинȯ; Спартȧк, Динȧмо; Тамȧра, Борѝс.

   (a) Using each of the above words, ask a question and reply in the affirmative, as in Model A:

   > *Model A*: Ѐто барабȧн? Да, ѐто барабȧн.

   (b) Now use the above words in pairs to ask a question and reply in the negative, as in Model B:

   > *Model B*: Ѐто барабȧн? Нет, ѐто тромбȯн.

2. роȧль; флѐйта; барабȧны; оргȧн; инструмѐнты; скрѝпка; тромбȯн; Борѝс; Тамȧра; музыкȧнты.

   (a) Using each of the above words, form sentences as in Model A:

   > *Model A*: Роȧль в оркѐстре.
   > Где он? Вот он, вот роȧль.

   (b) Use each of the above words to form sentences as in Model B:

   > *Model B*: Что ѐто? Ѐто роȧль.
   > Где он игрȧет? Он игрȧет в оркѐстре.

3. солѝст, концѐрт; оркѐстр, клуб; Тамȧра, фильм; вȯлны, мȯре; Борѝс, лȯдка; Спартȧк и Динȧмо, стадиȯн; мȳзыка, кинȯ.

   Using the first word of each pair above, ask who or what is playing and answer as in Model A. Then ask where and answer with the second word of the pair as in Model B:

   > *Model A*: Кто ѐто игрȧет? Игрȧет солѝст.
   > *Model B*: Где он игрȧет? Он игрȧет на концѐрте.

4. Use **игрȧть на** ... in the present tense to form sentences with the following words:

я ... флéйта; ты ... скрúпка; он ... тромбóн;
мы ... роя́ль; вы ... концéрт; онú ... стадиóн.

5. Reply to the following questions by using the words given in brackets, as in the Model:

> *Model*: Я игрáю на барабáне, а ты? (флéйта)
> Я игрáю на флéйте.

Я игрáю на барабáне, а ты? (флéйта)
Ты игрáешь на флéйте, а я? (барабáн)
Онá игрáет на роя́ле, а он? (скрúпка)
Мы игрáем в клу́бе, а вы? (кинó)
Вы игрáете на концéрте, а мы? (стадиóн)
Онú игрáют на стадиóне, а музыкáнты? (концéрт)

6. Use ду́мать о ... in the present tense to form sentences with the following words:

я ... фильм; ты ... мóре; онá ... кинó; мы ... лóд-ка; вы ... чáйка; онú ... матч.

7. In the following sentences substitute, ты, он, онá, мы, вы, онú, for я, and put the verbs into the correct form with each pronoun:

Вдруг я понимáю.
Тепéрь я ужé не слу́шаю.
Я знáю, чтó я дéлаю.

8. Give an affirmative answer to each of the following sentences:

   (i) Ты понимáешь?
   (ii) Вы понимáете?
  (iii) Вы знáете о концéрте?
  (iv) Борúс и Тамáра знáют о фúльме?
   (v) Тамáра ду́мает о мóре и о нéбе?
  (vi) Я игрáю грóмко?
 (vii) Мы игрáем тúхо?
(viii) Ты тóлько слу́шаешь?
  (ix) Я опя́ть слу́шаю?

9. Translate into Russian:

Tamara is at a concert. The musicians are playing softly. She is not listening: she is thinking about Boris. She does not know where he is and what he is doing. Is he at the stadium? No, he is at the club now. He is no longer thinking about the match: he is thinking about Tamara.

LESSON 2 — УРÓК ВТОРÓЙ

Пéрвое письмó

Дорогóй Гéнри!

Это мой пéрвый день в Москвé, и вот моё пéрвое письмó. Я не знáю, чтó писáть. Вы ужé знáете Москвý, и я дýмаю, что вам не интерéсно читáть о гóроде. А мне всё здесь интерéсно, так как я ещё ничегó не знáю о Москвé. Я студéнт; я изучáю рýсский язы́к, но я тáкже типи́чный тури́ст. На стенé план метрó, но я ещё не понимáю, где центр. Понимáю тóлько, что Москвá óчень большóй гóрод. А университéт? Он тóже большóй. Здесь в университéте есть магази́ны, пóчта, парикмáхерская и столóвая. Я спрáшиваю, где пóчта, но забывáю дорóгу, теря́ю гóлову и ужé не знáю, где моя́ кóмната. Но вот я в кóмнате, и что я дéлаю тепéрь? Слýшаю рáдио, читáю газéту или журнáл и пишý письмó — дéлаю всё вмéсте. Вот почемý моё письмó такóе корóткое. Я ещё не дýмаю о рабóте.

Это всё покá. До свидáния!
Джон

WORDS AND PHRASES

вторóй = second
письмó = letter
дорогóй Гéнри! = Dear Henry
мой пéрвый день = my first day

в Москве́ = in Moscow
что́ писа́ть = what to write
вам не интере́сно = it is not interesting for you
чита́ть = to read
го́род = town, city
всё = everything
здесь = here
так как = since
ещё = still, yet
я ничего́ не зна́ю (г *pronounced as* в [v] *in* ничего́) = I don't know anything
студе́нт = student
я изуча́ю ру́сский язы́к = I am studying the Russian language
та́кже = also
типи́чный тури́ст = typical tourist
стена́ = wall
план метро́ (метро́ *is indeclinable*) = map of the metro
но = but
ещё не понима́ю = I do not yet understand
где центр = where the centre is
о́чень большо́й го́род = very large city
университе́т = university
то́же = also
есть = there is, there are
магази́н = shop
по́чта = post (office) (Use на rather than в)
парикма́херская = hairdresser's
столо́вая = canteen; dining room
спра́шивать = to ask, enquire
забыва́ть доро́гу = to forget the way
теря́ть го́лову = to lose one's head
моя́ ко́мната = my room
слу́шаю ра́дио (ра́дио *is indeclinable*) = I listen to the radio
чита́ю газе́ту, журнал = I read the paper, the magazine
пишу́ письмо́ = 1 write a letter
всё вме́сте = everything together
вот почему́ = that is why

письмо́ тако́е коро́ткое = the letter is so short
рабо́та = work
пока́ = for the time being, meanwhile
до свида́ния! = au revoir

GRAMMAR — ГРАММА́ТИКА

1. Verbs

Some verbs of the First Conjugation have the ending
-ять in the Infinitive, e.g. теря́ть 'to lose'. The present
tense of теря́ть is:

я теря́ю	мы теря́ем
ты теря́ешь	вы теря́ете
он/она́/оно́ теря́ет	они теря́ют

Писа́ть 'to write' is a slightly irregular verb; the present
tense is:

я пишу́	мы пи́шем
ты пи́шешь	вы пи́шете
он/она́/оно́ пи́шет	они́ пи́шут

2. Nouns: the Accusative case

When a noun is the object in a sentence, in Russian it
is put into the Accusative case. The **masculine** and
neuter nouns we have used have the same form in the
Accusative case as in the Nominative:

Nominative	Accusative
ру́сский язы́к	я изуча́ю ру́сский язы́к
the Russian language	*I am studying the Russian language*
письмо́	я пишу́ письмо́
a letter	*I am writing a letter*

But **feminine** nouns change -a to -y, and -я to -ю, so
that the Accusative of газе́та is газе́ту, and of бу́ря is
бу́рю:

Я чита́ю газе́ту   *I am reading the newspaper.*

3. Adjectives

Adjectives agree with the nouns they qualify in gender, case and number. This means that there is a separate form of an adjective to be used with a masculine noun, with a feminine noun and a neuter noun in the singular. The following table shows the forms of the adjective with nouns in the Nominative case:

Singular Masculine пе́рвый, интере́сный (фильм)
          Feminine пе́рвая, интере́сная (рабо́та)
          Neuter   пе́рвое, интере́сное (письмо́)
Plural   All genders пе́рвые, интере́сные

Adjectives which are stressed on the ending have -о́й in the masculine:

     дорого́й, дорога́я, дорого́е; дороги́е

This adjective ends in **-ие** in the plural because you never write **-ы** after г, к, х, ж, ч, ш, щ.

Hence also:
     большо́й, больша́я, большо́е; больши́е
     коро́ткий, коро́ткая, коро́ткое; коро́ткие
     ру́сский, ру́сская, ру́сское; ру́сские

Note that in form **парикма́херская** 'hairdresser's' and **столо́вая** 'dining room, canteen' are feminine adjectives. The adjectives given above are in the long, or attributive, form, i. e. they are used before the noun:

     Э́то интере́сное письмо́.   *This is an interesting letter.*

If you want to say 'this letter is interesting' and so use the adjective as a predicate, after the verb 'is', then you can say

     Э́то письмо́ интере́сное.

There is also a short form of the adjective which can be used in this instance:

     Э́то письмо́ интере́сно.

More will be said about this short form of the adjective in the next lesson.

4. The possessive pronoun

Note the forms of **мой** 'my, mine' and **твой** 'your, yours':

Singular	Masculine	мой	твой
	Feminine	моя́	твоя́
	Neuter	моё	твоё
Plural	all genders	мой	твой

5. Prepositions

The preposition **о** becomes **об** if the following word begins with a vowel:

об университе́те　　'about the university'.

The preposition **в** becomes **во** for reasons of euphony before certain combinations of consonants:

во Влади́мире　'in Vladimir'.

Some other prepositions add **-о** in the same way, and we shall meet them in due course.

6. Есть 'there is ..., there are ...'

Although the present tense of **быть** 'to be' is no longer used in Russian, the word **есть,** which is the old third person singular, may be used for 'there is ...' or 'there are ...':

В университе́те есть парикма́херская.
There is a hairdresser's at the university.

EXERCISES—УПРАЖНЕ́НИЯ

1. (a) Choosing the correct form of the possessive pronouns, use the words below to form questions and answers according to the Model:

Это твой роя́ль? Да, э́то мой роя́ль.

роя́ль, ра́дио, ко́мната, инструме́нты, письмо́, сто-
ло́вая, парикма́херская, университе́т, рабо́та, га-
зе́ты, го́род, бараба́н, пла́ны, ло́дка, тромбо́н, скри́п-
ка, инструме́нт, стена́

(b) As above, but giving a short answer with the pronoun as in the Model: Это твой роя́ль? Да, он мой.

2. Use the adjectives given (интере́сный, дорого́й, ру́с-
ский, твой пе́рвый) with the words below to form
questions and answers as in the Model:

Это интере́сный фильм? Нет, не интере́сный.

фильм, газе́та, письмо́, разгово́ры (интере́сный)
магази́н, парикма́херская, кино́, столо́вые (дорого́й)
день, рабо́та, свида́ние, пла́ны (твой пе́рвый)
го́род, му́зыка, не́бо, тури́сты (ру́сский)

3. Answer the questions using the word given in brackets
as in the Model:

Model: Что ты слу́шаешь? (му́зыка) Я слу́шаю
му́зыку.

Что ты слу́шаешь? (му́зыка) Я...
Что вы слу́шаете? (орке́стр) Мы...
Что она́ слу́шает? (конце́рт) Она́...
Что они́ слу́шают? (ра́дио) Они́...
Что мы чита́ем? (газе́та) Вы...
Что вы пи́шете? (письмо́) Я...
Что они́ теря́ют? (план) Они́...
Что я забыва́ю? (доро́га) Ты...

4. Substitution drill:

(a) Я изуча́ю ру́сский язы́к.

Вы ....
Вы .... (план).
Он ....
Он (теря́ть) ....

Он ......(рабо́та)...
Мы ....
Ты ....
Ты (забыва́ть) ......
Ты ......(письмо́) ..
Они́ ....
Они́ ..... (разгово́р).
Они́ (слу́шать) .....
Я ....
Я .... (скри́пка).

(b) Я чита́ю на рабо́те об университе́те.

Мы ....
Вы ....
Вы (спра́шивать) ....
Ты ....
Она́ ....
Она́ (писа́ть) ....
Она́ .....(по́чта) ....
Они́ ....
Я ....
Я (забыва́ть) ....
Я ....(концерт) ....
Он ....
Он ......(стадио́н) ....
Он ......(матч) ....

5. Put the words in brackets into the correct form:

Са́ша пи́шет о (тури́ст) в (метро́).
Са́ша пи́шет о (рабо́та) в (университе́т).
Са́ша пи́шет о (бу́ря) на (мо́ре).
В (Москва́) Тама́ра забыва́ет о (мо́ре).
В (кино́) Тама́ра забыва́ет о (ра́дио).
В (магази́н) Тама́ра забыва́ет о (по́чта).
В (ко́мната) Тама́ра забыва́ет о (концерт).
На (стадио́н) он спра́шивает о (матч).
На (по́чта) он спра́шивает о (письмо́).
На (рабо́та) он спра́шивает об (университе́т).

6. Translate into Russian:

Dear Tamara,
    You ask why John writes nothing about Moscow.
You forget that we already know Moscow and
that he is not a tourist. Moscow is a typical large city,
and John thinks only about the university. That's
why he writes only about work.
    You write about music and it is all very inter-
esting. Now I understand why you are studying
music at the university. Boris does not understand
yet. He knows that you play the violin and he
asks why you are at the university and not in an
orchestra.

Goodbye, my dear,
your
Henry.

LESSON 3 — УРОК ТРЕТИЙ

Кто не работает, тот не ест

Утро. Пора вставать. Я встаю и быстро принимаю душ.

— Эй, Джон! Доброе утро! Ты встаёшь?

Это мой сосед, Володя.

— Да, — отвечаю я. — А ты?

— Я уже завтракаю. Иди!

— Сейчас иду.

Володя на диване, он читает письмо.

— Ну, а где кофе? — спрашиваю я.

— Сейчас, — говорит он. — Читай газету! Слушай радио! Кофе ещё не готов.

Я включаю радио и слушаю новости. Говорят об экономике. Выключаю. Володя даёт мне газету и варит кофе. Потом он даёт мне чашку кофе, сахар и молоко. Я пью.

— Спасибо. Дай мне ложку. Кофе вкусный, — говорю я. — Хочешь сахар? Вот, пожалуйста!

— Джон, почему ты не ешь? Вот хлеб, масло, сыр, колбаса. Там на столе ножи, вилки. В кухне есть ещё что-то — ветчина, кажется.

— Нет, спасибо. Я мало ем утром. Можно ещё кофе?

— Пожалуйста! Только надо есть! — Володя ест колбасу.

Мы сидим и пьём кофе, говорим о работе, о спорте, о музыке.

— Уже девять часов, — говорит Володя. — Не пора ли нам идти?

— Пора! Ведь, кто не работает, тот не ест.

24

Разгово́р в рестора́не

— До́брое у́тро! Что вам уго́дно?
— Да́йте, пожа́луйста, омле́т, хлеб и ма́сло.
— Не хоти́те ли вы ко́фе?
— Нет, да́йте нам, пожа́луйста, чай с лимо́ном.
— Пожа́луйста.

WORDS AND PHRASES

тре́тий = third
кто не рабо́тает, тот не ест = he who does not work, does
  not eat
до́брое у́тро! = good morning!
пора́ встава́ть = it is time to get up
  (я встаю́, ты встаёшь ...)
бы́стро = quickly
принима́ть душ = to take a shower
мой сосе́д = my neighbour
отвеча́ть = to answer
а ты? = and you? what about you?
за́втракать = to have breakfast
иди́! = come on
сейча́с иду́ = I'm coming in a minute
дива́н = divan
ко́фе (indecl., masc.) = coffee
сейча́с! = just a minute!
говори́ть = to say, talk
чита́й газе́ту! = read the paper
ко́фе гото́в = the coffee is ready
включа́ть ра́дио = to switch on the radio
но́вости (pl.) = the news
говоря́т об эконо́мике = they are talking about economics
выключа́ть = to switch off
дава́ть = to give
  (даю́, даёшь)
он даёт мне газе́ту = he gives me a paper
вари́ть = to boil; to cook

потом = then
чашка кофе = a cup of coffee
сахар и молоко = sugar and milk
пить = to drink
  (пью, пьёшь)
спасибо = thank you
дай мне ложку! = give me a spoon
хотеть = to want
  (хочу, хочешь, хочет, хотим, хотите, хотят)
вкусный = tasty, delicious
пожалуйста = please; here you are; you're welcome
есть = to eat
  (ем, ешь, ест, едим, едите, едят)
хлеб = bread
масло = butter
сыр = cheese
колбаса = cold sausage, salami
там на столе = there on the table
нож = knife
вилка = fork
кухня = kitchen
ещё что-то = something else
ветчина = ham
кажется = it seems (I think)
нет = no
мало = little
утром = in the morning
можно ещё кофе? = may I have some more coffee?
надо есть = (you) must eat
сидеть = to sit
  (сижу, сидишь)
спорт = sport
уже девять часов = it is already nine o'clock
пора (нам) идти = it is time (for us) to go
ли (*interrogative particle*)
не пора ли идти? = isn't it time to go?
ведь (*emphatic particle*) = (*not always translatable*; 'as
  you know')

рестора́н = restaurant
что вам уго́дно? = what would you like? what can I do
  for you?
да́йте омле́т = bring (give) me an omelette
чай (*masc.*) = tea
чай с лимо́ном = tea with lemon

GRAMMAR — ГРАММА́ТИКА

1. Verbs: the Second Conjugation

Говори́ть 'to speak, to say' is a regular verb of the
Second Conjugation. Its present tense is:

я говорю́	мы говори́м
ты говори́шь	вы говори́те
он/она́ говори́т	они́ говоря́т

Вари́ть 'to brew, boil, cook' has a change of stress in
the present tense:

я варю́	мы ва́рим
ты ва́ришь	вы ва́рите
он/она́ ва́рит	они́ ва́рят

(This is a common stress pattern.)

Сиде́ть 'to sit' has a consonant change in the first
person singular:

я сижу́	мы сиди́м
ты сиди́шь	вы сиди́те
он/она́ сиди́т	они́ сидя́т

2. The Imperative

The Imperative of чита́ть is чита́й! (singular), чита́йте!
(plural) 'read!' 'Listen!' is слу́шай!, слу́шайте! 'Speak!'
is говори́!, говори́те! A rule for forming the Imperative
is as follows:
Remove from the second person singular the last two

letters and the soft sign and if you are left with a stem ending in a vowel, add **-й, -йте** to form a diphthong; e.g.

читáешь — чита + й читáй!, читáйте!

But if you are left with a stem ending in a consonant, add

-и, -ите e.g. **говори́шь — говор + и говори́!, говори́те!**

The plural Imperative can be used, like **вы,** in addressing one person. Such usage is more formal or polite than the singular.

3. Impersonal use of the third person plural

The third person plural of the verb is often used without the pronoun in an impersonal sense where the subject is unspecified, people in general. Thus, 'They say that this is an interesting film' is **Говоря́т, что э́то интере́сный фильм.**

4. Some irregular verbs

идти́ *to be going, to go, to be coming, to come*

я иду́	мы идём	Imperative
ты идёшь	вы идёте	иди́! иди́те!
он идёт	они́ иду́т	

дава́ть *to give*

я даю́	мы даём	Imperative
ты даёшь	вы даёте	дава́й! дава́йте!
он даёт	они́ даю́т	

встава́ть *to get up*

я встаю́	мы встаём	Imperative
ты встаёшь	вы встаёте	встава́й!
он встаёт	они́ встаю́т	встава́йте!

есть *to eat*

я ем	мы едим	Imperative
ты ешь	вы едите	ешь! ешьте!
он ест	они едят	

пить *to drink*

я пью	мы пьём	Imperative
ты пьёшь	вы пьёте	пей! пейте!
он пьёт	они пьют	

хотеть *to want*

я хочу	мы хотим	Imperative
ты хочешь	вы хотите	not used
он хочет	они хотят	

5. The short, predicative form of adjectives

As was mentioned in Lesson 2, when adjectives are used predicatively, after the verb 'to be', in Russian they may have a short form:

Это письмо интересно
This letter is interesting.

There is a short form of the adjective for each gender in the singular and a plural form for all three genders:

| Long form | Short form | | | |
	Masc.	Fem.	Neuter	Plural
готовый (*ready*)	готов	готова	готово	готовы
добрый (*good, kind*)	добр	добра	добро	добры
дорогой (*dear*)	дорог	дорога	дорого	дороги

Sometimes it is necessary to insert a vowel in the masculine.

Before **-н** usually insert **e**; before **-к** insert **o**:

интересный	интересен	интересна
	интересно	интересны
типичный (*typical*)	типичен	типична
	типично	типичны

| коро́ткий (*short*) | ко́роток | коротка́ |
| | ко́ротко́ | ко́ротки́ |

(Some of the above words have alternative stresses.)

Many adjectives have no short form, e.g. ру́сский.

Большо́й too has no short form, but the short forms of вели́кий 'great' — вели́к, велика́, велико́, велики́ may be used to mean 'big'.

Remember that the short form of the adjective cannot be used attributively before the noun, so that 'this is an interesting letter' must be in Russian э́то интере́сное письмо́, using the long form.

6. Questions

You can ask a question in Russian without inverting the word order:

| Он чита́ет. | *He is reading* (Statement) |
| Он чита́ет? | *Is he reading?* (Question) |

There is, however, an interrogative particle ли, which may be inserted into a question, usually a negative one:

Не пора́ ли идти́?   *Is it not time to go?*

This particle must be used in an indirect question to translate 'whether':

Я не зна́ю, игра́ет ли он.
I do not know whether he is playing.

7. Accusative of motion

Note the use of the Accusative case after в and на meaning 'into', 'to':

Я иду́ в клуб/на по́чту

I am going to the club/post-office.

EXERCISES—УПРАЖНЕ́НИЯ

1. (a) Say in Russian 'It is necessary to — get up, drink, eat, go, work, have breakfast, read, answer, take a shower'.
   (b) Now ask why it is necessary to get up, drink etc.
   (c) Now say 'it is time to get up, drink' etc.
   (d) As in (c), but add after each phrase that he is already doing it:

   Model: Пора́ встава́ть. Он уже́ встаёт.

2. Give the positive Imperative of the following phrases, first the familiar form, then the plural, polite form:

   Model: Рабо́тай там! Рабо́тайте там!

   рабо́тать там; принима́ть душ у́тром; спра́шивать почему́; за́втракать бы́стро; отвеча́ть гро́мко; чита́ть ти́хо; слу́шать сейча́с.

   Give the negative Imperative (singular and plural) of the following phrases:

   Model: Не выключа́й ра́дио!
           Не выключа́йте ра́дио!

   выключа́ть ра́дио; отвеча́ть тепе́рь; чита́ть о спо́рте; за́втракать там.

3. Give the following phrases with the whole of the present tense (all persons) of each verb: ещё ма́ло говори́ть; ещё не встава́ть; вари́ть ещё что́-то; сиде́ть и рабо́тать; идти́ за́втракать.

4. Give the complete present tense of **дава́ть** using the following words for the objects given: са́хар, письмо́, газе́та, ма́сло, ча́шка, чай с лимо́ном.

5. Give the present tense of **есть** and **пить** using the following words for objects of the verbs: хлеб/молоко́; колбаса́/чай; омле́т/ко́фе; ветчина́/чай; сыр/молоко́; что́-то/ко́фе.

6. Answer in the affirmative:

 (i) Борис знает Тамару?
 (ii) Она принимает душ?
 (iii) Ты слушаешь музыку?
 (iv) Сосед читает новости?
 (v) Вы знаете экономику?
 (vi) Я читаю газету?
 (vii) Мы слушаем концерт?
 (viii) Они варят колбасу?
 (ix) Он включает радио?
 (x) Вы пьёте молоко?

7. Answer the following questions according to the Model, using the word in brackets for the second object:

 Model: Джон читает газету? (письмо)
    Джон читает не газету, а письмо.

  Джон читает газету? (письмо)
  Володя даёт масло? (сахар)
  Тамара варит колбасу? (кофе)
  Сосед ест сыр? (ветчина)
  Турист слушает концерт? (новости)
  Солист пьёт чай? (кофе)
  Борис понимает спорт? (музыка)

8. Say 'Give me please' the following things:

 омлет, ветчина, молоко, колбаса, сахар, чай, масло, чашка кофе, хлеб, сыр, письмо, газета, скрипка

9. (a) Using the words given in the preceding exercise say 'This is my ...; it's mine':

 Model: Это мой омлет; он — мой.

 (b) Now ask 'Is this my ...?', and answer, 'Yes, yours':

 Model: Это мой омлет? Да, твой.

10. Use each of the words given below as in the Models:

> *Model A*: Мой омлѐт готов? Да, твой омлѐт
> ужѐ готов.
> *Model B*: Мой омлѐт ужѐ готов? Нет, он ещё
> не готов.
> *Model C*: Не готов ли мой омлѐт? Я не знаю,
> готов ли он.
> омлѐт, чай, колбаса̀, ветчина̀, ко̀фе, письмо̀, ра-
> бо̀та

11. Questions on the text to be answered in Russian:

    (i) Почему̀ пора̀ встава̀ть?
    (ii) Что дѐлает Джон?
    (iii) Что спра̀шивает Воло̀дя?
    (iv) Что спра̀шивает Джон?
    (v) Что отвеча̀ет Воло̀дя?
    (vi) Почему̀ Воло̀дя сидѝт на дива̀не?
    (vii) Почему̀ Джон включа̀ет ра̀дио?
    (viii) Почему̀ он выключа̀ет ра̀дио?
    (ix) Воло̀дя ва̀рит ко̀фе, а что дѐлает Джон?
    (x) Где колбаса̀ и ветчина̀?
    (xi) Почему̀ Джон то̀лько пьёт ко̀фе?
    (xii) Воло̀дя то̀лько пьёт ко̀фе, ѝли он ест что̀-то?
    (xiii) Почему̀ ужѐ пора̀ идтѝ?
    (xiv) Кто не ест?

LESSON 4 — УРОК ЧЕТВЁРТЫЙ

Шаг вперёд, два шага назад

Джон новый студент университета. Он из Лондона. Уже начало семестра, а комната Джона ещё почти пустая. В комнате есть мебель, но нет посуды. Стены голые: ни карты, ни картины. На столе тоже ничего нет: ни учебника, ни словаря, ни тетради. Итак, Джон идёт сегодня покупать картину для комнаты, книги для работы, план города Москвы, карту России и молоко.

— Это нелёгкая работа, — говорит сосед Джона.

— Почему? — спрашивает Джон. — Ведь в Москве всё есть!

— Без сомнения, — отвечает сосед. — Только не забывай, что иногда нет молока. Я не хочу пить кофе без молока, но я также не хочу стоять с утра до вечера в очереди.

— Пессимист! Может быть, сегодня нет очереди.

Сначала Джон идёт в гастроном. Там, где продают молочные продукты, стоит очередь. Джон стоит две-три минуты в очереди.

— Пожалуйста, сколько стоит бутылка молока? — спрашивает Джон у продавщицы.

— Не видите, что ли? Цена на товаре, — отвечает девушка.

— Ах, да. Тогда дайте, пожалуйста, бутылку молока. Вот деньги.

— В кассу платите!

— В кассу?

— Ребёнок, что ли? Платите в кассу! — говорит девушка устало.

У кассы Джон стоит две-три минуты в очереди и забывает, сколько стоит молоко.

— Сколько? — спрашивает кассирша.

— Двадцать две копейки, кажется. Бутылка молока.

— Нет, двадцать три. Ещё копейку.

— Пожалуйста, — говорит Джон. Он платит, получает чек, идёт обратно, и опять стоит две-три минуты в очереди.

— Молока уже нет, — говорит девушка весело, — но есть кефир.

— Но я не хочу кефира. Дайте тогда сгущённое молоко! — Джон уже не говорит «пожалуйста».

— Пожалуйста, — говорит девушка. — Банка стоит двадцать четыре копейки. Ещё копейку!

— Опять в кассу? — спрашивает Джон мрачно.

— Конечно! — отвечает девушка мило.

— Шаг вперёд, два шага назад, как говорит Ленин, — бормочет Джон.

WORDS AND PHRASES

четвёртый = fourth
шаг = step, pace
вперёд = forwards
два шага = two steps
два (*masc. and neut.*) **две** (*fem.*) + *gen. sg.* = *two*
назад = backwards
новый студент университета = new student of the university
из Лондона = from London
начало семестра = beginning of term
почти пустая = almost empty
мебель (*fem.*) = furniture
посуда = crockery

нет посу́ды = there is no crockery
го́лый = bare, naked
нет ни ка́рты, ни карти́ны = there is neither a map, nor
   a picture
уче́бник = textbook
слова́рь (*masc.*) = dictionary
тетра́дь (*fem.*) = exercise book
ита́к = and so
сего́дня (г *is pronounced as* в [v] *in this word*) = today
покупа́ть карти́ну = to buy a picture
для ко́мнаты = for (his) room
кни́га для рабо́ты = book for work
план го́рода Москвы́ = street-map of the city of Moscow
ка́рта Росси́и = map of Russia
нелёгкая рабо́та (г *is pronounced as* х [kh] *in this root*) =
   hard job
   (лёгкий = light, easy)
ведь в Москве́ всё есть = (as you know perfectly well)
   they've got everything in Moscow
без сомне́ния = without doubt
не забыва́й = don't forget
иногда́ = sometimes
стоя́ть с утра́ до ве́чера = to stand from morning to evening
   (стою́, стои́шь)
о́чередь (*fem.*) = queue
пессими́ст = pessimist
мо́жет быть = perhaps
снача́ла = (at) first
он идёт в гастроно́м = he goes to a food shop
продава́ть = to sell
   (прода́ю, продаёшь)
моло́чные проду́кты = dairy produce
две-три мину́ты = two or three minutes
сто́ить = to cost, to be worth
ско́лько сто́ит? = how much is ...?
буты́лка молока́ = bottle of milk
продавщи́ца = sales girl, shop assistant

видеть = to see
  (вижу, видишь)
не видите, что ли? = can't you see or what?
цена на товаре = the price is on the article, goods
девушка = girl
тогда = then
деньги (*pl.*) = money
платить = to pay
  (плачу, платишь)
касса = till, cash desk
ребёнок = child
устало = wearily
у кассы = at the till
кассирша = cashier (*fem.*), girl at the cash desk
двадцать две копейки = twenty-two copecks
двадцать три = twenty-three
ещё копейку = another copeck
получать чек = to receive one's receipt, slip
идти обратно = to go back
весело = cheerfully
кефир = kefir (a yoghurt-like drink)
сгущённое молоко = condensed milk
банка = can, tin; pot, jar.
четыре (+ *gen. sg.*) = four
мрачно = gloomily
конечно = of course
мило = sweetly
как = as; how
бормотать = to mutter, mumble
  (бормочу, бормочешь)

GRAMMAR — ГРАММА́ТИКА

1. The gender of nouns

We already know that the gender of a Russian noun
is determined by the last letter of the word in the
Nominative singular. The following table shows the

gender endings. Nouns in the left-hand column are called 'hard', those in the two right-hand columns are 'soft'.

	Hard	*Soft*	
Masculine	-**consonant** семе́стр	-**ь** слова́рь	-**й** чай
Feminine	-**а** посу́да	-**я** бу́ря	-**ь** о́чередь
Neuter	-**о** молоко́	-**е** мо́ре	-**ё** бельё

Note that some nouns ending in a soft sign are masculine and others are feminine. They just have to be learnt. Some nouns which end in -**а**, -**я**, but denote male persons, are masculine, e.g. **Воло́дя**. (They decline like feminine nouns.)
Feminine nouns in -**ь** do not change for the Accusative case.

2. The Genitive case, singular

The Genitive case, singular, is formed as follows:
masculine and neuter nouns with hard endings, e.g. **семе́стр, молоко́,** end in -**а** in the Genitive. The masculine nouns add -**а**, and the neuters change the final -**о** to -**а**: **семе́стр — семе́стра; молоко́ — молока́.**

Sometimes there is a change of stress: e.g. **стол — стола́.** Some masculine nouns drop a vowel: **ребёнок — ребёнка, день — дня.**

Masculine and neuter nouns with soft endings change the final letter to -**я**: **слова́рь — словаря́; чай — ча́я; мо́ре — мо́ря.**

Feminine nouns with hard endings change -**а** to -**ы**: **посу́да — посу́ды.**

Soft feminine nouns change the final letter to -**и**: **бу́ря — бу́ри, о́чередь — о́череди.**

This means that in the Genitive singular, masculine and neuter nouns end in either **-a** or **-я**; feminine nouns end in **-ы** or **-и**.

3. Uses of the Genitive case

(i) The first use of the Genitive case is to express *possession*. In general, it is used where English uses the preposition 'of' or '—'s':

комната Виктора *Victor's room*
бутылка молока   *a bottle of milk*

(ii) The Genitive case is also used after certain prepositions, including:

без	*without*	без сомнения	*without doubt*
для	*for*	для работы	*for work*
из	*from, out of*	из Лондона	*from London*
c	*from, since*	с утра	*from morning*
до	*until, before, up to*	до вечера	*till evening*

Note that **c** 'from' is used with nouns denoting 'functions', such as **концерт** 'concert', **матч** 'match', **работа** 'work', and also with some places, such as **почта** 'post office' and **стадион** 'stadium'. In fact, **c** is the opposite of **на**, and **из** is the opposite of **в**. Thus:

на почте	*at the post office*;
на почту	*to the post office*;
с почты	*from the post office*;
but	
в клубе	*at the club*; в клуб *to the club*;
из клуба	*from the club.*

(iii) The Genitive is also used after **нет** to express 'there is not/ are not any . . .':

Нет словаря. *There is no dictionary.*

Нет посу́ды.   *There is no crockery.*

Нет ни ка́рты, ни карти́ны.   *There is neither a map, nor a picture.*

(iv) The Genitive is used after the numerals **два, две, три, четы́ре** and compounds of these numbers, such as **два́дцать два.**

There are two forms of 'two'; **два** for use with masculine and neuter nouns — **два семе́стра** 'two terms' — and **две** for feminine nouns — **две копе́йки** 'two copecks'.

(v) The Genitive may also be used instead of the Accusative for the direct object, if the verb is negative:

Я не хочу́ кефи́ра.   *I don't want kefir.*

4. The Prepositional case

So far we have learnt that the Prepositional case of the noun ends in **-е.** There are some nouns, however, whose Prepositional case ends in **-и.**

They are (i) Feminine nouns with Nominative in **-ь:** **о́чередь** — в о́череди *in the queue;*

(ii) Feminine nouns with Nominative in **-ия:** **Росси́я** — в Росси́и *in Russia;*

(iii) Neuter nouns with Nominative in **-ие:** **свида́ние** — на свида́нии *at the meeting, appointment.*

5. Some new verbs

ви́деть   *to see*

я ви́жу	мы ви́дим	
ты ви́дишь	вы ви́дите	No Imperative
он ви́дит	они́ ви́дят	

сто́ить   *to cost, be worth* is a regular Second conjugation verb.

стоя́ть *to stand*

я стою́	мы стои́м	
ты стои́шь	вы стои́те	стой! -те!
он стои́т	они́ стоя́т	

продава́ть *to sell*

я продаю́	мы продаём	
ты продаёшь	вы продаёте	продава́й! -те!
он продаёт	они́ продаю́т	

плати́ть *to pay*

я плачу́	мы пла́тим	
ты пла́тишь	вы пла́тите	плати́! -те!
он пла́тит	они́ пла́тят	

EXERCISES — УПРАЖНЕ́НИЯ

1. With the following pairs of words, form sentences according to the Models:

> *Model A*: ко́мната — тури́ст
> Кто зна́ет, где ко́мната тури́ста?

ко́мната — тури́ст; кни́га — ребёнок; ча́шка — касси́рша; слова́рь — Джон; чек — Ви́ктор; кефи́р — де́вушка; ребёнок — сосе́д; стол — Бори́с; посу́да — продавщи́ца; ка́рта — тури́ст; скри́пка — соли́ст.

> *Model B*: план — Ло́ндон
> Я хочу́ план Ло́ндона.

план — Ло́ндон; уче́бник — му́зыка; буты́лка — кефи́р; ба́нка — молоко́; план — университе́т; ча́шка — чай; ка́рта — Росси́я.

> *Model C*: план — сосе́д
> Вы зна́ете план сосе́да?

план — сосе́д; сомне́ние — пессими́ст; ко́мната —

кассирша; центр — Москва; цена — масло; работа — продавщица; шум — море; касса — стадион.

2. Using the following pairs of words, make sentences as
   in the *Model*: кино — клуб

           Когда есть кино, нет клуба.

кино — клуб; омлет — ветчина; тетрадь — книга;
посуда — молоко; масло — хлеб; Борис — Тамара;
колбаса — чай; комната — мебель; учебник — словарь; чек — кассирша; солист — рояль; товар —
продавщица; масло — сыр; план Москвы — карта
России; газета — письмо.

3. Using the words in brackets, complete the following
   sentences with ни... ни...

В оркестре ещё нет... (тромбон — рояль)
В клубе ещё нет... (флейта — карта)
В комнате уже нет... (стол — диван)
В кухне ещё нет... (посуда — мебель)
На столе уже нет... (чай — кофе)
В гастрономе иногда нет... (сыр — масло)
В магазине сегодня нет... (молоко — кефир)
На диване сейчас нет... (тетрадь — словарь)
На концерте сегодня нет... (Виктор — Тамара)

4. Using **в** or **на** make the following pairs of words into
   negative sentences according to the Model.

Model: Москва — море
      В Москве нет моря.

Москва — море; море — лодка; университет — кино; очередь — пессимист; стол — посуда; бутылка — молоко; метро — план; магазин — очередь;
мебель — цена; работа — музыка; почта — письмо; город — стадион.

5. Using the pairs of words given below, make sentences
   according to the Model.

Model: фильм — му́зыка
Сего́дня фильм без му́зыки.

фильм — му́зыка; ко́фе — молоко́; ве́чер — кон-
це́рт; бу́ря — шум; соли́ст — роя́ль; студе́нт — де́-
вушка; хлеб — колбаса́; хлеб — ма́сло; омле́т —
ветчина́; кефи́р — са́хар; клуб — орке́стр.

6. Give the following phrases with the full present tense
of each verb:

я ем колбасу́; я продаю́ ме́бель; я пью молоко́;
я ви́жу две-три тетра́ди.

7. Using the pairs of words given below, make sentences
according to the Model.

Model: това́р — гастроно́м
Э́то това́р для гастроно́ма.

това́р — гастроно́м; рабо́та — Тама́ра; стол — ра́-
дио; кефи́р — Са́ша; ча́шка — чай; ра́дио — ку́хня;
инструме́нт — соли́ст; буты́лка — молоко́; му́зы-
ка — роя́ль; ме́бель — Воло́дя; ло́дка — мо́ре;
слова́рь — Бори́с.

8. Answer the following questions according to the
Model by using the words in brackets:

Model: Есть кни́га для Джо́на? (сосе́д)
Да, но нет кни́ги для сосе́да.

Есть кни́га для Джо́на? (сосе́д)
Есть уче́бник для ребёнка? (студе́нт)
Есть газе́та для Воло́ди? (тури́ст)
Есть ка́рта Росси́и для клу́ба? (университе́т)
Есть бельё для Тама́ры? (ребёнок)
Есть буты́лка молока́ для сосе́да? (Воло́дя)
Есть письмо́ из Москвы́ для Са́ши? (Тама́ра)

9. Complete the sentences below using each of the words
in brackets:

Я стою у... (магазин, дорога, метро, карта, картина, стол)

Я вижу девушку у... (почта, кино, клуб, гастроном, касса, стадион)

Я спрашиваю у... (турист, кассирша, пессимист, девушка, ребёнок, Тамара).

10. (a) Put the nouns in brackets into the correct case:

из (город) в (университет); из (бутылка) в (чашка); из (лодка) в (море); из (Лондон) в (Россия); из (Россия) в (Лондон); из (Москва) в (Лондон).

(b) Using the pairs of words given, say 'He goes from.. to...':

кино — клуб; комната — кухня; университет — город; кухня — комната; магазин — почта; гастроном — стадион; ресторан — работа; клуб — концерт.

(c) Put the nouns in brackets into the correct case:

Я иду с (почта) в (университет) на (работа). Вы идёте с (работа) в (центр города) на (матч). Мы идём со (стадион) в (кино) на (новый фильм). Они идут с (матч) в (клуб) на (вечер музыки).

11. Put the words in brackets into the correct form:

Я (читать) о (жизнь) в (Россия). Ты (говорить) о (свидание) у (море). Он (забывать) о (тетрадь) для (Саша). Мы (слушать) об (очередь) в (магазин). Вы (спрашивать) о (мебель) для (кухня). Они (думать) о (новость) в (письмо).

12. Translate into Russian:

(i) Two shops and two cashiers; three students and three books; four letters and four copecks.

(ii) I am standing in the queue at the post-office and I (can) see a map of Russia on the wall.

(iii) I am going to the shop where they sell kitchen furniture.

(iv) My neighbour says gloomily that there is neither sausage nor cheese at the foodstore.

(v) Victor sees the price on the can of milk and pays twenty-four copecks at the cash-desk.

(vi) We want a plan of the city for the tourist, as he does not want to walk to the town centre without a plan of Moscow.

LESSON 5 — УРО́К ПЯ́ТЫЙ

Разгово́р без конца́

— Ми́стер Но́ррис? Здра́вствуйте! Заха́ров, Алексе́й Петро́вич.

Представи́тель Министе́рства торго́вли, това́рищ Заха́ров, встреча́ет на вокза́ле англича́нина, Пи́тера Но́рриса, дире́ктора фи́рмы Пе́ркинс энд Санс из Манче́стера.

— Вы говори́те по-ру́сски? — спра́шивает тов. Заха́ров.

— Говори́те ме́дленно, пожа́луйста! Я понима́ю по-ру́сски, но ещё пло́хо говорю́.

— Хорошо́! Я совсе́м не уме́ю говори́ть по-англи́йски, но у нас есть перево́дчик. Вот он — Ко́зин, Михаи́л Па́влович. Он отли́чно говори́т по-англи́йски.

— Здра́вствуйте! — говори́т Но́ррис. — О́чень рад! Но вы зна́ете, я о́чень люблю́ говори́ть по-ру́сски. А до́ма у меня́ так ма́ло возмо́жности. Е́сли вы не возража́ете, мы мо́жем говори́ть без перево́дчика.

— Да, ми́стер Но́ррис, — говори́т Ко́зин. — Я ви́жу, что вы мо́жете продолжа́ть разгово́р без меня́. У вас типи́чная для джентльме́на скро́мность, вы говори́те совсе́м свобо́дно по-ру́сски. То́лько я тепе́рь без рабо́ты. Но э́то у нас не пробле́ма. До свида́ния!

Това́рищ Заха́ров и ми́стер Но́ррис е́дут с вокза́ла в гости́ницу. По́сле обе́да они́ начина́ют делово́й разгово́р.

— Как вы зна́ете, — говори́т Заха́ров, — у нас в СССР

строят текстильные фабрики. У вас на заводе в Манчестере выпускают хорошие текстильные машины. Мы давно их знаем. Они долго работают без ремонта. Но ваши машины слишком дорогие для нас.

— Я понимаю вас. Но мы не можем продавать их дёшево. У нас в Англии стоимость их производства очень высокая.

Захаров и Норрис продолжают разговор два часа.

— Мы хорошо понимаем друг друга, — говорит Захаров. — Но всё-таки дело зависит теперь от вас.

— Наоборот, — возражает Норрис. — Мне кажется, что всё от вас зависит. Вы просите у нас помощи и не можете долго ждать.

— Да, но вы забываете, что мы можем покупать машины не только у вас. Торговля для вас важное дело.

— Очень. Но если вас не устраивает наша цена, то это конец разговора.

— Нет! Ещё не конец. Завтра мы можем продолжать наш разговор, а теперь пора отдыхать. Как у нас говорят: утро вечера мудренее.

WORDS AND PHRASES

пятый = fifth
конец = end
без конца = without end
здравствуйте! = how do you do?
представитель (*masc.*) = representative
министерство торговли = Ministry of Trade
товарищ = comrade
встречать = to meet
на вокзале = at the station (use **на**)
англичанин = Englishman
директор фирмы = director of a firm
говорить по-русски = to speak Russian
говорите медленно! = speak slowly
плохо = badly

хорошо́! = good! fine! O.K.!; well
умѣть = to be able, know how to
я умѣ́ю говори́ть по-англі́йски = I can speak English
совсѣ́м = completely
совсѣ́м не = not at all
у нас = we have; at our place, in our country
перево́дчик = translator, interpreter
отлі́чно = excellently
о́чень рад = very glad (to meet you)! delighted!
люби́ть = to like, love
  (люблю́, лю́бишь)
до́ма у меня́ = at home I have
так ма́ло возмо́жности = so little opportunity
е́сли вы не возража́ете = if you do not object
мочь = to be able (physically, through circumstances)
  (могу́, мо́жешь)
продолжа́ть без меня́ = to continue without me
у вас = you have; at your place
скро́мность (*fem.*) = modesty
джентльмѣ́н = gentleman
свобо́дно = freely; fluently
э́то у нас не пробле́ма = that is not a problem here
е́хать = to go (by transport)
  (е́ду, е́дешь)
с вокза́ла = from the station
гости́ница = hotel
по́сле обѣ́да = after dinner, lunch; in the afternoon
начина́ть = to begin
делово́й разгово́р = business talk
как вы зна́ете = as you know
стро́ить = to build
тексті́льная фа́брика = textile factory, mill (use на)
у вас на заво́де = in your factory, works (use на)
выпуска́ть маші́ну = to produce, turn out a machine
мы давно́ зна́ем = we have known (them) for a long time
их = them (*acc.*); their (*gen.*)
они́ до́лго рабо́тают = they work for a long time
ремо́нт = repairs, overhaul

ваш (ва́ша, ва́ше, ва́ши) = your
сли́шком дорого́й = too expensive
дёшево = cheaply
сто́имость (*fem.*) = cost
произво́дство = production
высо́кий = high
два часа́ = two hours
понима́ть друг дру́га = to understand one another
всё-таки = all the same
де́ло зави́сит от вас = the matter depends on you
наоборо́т = on the contrary
проси́ть (+*gen., or acc.*) = to ask, request
(прошу́, про́сишь)
вы про́сите у нас по́мощи = you are asking us for help
до́лго ждать = to wait long
(жду, ждёшь)
ва́жное де́ло = important affair, business
устра́ивать = to suit; arrange
е́сли ..., то ... = if ..., then ...
отдыха́ть = to rest, relax
«у́тро ве́чера мудрене́е» = 'morning is wiser than evening'
(let's sleep on it)

GRAMMAR — ГРАММА́ТИКА

1. Names

Between their first name и́мя and their surname
фами́лия Russians have a second name called the
о́тчество 'patronymic', which is formed from the father's
name. If a man's first name ends in a consonant, then his
son's patronymic ends in -ович, and his daughter's in
-овна, e.g. Ива́нович, Ива́новна. If the father's name
ends in -й, his son's patronymic ends in -евич, and his
daughter's in -евна, e.g. Алексе́евич, Алексе́евна from
Алексе́й.

Some more patronymics are: from Пётр — Петро́вич,

Петро́вна; from Па́вел — Па́влович, Па́вловна; from Михаи́л — Миха́йлович, Миха́йловна; from Васи́лий — Васи́льевич, Васи́льевна.

Most Russian surnames have a special form for the female members of the family which ends in **-a**;

Заха́ров — Заха́рова; Ко́зин — Ко́зина.

2. (a) Masculine animate Accusative

The Accusative case of masculine nouns denoting animate beings (men, boys or animals) is the same as the Genitive.

Thus:

Э́то това́рищ Ко́зин. Я встреча́ю това́рища Ко́зина.
Э́то Па́вел и Пётр. Я встреча́ю Па́вла и Петра́.

The Accusative of the personal pronouns is as follows:

Nom.		*Acc.*	*Nom.*		*Acc.*
я	—	меня́	мы	—	нас
ты	—	тебя́	вы	—	вас
он	—	его́ (г pronounced в)	они́	—	их
она́	—	её			
оно́	—	его́ (г pronounced в)			

(b) The Genitive of these pronouns is the same as the Accusative.

Thus:

без меня́ *without me*; без вас *without you*.

When used after a preposition, the personal pronouns его́ 'him', её 'her', их 'them' are prefixed by the letter **н**:

без него́ *without him*; без них *without them*

The Genitive of **кто** is **кого́**, and of **что** is **чего́**.
The **г** in **кого́** and **чего́** is pronounced **в**. **Г** is always pronounced **в** in the Genitive endings of pronouns and adjectives. The possessive pronouns **мой** and **твой** were

given in Lesson 2. 'Our, ours' in Russian is **наш** (*masc.*), **нáша** (*fem.*), **нáше** (*neut.*), **нáши** (*pl.*).

'Your, yours', corresponding to **вы**, is **ваш, вáша, вáше, вáши**. 'His' is **егó** for all three genders in the singular and the plural.

'Her, hers' is **её** for all three genders in the singular and the plural.

'Their, theirs' is **их** for all three genders in the singular and the plural.

When they mean 'his', 'her', 'their', these words are not prefixed by **н-**:

без егó перевóдчика *without his interpreter*.

3. More uses of the preposition y

The preposition **у** with the Genitive case may be used to convey the meaning of 'to have', as in the following examples:

У Вíктора словáрь. *Victor has a dictionary.*
(literally, *with/at Victor there is a dictionary*)
У меня кнíга. *I have a book.*

Notice that in this construction what was the object of the English sentence has become the subject in Russian, so that **словáрь** and **кнíга** are in the Nominative case.

The negative form of this construction, however, uses **нет** + the Genitive to say, in effect, 'with Victor there is no dictionary', 'with me there is no book':

У Вíктора нет словаря.
У меня нет кнíги.

The preposition **у** is also used like the French 'chez' and the German 'bei', to mean 'with, at the home of' — **у Петрá** 'at Peter's place', **у Тамáры** 'at Tamara's'.

— А говорят, у меня длинный язык.

And it is often met in such phrases as **у меня в комнате**
'in my room', **у нас в гостинице** 'in our hotel'.

4. Verbs

Note the present tense of the following verbs:

мочь *to be able* я могу́, ты мо́жешь, он мо́жет, мы
мо́жем, вы мо́жете, они́ мо́гут

е́хать *to be going* (by vehicle, riding) я е́ду, ты е́дешь,
он е́дет, мы е́дем, вы е́дете, они́ е́дут

зави́сеть, *to depend* я завишу́, ты зави́сишь, он зави́-
сит, мы зави́сим, вы зави́сите, они́ зави́сят

люби́ть *to love* я люблю́, ты лю́бишь, он лю́бит, мы
лю́бим, вы лю́бите, они́ лю́бят

(Second Conjugation verbs like the above which have a
stem ending in **б, в, м, п, ф** insert **-л-** before **-ю** in the
first person singular.)

проси́ть, *to ask (for), to request* я прошу́, ты про́сишь, он про́сит, мы про́сим, вы про́сите, они́ про́сят

ждать *to wait (for)* я жду, ты ждёшь, он ждёт, мы ждём, вы ждёте, они́ ждут

Проси́ть and **ждать** may take an object in either the Accusative or the Genitive. The object will be in the Accusative if it is a definite thing or person but in the Genitive if it is abstract or not specific.

5. Уме́ть and мочь

Уме́ть means 'to know how (to)...', 'to be able ...' in that sense.

Мочь means 'to be able...' in the sense of 'to be physically capable' or 'to have the opportunity'.

Я не уме́ю чита́ть   *I cannot read* (i.e. because I have never learnt)

Я не могу́ чита́ть   *I cannot read* (i.e. because it is too dark, or I am tired ...)

EXERCISES — УПРАЖНЕ́НИЯ

1. (a) Give the Russian for:

our representative; our letter; our help; our news; your director; your ministry; your factories; their repair; their production; their price; their machines.

(b) Complete the sentences:

Мне ка́жется, что э́то... (his interpreter; his hotel; his business; his instruments)

Мне интере́сно, где ... (her friend; her machine; her radio; her books)

2. (a) Give the present tense of **ждать** using one of the following nouns as a direct object with each person:

директор; представитель; переводчик; англичанин; студент; ребёнок.

(b) As above, but using **любить** and the following:

Александр; Джон; Павел; Тамара; музыка; экономика.

(c) As above, but using **просить** and the following:

товарищ; друг; сосед; Иван; Елена; Вера.

3. (a) Ask in Russian 'Who is meeting... me, you, him, her, us, you, them?'

(b) Complete the following statements by using the words in brackets, in the correct form, for the object:

Переводчик из министерства ждёт (ты)
Директор завода спрашивает (они)
Товарищ Алексея любит (она)
Представитель фирмы знает (вы)
Такой ремонт не устраивает (я)

(c) Give the correct form of **зависеть** and of the pronoun:

Я .... от (ты)
Ты .... от (он)
Он .... от (она)
Она .... от (мы)
Мы .... от (вы)
Вы .... от (они)
Они .... от (я)

(d) Complete the following sentences:

Друг девушки покупает картину для (она)
Он уже давно знает (она)
Александр получает деньги после (они)

Она совсем не встречает (они)
Всё-таки она едет без (он)
Она долго ждёт (он)

4. Give the present tense of **отдыхать** and with each person use one of the following phrases in Russian:

at Tamara's; at Aleksey's; at Sasha's; at Peter's;
at Comrade Zakharov's; at Comrade Kozin's.

5. Use the following pairs of phrases according to the Model.

Model: студент — хороший словарь
У студента хороший словарь.

студент — хороший словарь; продавщица — продукты; кассирша — деньги; Виктор — две копейки; Павел — три копейки; директор — новый переводчик; представитель — деловой разговор; мистер Норрис — большая проблема; Володя — интересная жизнь; представитель фирмы — важное дело.

6. Put the words in brackets into the correct form:

У (они) в (министерство) хорошо умеют возражать.
У (мы) на (почта) сейчас нет очереди.
У (вы) в (Англия) строят большие заводы.
У (она) на (работа) очень интересная проблема.
У (я) в (гостиница) можно сейчас отдыхать.
У (ты) в (комната) можно громко включать радио.

7. (a) Give the first name and patronymic of:

Виктор, son of Иван; Александра, daughter of Иван;
Пётр, son of Александр; Тамара daughter of Александр;
Борис, son of Михаил; Александра, daughter of Михаил;
Михаил, son of Алексей; Елена, daughter of Алексей;
Алексей, son of Пётр; Тамара, daughter of Пётр.

(b) Алексе́й Заха́ров has two children, Пётр and
   Тама́ра;

   Михаи́л Ко́зин also has two children, Ви́ктор and
   Ве́ра.
   What are the full names of the children?

(c) Using the names and patronymics of the people
   in (a), say:

   Са́ша ждёт . . .
   Я е́ду на вокза́л без . . .
   Мы спра́шиваем их о(б) . . .

8. Give the Imperative (plural form) of the following
   phrases:

   говори́ть по-ру́сски; писа́ть по-англи́йски; плати́ть
   в ка́ссу; идти́ совсе́м ме́дленно; люби́ть друг дру́га;
   не сиде́ть на столе́; не вари́ть ко́фе сли́шком до́лго;
   не проси́ть об э́том; не ждать его́ це́лый день; не
   ждать у мо́ря пого́ды.

LESSON 6 — УРОК ШЕСТОЙ

Типичная история

Сентябрь. Володя говорит, что в сентябре часто идёт дождь. Но сегодня прекрасная погода, и мы едем в деревню. В электричке много народа, и мы стоим. Она идёт быстро. Вот уже наша станция. Здесь деревня, и кругом лес.

Мы идём в лес. День тёплый: небо ясное, синее, воздух чистый, и в лесу тихо. Это настоящая золотая осень. Берёзы уже совсем жёлтые: кажется, что они горят. А здесь и там мрачно стоят чёрные ели. Мы слышим, как бежит вода, и видим реку. В лесу, на берегу реки, мы находим грибы.

— Я очень люблю грибы, — говорит Володя. — Я часто их собираю и сам готовлю. Я люблю жарить их в сметане. Ой, как вкусно!

У нас в корзине разные грибы — серые, коричневые, даже красные и белые. По-моему, некоторые из них несъедобные. Но гулять в лесу приятно: иногда мы отдыхаем — лежим на траве, сидим на берегу, молчим и слушаем, как тихо течёт река и как на дереве поёт птица. Весь день мы бродим в лесу.

Вечером мы идём обратно и в деревне встречаем старушку. Она стоит у остановки автобуса и держит в руке корзину. Мы спрашиваем её, съедобные ли наши грибы.

Она смотрит на них и отвечает:

— Эх, вы! Это же поганки. Они несъедобные!

Потóм онá открывáет корзи́ну: у неё в корзи́не хорóшие бéлые грибы́.

— Типи́чная истóрия! — говори́т Волóдя мрáчно.

WORDS AND PHRASES

шестóй = sixth
истóрия = story; history
сентя́брь (*masc.*) = September
чáсто = often
дождь идёт = it rains
прекрáсная погóда = magnificent weather
дерéвня = village; the country, countryside
электри́чка = (suburban electric) train, local train
мнóго нарóда (*or* нарóду) = a lot of people
нáша стáнция = our stop, station (use на)
кругóм лес = all around is the forest
тёплый = warm
я́сный = clear
си́ний = (dark) blue (pale blue = голубóй)
чи́стый вóздух = clean air
в лесý = in the forest
настоя́щий = real
золотáя óсень = golden autumn
берёзы жёлтые = the birch trees are yellow
горéть = to burn (*v.i.*)
   (горю́, гори́шь)
чёрная ель, ёлка = black fir tree
слы́шать = to hear
   (слы́шу, слы́шишь)
бежáть = to run
   (бегý, бежи́шь ... бегýт)
водá = water
рекá = river
на берегý = on the bank
находи́ть = to find
   (нахожý, нахóдишь)

гриб = mushroom
собира́ть = to pick; collect
гото́вить = to cook, prepare
  (гото́влю, гото́вишь)
гото́влю их сам = I cook them myself
жа́рить в смета́не = to fry in sour cream
как вку́сно! = how delicious
у нас в корзи́не = in our basket
ра́зный = various, different
се́рый = grey
кори́чневый = brown
да́же = even
кра́сный = red
бе́лый = white
по-мо́ему = in my opinion
не́которые из них несъедо́бные = some of them are inedible
прия́тно гуля́ть = it is pleasant to stroll
лежа́ть на траве́ = to lie on the grass
  (лежу́, лежи́шь)
молча́ть = to be silent
  (молчу́, молчи́шь)
течь = to flow
  (теку́, течёшь ... теку́т)
петь = to sing
  (пою́, поёшь)
пти́ца = bird
де́рево = tree; wood (*material*)
весь день = all day long
броди́ть = to wander
  (брожу́, бро́дишь)
ве́чером = in the evening
стару́шка = old woman
остано́вка авто́буса = bus stop
держа́ть в руке́ = to hold in one's hand
  (держу́, де́ржишь)
её = her (*acc. and gen.*); it, its (*fem.*)
съедо́бный = edible

онá смóтрит на них = she looks at them
же *(emphatic particle)*
погáнка = toadstool
открывáть = to open

GRAMMAR — ГРАММА́ТИКА

1. Nouns: masculine Prepositional ending -ý

After the prepositions в and на a few masculine nouns
have the ending -ý in the Prepositional case, e.g. лес —
в лесý 'in the forest'; бéрег — на берегý 'on the bank'.

2. Plurals

Hard masculine nouns and hard feminine nouns have
the ending -ы in the Nominative plural. Soft masculine
and feminine nouns end in -и:

план — плáны	кóмната — кóмнаты
музéй — музéи	тетрáдь — тетрáди

Hard neuter nouns end in -a in the Nominative plural;
and soft neuter nouns end in -я:

начáло — начáла; сомнéние — сомнéния

But with some nouns the stress in the plural is on a
different syllable from the singular:

гриб — грибы́ *mushrooms*;
сыр — сыры́ *cheeses*;
стол — столы́ *tables*;
час — часы́ *hours* (plural also means *a clock, watch*);
чай — чай *teas*;
словáрь — словари́ *dictionaries*;
дождь — дожди́ *rains*;
волнá — вóлны *waves*;
рекá — рéки *rivers*;

рука́ — ру́ки *hands, arms*;
трава́ — тра́вы *grasses, herbs*;
цена́ — це́ны *prices*;
де́ло — дела́ *deeds, matters*;
письмо́ — пи́сьма *letters*;
мо́ре — моря́ *seas.*

The following plurals are irregular:

бе́рег — берега́ *banks, shores*; го́род — города́ *towns, cities*; ве́чер — вечера́ *evenings*; дире́ктор — директора́ *directors*; лес — леса́ *forests, woods.*

Also друг — друзья́ *friends*; не́бо — небеса́ *skies*; де́рево — дере́вья *trees*

Note also день — дни *days*; сосе́д — сосе́ди *neighbours*; англича́нин — англича́не *Englishmen.*

The word де́ти 'children' is used for the plural of ребёнок.

Adjectives used as nouns have the appropriate adjectival-type ending in the plural:

ру́сский — ру́сские *Russians*; столо́вая — столо́вые *dining rooms, canteens.*

3. Adjectives

Some Russian adjectives are 'hard', and others are 'soft', depending on the endings:

	Masc.	*Fem.*	*Neut.*	*Pl.*
Hard	но́вый	но́вая	но́вое	но́вые
Soft	си́ний	си́няя	си́нее	си́ние

Тре́тий 'third' is slightly unusual:

тре́тий тре́тья тре́тье тре́тьи

Some adjectives appear to be a mixture of 'hard' and 'soft'. This occurs when the stem ends in a guttural or sibilant consonant: г, к, х, ж, ч, ш, щ.

хоро́ший хоро́шая хоро́шее хоро́шие
большо́й больша́я большо́е больши́е

| дорогóй | дорогáя | дорогóе | дорогúе |
| рýсский | рýсская | рýсское | рýсские |

See the rules of spelling, p. 3.

4. Adverbs

It is possible to form an adverb from an adjective by replacing the ending with **-o,** *i. e.* the adverb has the same form as the neuter short form of the adjective.

бы́стрый — бы́стро *quickly*;
грóмкий — грóмко *loudly*;
тúхий — тúхо *quietly, softly*.

But there is often a change of stress.

весёлый — вéсело *gaily*;
дешёвый — дёшево *cheaply*;
дорогóй — дóрого *dearly*;
корóткий — кóротко *shortly*;
лёгкий — легкó *easily*;
плохóй — плóхо *badly*;
тёплый — теплó *warmly*;
хорóший — хорошó *well*.

5. Duration of time

To express duration of time, i.e. the time during which the action takes place, the period of time is put into the Accusative case:

Он рабóтает весь день. *He works all day.*

But note:

Он éдет в Москвý на недéлю.
He is going to Moscow for a week.

This sentence requires the preposition **на** with the Accusative case to express the idea 'to spend a week there'.

6. The Partitive Genitive

If you want to say in Russian 'Give me *some* bread' then you can use the Genitive case to give the idea of 'some':

Да́йте мне хле́ба.   *Give me some bread.*
Да́йте мне хлеб.   *Give me the bread.*

This is called the Partitive Genitive.

Some masculine nouns have a Partitive Genitive which ends in **-у (-ю)** instead of **-а (-я)**. Such nouns include са́хар — са́хару, сыр — сы́ру, чай — ча́ю.

It is possible, however, to use either the Partitive Genitive or the ordinary Genitive in **-а (-я)** so that, for example, 'Give me some cheese' may be either Да́йте мне сы́ру or Да́йте мне сы́ра.

Besides this Partitive Genitive, certain set phrases often contain a masculine Genitive which ends in **-у (-ю)** instead of **-а (-я)**. In the text of this lesson we had мно́го наро́да 'a lot of people': this is frequently мно́го наро́ду.

Note also: из дому   *from home*
But   из до́ма   *out of the house*

EXERCISES — УПРАЖНЕ́НИЯ

1. Give the correct form of the adjective with the following nouns:

бе́лый: сыр, корзи́на, мо́ре
чёрный: дива́н, ча́шка, мо́ре
до́брый: ве́чер, стару́шка, де́ло
типи́чный: сентя́брь, дере́вня, сомне́ние
второ́й: мину́та, де́ло, час
тёплый: молоко́, день, пого́да
дорого́й: това́рищ, парикма́херская, произво́дство
настоя́щий: смета́на, друг, ма́сло
си́ний: не́бо, маши́на, авто́бус

2. As above, but precede each adjective with the correct form of **какой!, какая!, какое!,** 'What a ...!':

    се́рый: вокза́л, ёлка, мо́ре
    кра́сный: гриб, рука́, не́бо
    вку́сный: обе́д, колбаса́, ма́сло
    чи́стый: рестора́н, вода́, не́бо
    интере́сный: кино́, заво́д, пробле́ма
    прекра́сный: о́сень, во́здух, нача́ло
    пусто́й: столо́вая, бе́рег, метро́
    нелёгкий: час, жизнь, де́ло
    ру́сский: кни́га, представи́тель, ра́дио

3. Using the groups of words given, first ask 'What (kind of) ... is this?', and then answer giving the correct form of the adjective as in the Model:

    Model: словарь, пога́нка, ма́сло — жёлтые
               Како́й э́то слова́рь? Э́то жёлтый слова́рь.
               Кака́я э́то пога́нка? Э́то жёлтая пога́нка.
               Како́е э́то ма́сло? Э́то жёлтое ма́сло.

    слова́рь, пога́нка, ма́сло — жёлтые
    авто́бус, электри́чка, ра́дио — кори́чневые
    свида́ние, разгово́р, рабо́та — пе́рвые
    план, у́тро, карти́на — я́сные
    маши́на, произво́дство, го́род — тексти́льные
    ребёнок, де́вушка, письмо́ — деловы́е
    трава́, семе́стр, свида́ние — коро́ткие
    министе́рство, лес, ста́нция — больши́е
    перево́дчик, гости́ница, ра́дио — хоро́шие

4. Translate into Russian:

    real problems; whole days; skilful hands (*tr. as* golden hands); kind deeds; your prices; my doubts; short waves; large walls; warm seas; good dining rooms; expensive hotels; their letters.

5. Put the subjects and verbs in the following sentences into the plural:

    (i) Како́й коро́ткий день! Како́й прекра́сный ве́чер!

(ii) Какой интересный берег!

(iii) Даже не смотри на поганку!

(iv) В Англии часто идёт дождь?

(v) Вот на карте город и деревня.

(vi) Здесь на плане река и лес.

(vii) У меня на столе словарь и учебник.

(viii) Турист спрашивает, где станция и где стадион.

(ix) Я молчу, и мой переводчик тоже молчит.

(x) Директор начинает деловой разговор.

(xi) Представитель министерства продолжает возражать.

(xii) Здесь в магазине есть хорошая продавщица.

(xiii) У нас сегодня большая очередь.

(xiv) Старушка стоит и держит корзину.

(xv) Кассирша мрачно смотрит на деньги.

6. Put the subject and verbs below into the plural (making the necessary substitutions):

Мы гуляем в лесу.

(Ребёнок) ....

.............(бродить).............

(Англичанин) ....

.............(собирать грибы)........

(Мой друг) ....

.............(жарить грибы)........

(Наш сосед) ....

.............(готовить обед). ......

7. Using the correct preposition в or **на,** answer the following questions:

(i) Где вы сидите? (вокзал)

(ii) Где вы бродите весь день? (лес)

(iii) Где они бродят весь день? (город)

(iv) Где стоят директора? (министерство)

(v) Где стоят англичане? (очередь)

(vi) Где лежат письма? (стол)

(vii) Где лежа́т тетра́ди? (трава́)
(viii) Где вы ви́дите маши́ны? (заво́д)
 (ix) Где това́рищи нахо́дят грибы́? (бе́рег)

8. (a) Form adjectives from the following adverbs:

> интере́сно; мра́чно; прия́тно; ме́дленно; свобо́д-
> но; отли́чно; ти́хо; ми́ло; уста́ло; бы́стро; гро́мко;
> тепло́; до́рого; ко́ротко; нелегко́; высоко́.

(b) Form adverbs from the following adjectives:

> вку́сный; недорого́й; чи́стый; коро́ткий; я́сный;
> невысо́кий; прекра́сный; лёгкий; ва́жный; тёп-
> лый; типи́чный; дешёвый; весёлый; плохо́й; хо-
> ро́ший.

9. Translate into Russian:

(a) (i) It is pleasant to hear such news.
    (ii) The orchestra is playing too loudly.
   (iii) This river flows very quickly.
    (iv) Everything is very clean this morning.
     (v) How gloomy they are today!
    (vi) For a girl it is very important to know how to
         cook well.

(b) Today I am preparing dinner for Aleksey. I don't
    know how to cook. That's why I am only frying an
    omelette. Aleksey asks me to switch on the radio
    for him. I go into the room, begin to listen to the
    news, and forget about the dinner. And in the
    kitchen the omelette is burning. I run into the kitchen.
    Aleksey too runs into the kitchen and sees that
    water and milk are flowing on the floor. We start
    again to prepare the omelette and now we fry it
    together.

    After dinner we go on a bus to the sea shore. We sit
    on the shore for a long time and are silent. How I
    love warm evenings by the sea.

LESSON 7 — УРОК СЕДЬМОЙ

Что такое искусство?

— Посмотри, Виктор. Какой интересный памятник!

— Да, трудно быть скульптором. Надо быть и художником, и силачом.

— Не обязательно. Даже женщина может быть скульптором, а обычно женщины не отличаются силой. Во-первых, скульптор иногда работает не с мрамором или с камнем, а с деревом или с гипсом. Во-вторых, камень можно обрабатывать не только молотком и зубилом; существуют другие инструменты и машины, а с их помощью даже тяжёлая работа становится пустяком.

— Ишь ты, эксперт какой! Откуда ты всё это знаешь? Ты сам скульптор, что ли?

— Нет, но интересуюсь скульптурой. А ты?

— Я больше интересуюсь живописью. Иногда я сам рисую.

— Правда? Странно... Ты же такой спортсмен, занимаешься всё время футболом.

— Это только летом. Зимой часто я сижу дома, смотрю в окно, занимаюсь рисованием. А ты не художник? Странно. Ты так увлекаешься музыкой, литературой, поэзией...

— Совсем не странно. Я же фотограф!

— Занимаешься фотографией!? У тебя нет души!

— Почему? Хорошо фотографировать очень трудно. Я считаю это тоже искусством.

— Ой, нет! Это не искусство. Кинофильм — другое дело.

— Какая разница между кинофильмом и фотографией? Аппарат является инструментом, как молоток скульптора или карандаш художника.

— Дело не в аппарате, а в цели. В кинофильме можно выражать мысли, идеи. А снимать фотоаппаратом — это просто мастерство. То же самое с футболом: хорошо играть в футбол — это мастерство, а не искусство.

— Но я считаю, что целью искусства является выражение красоты. Тогда фотография может считаться искусством, и даже футбол. Все любуются красотой.

— Может быть. А что такое красота? Это красивая статуя, как ты думаешь?

— Это совсем другое дело.

WORDS AND PHRASES

седьмой = seventh
что такое ...? = what is ...?
искусство = art
посмотри! = look
какой интересный памятник! = what an interesting statue, monument!
трудно быть скульптором = it is difficult to be a sculptor
художник = artist
силач = strong man, muscle man
обязательно = necessarily; without fail
даже женщина = even a woman
обычно = usually
отличаться (+ *instr.*) = to be distinguished by
сила = strength
во-первых = firstly
работать с мрамором = to work with marble
камень (*masc.*) = stone
гипс = plaster
во-вторых = secondly

обраба́тывать = to work, process
молото́к = hammer
зуби́ло = chisel
существова́ть = to exist
  (существу́ю, существу́ешь)
друго́й инструме́нт = another instrument
с их по́мощью = with their help
тяжёлый = heavy
станови́ться (+ *instr.*) = to become
  (становлю́сь, стано́вишься)
пустя́к = trifle
ишь ты! = dig you! my, my!
экспе́рт = expert
отку́да ты всё э́то зна́ешь? = how come you know all this?
интересова́ться скульпту́рой = to be interested in sculpture
бо́льше интересу́юсь жи́вописью = I am more interested in painting
рисова́ть = to draw
(рису́ю, рису́ешь)
пра́вда = truth; it's true
стра́нно = strange
тако́й спортсме́н = such a sportsman
занима́ться футбо́лом = to occupy oneself with, spend one's time on football
всё вре́мя = all the time
ле́том = in summer
зимо́й = in winter
смотре́ть в окно́ = to look out of the window
рисова́ние = drawing
увлека́ться литерату́рой = to be carried away by literature
поэ́зия = poetry
фото́граф = photographer
фотогра́фия = photograph
у тебя́ нет души́ = you have no soul
фотографи́ровать = to photograph
  (фотографи́рую, фотографи́руешь)

счита́ть э́то иску́сством = to consider this an art
кинофи́льм *or* фильм = film
друго́е де́ло = another matter
кака́я ра́зница ме́жду (+ *instr.*) = what difference (is there) between
аппара́т = camera; apparatus
явля́ться (+ *instr.*) = to be
каранда́ш = pencil
де́ло не в аппара́те = it is not a question of the camera
цель (*fem.*) = aim, purpose
выража́ть мысль (*fem.*) = to express a thought
иде́я = idea
снима́ть = to take a photo
фотоаппара́т = camera
про́сто = simply
мастерство́ = skill, craftsmanship
то же са́мое = the same thing
игра́ть в футбо́л = to play football
выраже́ние = expression
красота́ = beauty
счита́ться (+ *instr.*) = to be considered
любова́ться (+ *instr.*) = to admire
краси́вая ста́туя = beautiful statue

GRAMMAR — ГРАММА́ТИКА

1. Verbs ending in -ся

Compare Мать одева́ет ребёнка
The mother is dressing the child.

and Мать одева́ется
Mother is dressing (herself).

The second of these statements is reflexive, i.e. the subject performs the action on herself.

The complete present tense of this reflexive verb 'to dress oneself' is:

я одеваюсь	мы одеваемся
ты одеваешься	вы одеваетесь
он/она одевается	они одеваются

The reflexive particle **-ся** contracts to **-сь** after a vowel. There are many verbs in Russian which are not strictly reflexive but which, nevertheless, have the particle **-ся,** e.g.

заниматься	*to study, engage (in), occupy oneself (with)*
интересоваться	*to be interested*
любоваться	*to admire*
увлекаться	*to be absorbed, carried away* (figuratively)
являться	*to be*
становиться	*to become*

It will be seen from the meanings of some of these words that verbs ending in -ся may be *passive*. It is possible to say:

Книга читается   *The book is being read.*

This is a normal way of expressing the passive voice in Russian.

Sometimes verbs in **-ся** are *reciprocal*: **встречаться,** for example, can mean 'to meet each other' (reciprocal), as well as 'to be met with' (passive).

2. Verbs in **-овать, -евать**

Verbs with the infinitive ending in **-овать** have the endings **-ую, -уешь, -ует, -уем, -уете, -уют** in the present tense: e.g.

интересовать   *to interest*

я интересую	мы интересуем
ты интересуешь	вы интересуете
он интересует	они интересуют

Здоро́ваться 'to greet' is an exception to this rule: я здоро́ваюсь.

Verbs in -евать have the ending -юю, -юешь and so on in the present tense: e.g.

воева́ть *to wage war*

я вою́ю	мы вою́ем
ты вою́ешь	вы вою́ете
он вою́ет	они́ вою́ют

(But note я одева́юсь from одева́ться 'to dress'.)
Because of the rule of spelling which prevents you writing -ю after ж, ц, ч, ш, щ, many verbs in -евать have -ую, -уешь in the present tense; e.g. ночева́ть 'to spend the night'.

3. The Instrumental case

The Instrumental case denotes *the instrument with which* or *the agent by whom* something is done:

аппара́т   *a camera*
снима́ть аппара́том *to photograph with a camera*

Hard masculine and neuter nouns have the ending -ом in the Instrumental case singular; soft masculine and neuter nouns have the ending -ем (or -ём):

молото́к — молотко́м; слова́рь — словарём;
сентя́брь — сентябрём; дождь — дождём;
де́ло — де́лом; мо́ре — мо́рем.
представи́тель — представи́телем

Hard feminine nouns change -а to -ой in the Instrumental singular: ко́мната — ко́мнатой; кни́га — кни́гой.
Feminine nouns in -я change -я to -ей: бу́ря — бу́рей;

фотогра́фия — фотогра́фией.

(For the feminine declensions there is an alternative form of the Instrumental: ко́мнатою, бу́рею.)

Feminine nouns in -ь have the ending -ью in the

Instrumental: о́чередь — о́чередью; мысль — мы́слью.
Care must be taken when forming the Instrumental of
nouns whose stem ends in ж, ц, ч, ш, щ because you
can write -о after these letters only if it is stressed. Thus:

коне́ц — концо́м; сила́ч — силачо́м;
каранда́ш — карандашо́м;

but

матч — ма́тчем; душ — ду́шем;
това́рищ — това́рищем.

Similarly

душа́ — душо́й;

but

гости́ница — гости́ницей; касси́рша — касси́ршей;
продавщи́ца — продавщи́цей; ра́зница — ра́зницей.

4. Other uses of the Instrumental case

(i) Apart from the basic use of the Instrumental to
denote the instrument with which, or agent by
whom, the action is performed, this case is often
used after the infinitive быть 'to be' to express a
complement: быть ску́льптором 'to be a sculptor'.

(ii) Similarly, it is used with such verbs as станови́ться
'to become'; явля́ться 'to be'; каза́ться 'to seem';
счита́ть 'to consider'; интересова́ться 'to be interested in'; занима́ться 'to occupy oneself with,
engage in, study'; увлека́ться 'to be carried away
by'.

Я счита́ю э́то иску́сством. *I consider this to be art.*
Я интересу́юсь иску́сством. *I am interested in art.*

(iii) The Instrumental is also used with certain prepositions:

с   (together) *with*   над   *above, over*
под   *under*   между *between*
за   *behind*

(**Под** and **за** are followed by the Accusative if motion into a position 'under' or 'behind' is being expressed:

Он идёт за памятник. *He goes behind the monument.*

But the Instrumental is used to denote a place of rest:

Он стоит за памятником. *He is standing behind the monument.*)

(iv) In order to say 'in spring, in winter', etc., the word for the season is put into the Instrumental case:

весна   *spring*   весной   *in spring*
лето   *summer*   летом   *in summer*
осень   *autumn*   осенью   *in autumn*
зима   *winter*   зимой   *in winter*

Note also   утром   *in the morning*
            вечером   *in the evening*
            днём   *in the day, afternoon*
            ночью   *in the night* (from **ночь**)

5. Кто and что

The Instrumental case of **кто** is **кем**, and of **что** is **чем**. The Prepositional case of **кто** is **(о) ком**, and of **что** is **(о) чём**.

EXERCISES — УПРАЖНЕНИЯ

1. Translate into Russian:

what strength; what a summer; what ideas; other aims; another spring; another window; a heavy stone; a heavy thought; heavy hammers; heavy wood.

2. Answer the following questions in the affirmative with complete sentences:

> (i) Ты любу́ешься ста́туей и па́мятником?
> (ii) Ты любу́ешься посу́дой и ме́белью?
> (iii) Вы любу́етесь мра́мором и де́ревом?
> (iv) Вы любу́етесь красото́й о́сени?
> (v) Она́ любу́ется мо́рем и ло́дкой?
> (vi) Они́ любу́ются мастерство́м спортсме́на?

3. Using the words given, complete the sentence:

> **Я счита́ю, что он сли́шком увлека́ется...**
>
> футбо́л; рисова́ние; литерату́ра; кинофи́льм; их иде́я; рабо́та в клу́бе; жизнь в СССР; жи́вопись.

4. Using the words given, complete the two statements below:

> (a) **Он изуча́ет...**   (b) **Он занима́ется...**
>
> поэ́зия; эконо́мика; му́зыка; торго́вля; жи́вопись; литерату́ра.

5. Complete the following sentences by giving the correct forms of the words in brackets:

> Я интересу́юсь (фотогра́фия) и становлю́сь (фото́граф).
> Я интересу́юсь (спорт) и становлю́сь (спортсме́н).
> Ты интересу́ешься (иску́сство) и стано́вишься (экспе́рт).
> Ты интересу́ешься (рисова́ние) и стано́вишься (худо́жник).
> Он интересу́ется (скульпту́ра) и стано́вится (ску́льптор).
> Она́ интересу́ется (торго́вля) и стано́вится (продавщи́ца).

6. Change the following sentences to say that these people do not want to be what they are, as in the **Model:**

Model: Тама́ра — фото́граф.
    Она́ не хо́чет быть фото́графом.

Тама́ра — фото́граф.
Заха́ров — перево́дчик дире́ктора.
Ко́зин — их представи́тель.
Еле́на — касси́рша в гастроно́ме.
Ви́ктор — това́рищ Алексе́я.
Алексе́й про́сто сила́ч.

7. Using the words given, complete the question **Кака́я ра́зница ме́жду...**

Пётр и Па́вел; слова́рь и уче́бник; зуби́ло и молото́к; ка́мень и гипс; день и ве́чер; его́ ребёнок и ребёнок Воло́ди; сентя́брь в Москве́ и сентя́брь в Ирку́тске; коне́ц фи́льма и коне́ц кни́ги; дождь в А́нглии и дождь в Росси́и.

8. Put the words in brackets into the correct form:

Худо́жник (рисова́ть) карти́ну (каранда́ш).
Алекса́ндр (фотографи́ровать) па́мятник (аппара́т).
Де́вушка (рисова́ть) зи́му в (дере́вня).
Ску́льптор (обраба́тывать) ста́тую (зуби́ло).
Мы (стоя́ть) ме́жду (гости́ница) и (ста́нция).
Ме́жду (лес) и (мо́ре) (лета́ть) ча́йка.

9. Translate into Russian:

(i) Where do there still exist beautiful and good women?
(ii) The expression of beauty is the soul of poetry.
(iii) This is the difference between craft and art.
(iv) We drink coffee with milk or tea with lemon and we eat bread with butter and sausage.

10. Answer in Russian the following questions on the text:

(i) Ме́жду кем идёт разгово́р?
(ii) О чём говоря́т Ви́ктор и его́ това́рищ?
(iii) Кем Ви́ктор счита́ет ску́льптора?
(iv) Что говори́т о скульпту́ре това́рищ Ви́ктора?

(v) С по́мощью чего́ тяжёлая рабо́та стано́вится пустяко́м?

(vi) Почему́ това́рищ Ви́ктора тако́й экспе́рт?

(vii) Чем интересу́ется Ви́ктор, и чем он занима́ется зимо́й и ле́том?

(viii) Почему́ для Ви́ктора стра́нно, что его́ това́рищ не худо́жник?

(ix) Что счита́ет иску́сством това́рищ Ви́ктора?

(x) В чём де́ло, е́сли де́ло не в аппара́те?

(xi) Что ду́мает това́рищ Ви́ктора об иску́сстве?

LESSON 8 — УРОК ВОСЬМОЙ

Отцы и дети

У Володи небольшая семья — отец, мать и сестра. Они живут недалеко от Ленинграда. Отец Володи работает инженером, мать работает редактором, а сестра ещё студентка. Володя показывает Джону фотографии семьи.

— Какая интеллектуальная семья! — говорит Джон.
— Только ты вот...

Володя грозит Джону кулаком.

— Осторожно, мой иронический друг. Ты ещё не знаешь, какой я умный, культурный! Но это ещё ничего по сравнению с сестрой. Вот она — её зовут Люда.

Володя показывает Джону фотокарточку сестры.

— Да, красивая девушка, — говорит Джон. — И одевается она со вкусом.

— Ты говоришь «со вкусом»? По-моему, просто некрасиво. А по мнению отца — даже неприлично. «Разве девушке не стыдно гулять по улице в такой юбке?» — говорит он. Он советует ей всегда носить скромные платья. По-моему, он делает правильно.

— Эх, вы! Старомодные такие! Вот почему у нас на Западе пишут, что советские девушки одеваются немодно. Что ей делать? Судить о человеке по одежде — это ошибка. Впрочем, это совсем приличная юбка. Посмотри на лондонские моды!

— Ага, знаю я, что делается на Западе. У вас всё, что угодно, можно носить. Но у тебя нет сестры, а Люда моя́ сестра́, и, как говоря́т у нас, своя́ руба́шка бли́же к те́лу!

— Тебе́ не нра́вится, зна́чит, э́та мо́да? Ничего́, стари́к! Твоя́ сестра́ принадлежи́т к молодо́му поколе́нию. У вас вку́сы ра́зные. Отцу́, наве́рное, нра́вится Чайко́вский, ты игра́ешь на балала́йке, а Лю́де нра́вится поп-му́зыка, — пра́вда? Такова́ жизнь! На́до покоря́ться судьбе́, на́до привыка́ть к мы́сли, что она́ совреме́нный челове́к, а ты ста́рый консерва́тор.

— Не пра́вда! Я не меша́ю ей весели́ться. Мне всё равно́, что́ она́ де́лает. Я её зна́ю, а ты ничего́ не понима́ешь. Сове́тские де́вушки не таки́е легкомы́сленные, как ва́ши. Лю́да о́чень серьёзно отно́сится к рабо́те, к жи́зни.

— Ну вот! Идеа́льная де́вушка — серьёзная, культу́рная, краси́вая. У меня́ больша́я сла́бость к красоте́. Дай мне её фотока́рточку.

— Ой, нет! — возража́ет Воло́дя. — К сожале́нию, вы сли́шком ра́зные по хара́ктеру.

WORDS AND PHRASES

восьмо́й = eighth
отцы́ и де́ти = fathers and children
небольшо́й = not large, small
семья́ = family
мать = mother
сестра́ = sister
жить = to live
  (**живу́, живёшь**)
недалеко́ от Ленингра́да = not far from Leningrad
рабо́тать инжене́ром = to work as an engineer
реда́ктор = editor
студе́нтка = student (*fem.*)
пока́зывать ему́ фотогра́фию = to show him a photograph
интеллектуа́льный = intellectual
грози́ть ему́ кулако́м = to threaten him with (his) fist

осторо́жно = careful
ирони́ческий = ironic
друг = friend
у́мный = intelligent, clever
культу́рный = cultured
но э́то ещё ничего́ = but that's nothing yet
по сравне́нию с сестро́й = in comparison with (my) sister
её зову́т Лю́да = her (first) name is Lyuda
звать = to call
(зову́, зовёшь)
фотока́рточка = snapshot, photo
одева́ться со вку́сом = to dress with taste
(одева́юсь, одева́ешься)
по мне́нию = in the opinion of
неприли́чно = indecent
ра́зве? (*emphatic introduction to question*) = really? do you mean to say?
де́вушке не сты́дно = the girl is not ashamed
гуля́ть по у́лице = to stroll along the street
така́я ю́бка = such a skirt, a skirt like that
он сове́тует ей = he advises her
носи́ть = to wear
(ношу́, но́сишь)
скро́мное пла́тье = a modest dress
пра́вильно де́лает = he is right to
старомо́дный = old fashioned
на За́паде = in the West
сове́тский = Soviet
немо́дный = unfashionable, without fashion
разреша́ть (+ *dat.*) = to allow
мо́дный = fashionable
что ей де́лать = what is she to do
суди́ть о челове́ке = to judge a person
по оде́жде = by (his) clothes
оши́бка = mistake
впро́чем = anyway
прили́чный = decent

лондонские мо́ды = London fashions

что де́лается там = what goes on there

всё, что уго́дно = anything you like

своя́ руба́шка бли́же к те́лу = one's own shirt is closer
  to one's body (blood is thicker than water)

тебе́ нра́вится э́та мо́да? = do you like this fashion?

ничего́ = nothing; never mind!

стари́к = old man

принадлежа́ть (+ *dat. or* к + *dat.*) = to belong to
  (принадлежу́, принадлежи́шь)

молодо́е поколе́ние = the young generation

ра́зные вку́сы = different tastes

наве́рное = probably

игра́ть на балала́йке = to play the balalaika

поп-му́зыка = pop music

такова́ жизнь! = such is life!

покоря́ться судьбе́ = to submit to fate

привыка́ть к мы́сли = to get used to the thought

совреме́нный челове́к = contemporary, modern person

ста́рый консерва́тор = old fogey, square

меша́ть ей = to prevent her

весели́ться = to enjoy oneself

мне всё равно́ = I don't mind, it's all the same to me

ты ничего́ не понима́ешь = you don't understand anything

легкомы́сленный (г *pronounced* х [kh]) = flippant

серьёзный = serious

относи́ться к рабо́те = to treat, take one's work

идеа́льный = ideal

сла́бость к красоте́ = weakness for beauty

к сожале́нию = unfortunately

ра́зные по хара́ктеру = different types

GRAMMAR — ГРАММА́ТИКА

1. The Dative case

The Dative case in Russian is used first and foremost to express the indirect object:

дава́ть аппара́т Ива́ну   *to give a camera to Ivan.*

It is also used with the prepositions **к** 'towards, to, by (*a certain time*)' and **по** 'along, through, according to' and after some verbs, e.g. **грози́ть** 'to threaten', where in English a direct object is used.

Hard masculine and neuter nouns have the ending **-у** in the Dative case; soft masculine and neuter nouns have **-ю**:

за́во́д — заво́ду;   чай — ча́ю;
де́ло — де́лу;   мо́ре — мо́рю.

Nouns of the feminine declension in **-а** and in **-я** have **-е** in the Dative: сестра́ — сестре́: бу́ря — бу́ре.

Feminine nouns in **-ь** have **-и** in the Dative: о́чередь — о́череди.

And feminine nouns in **-ия** have **-ии**: фотогра́фия — фотогра́фии.

2. Declension of nouns (singular)

Masculine

Nom.	заво́д	слова́рь	чай
Gen.	заво́да	словаря́	ча́я
Dat.	заво́ду	словарю́	ча́ю
Acc.	заво́д	слова́рь	чай
Inst.	заво́дом	словарём	ча́ем
Prep. (о)	заво́де	словаре́	ча́е

Remember: animate masculine nouns have Accusative like Genitive.

Note that some masculine nouns drop a vowel in declension:

отѐц — *Gen.* отцѐ *Dat.* отцу́ etc.; конѐц — концѐ;
день — дня; ребёнок — ребёнка.

Feminine

Nom.	сестра́	бу́ря
Gen.	сестры́	бу́ри
Dat.	сестре́	бу́ре
Acc.	сестру́	бу́рю
Inst.	сестро́й, *or* -о́ю	бу́рей, -ею
Prep.	(о) сестре́	бу́ре

Nom.	фотогра́фия	о́чередь
Gen.	фотогра́фии	о́череди
Dat.	фотогра́фии	о́череди
Acc.	фотогра́фию	о́чередь
Inst.	фотогра́фией	о́чередью
Prep.	(о) фотогра́фии	о́череди

The declension of **мать** 'mother' and **дочь** 'daughter':

Nom.	мать	дочь
Gen.	ма́тери	до́чери
Dat.	ма́тери	до́чери
Acc.	мать	дочь
Inst.	ма́терью	до́черью
Prep.	(о) ма́тери	до́чери

Neuter

Nom.	де́ло	мо́ре	мне́ние
Gen.	де́ла	мо́ря	мне́ния
Dat.	де́лу	мо́рю	мне́нию
Acc.	де́ло	мо́ре	мне́ние
Inst.	де́лом	мо́рем	мне́нием
Prep.	(о) де́ле	мо́ре	мне́нии

3. Declension of pronouns

Nom.	я	ты
Gen.	меня́	тебя́
Dat.	мне	тебе́

Acc.		меня́		тебя́
Inst.		мной *or* мно́ю		тобо́й, тобо́ю
Prep.	(обо)	мне		(о)тебе́

Nom.		он		она́		оно́
Gen.		его́		её		его́
Dat.		ему́		ей		ему́
Acc.		его́		её		его́
Inst.		им		ей, е́ю		им
Prep.	(о)	нём	(о)	ней	(о)	нём

Nom.		мы		вы		они́		кто		что
Gen.		нас		вас		их		кого́		чего́
Dat.		нам		вам		им		кому́		чему́
Acc.		нас		вас		их		кого́		что
Inst.		на́ми		ва́ми		и́ми		кем		чем
Prep.	(о)	нас	(о)	вас	(о)	них	(о)	ком	(о)	чём

никто́ declines like кто; ничто́ like что.

4. Declension of сам

		Masc.	*Fem.*
Nom.		сам	сама́
Gen.		самого́	само́й
Dat.		самому́	само́й
Acc.		сам/самого́	самоё (*or* саму́)
Inst.		сами́м	само́й (-о́ю)
Prep.	(о)	само́м	само́й

		Neut.	*Pl.*
Nom.		само́	са́ми
Gen.		самого́	сами́х
Dat.		самому́	сами́м
Acc.		само́	са́ми/сами́х
Inst.		сами́м	сами́ми
Prep.	(о)	само́м	сами́х

Сам is used for 'myself, yourself, himself' etc. where these words mean 'in person':

Сам дире́ктор э́то де́лает.   *The director does this himself.*

It is also used with 'emphatic' meaning:

Она́ сама́ не зна́ет.	*She herself does not know.*
Мы пока́зываем э́то им сами́м.	*We show this to them themselves.*

5. Prepositions к and по

Note the following uses of these prepositions:

к го́роду	*towards the town;*
к ве́черу	*by evening or towards evening;*
к до́ктору	*to the doctor's;*
по у́лице	*along the street;*
по пла́ну	*according to plan;*
по ко́мнате	*up and down the room;*
по го́роду	*around the town.*

6. Notice the use of the Dative case together with the neuter short form of the adjective in such phrases as:

Мне тепло́	*I am warm* (literally *to me it is warm*);
Мне сты́дно	*I am ashamed;*
Воло́де всё равно́	*It is all the same to Volodya.*

7. Note the use of принадлежа́ть without к

Э́та кни́га принадлежи́т мне.	*This book belongs to me.* (possession)
Она́ принадлежи́т к молодо́му поколе́нию.	*She belongs to the young generation.* (belonging to category)

8. Нра́виться

The verb **нра́виться** means 'to be pleasing'. When it is used to translate the English verb 'to like', the object of the English verb becomes the subject in Russian:

Мне нра́вится карти́на.
I like the picture.

Note that the English subject in this conversion becomes Dative in Russian.

9. Этот

We have already met **это** 'this is . . .', 'these are . . .':

Это ошибка.   *This is a mistake.*

Now note the forms of the adjective:

этот	(masc.)	этот учитель	
		this teacher	
эта	(fem.)	эта мода	
		this fashion	
это	(neut.)	это дело	
		this affair	
эти	(pl.)	эти англичане	
		these Englishmen	

EXERCISES — УПРАЖНЕНИЯ

1. Using the verb **становиться** and the words given, make sentences on the pattern of 'Now it is becoming warm for me'.

Model: Я — тепло
Теперь мне становится тепло

я — тепло; ты — интересно; он — плохо; она — нехорошо; мы — стыдно; вы — слишком тяжело; они — очень весело.

2. (a) Change the meaning of the following sentences by substituting the Dative case for **c** and the Instrumental, as in the Model.

Model: Дети пишут со мной.
Дети пишут мне.

Дети пишут со мной.
Отец отвечает с ними.
Сестра говорит с вами.
Мать читает с ним.

Тебе́ не сты́дно говори́ть с ней?
Не на́до чита́ть с на́ми!
Я не хочу́ писа́ть с тобо́й.

(b) Now change the sentences to mean 'about' the persons mentioned, as in the Model.

Model: Де́ти пи́шут со мной.
Де́ти пи́шут обо мне.

3. (a) Say first 'He is going *to* ..' each of the persons given below, and then say 'He is going *with* ...' each of them, as in the Model.

Model: до́ктор. Он е́дет к до́ктору.
Он е́дет с до́ктором.

до́ктор; мы; дочь; англича́нин; они́; сестра́; Лю́да; вы; учи́тель; мать; она́; представи́тель университе́та; ребёнок.

(b) Say first 'He is going *to* ...' the places given below, and then 'He is going *towards* ...' each place, as in the Model.

Model: ко́мната. Он идёт в ко́мнату.
Он идёт к ко́мнате.

ко́мната; дом; кино́; ку́хня; министе́рство; ста́нция; остано́вка авто́буса; по́чта; стадио́н.

(c) As in (b), but now use **он е́дет** with the following:

мо́ре; гости́ница; за́пад; вокза́л; дере́вня; Ленинград; заво́д; Росси́я.

(d) Use the present tense of **броди́ть** with **по** and the following words:

я — у́лица; ты — бе́рег; она́ — ста́нция; мы — го́род; вы — лес; они́ — университе́т.

4. (a) Using the following nouns in the Dative case, complete the sentence:

Он пока́зывает э́то ...

старик; семья; мать; Люда; отец; представитель; редактор; продавщица; Володя; Василий.

(b) Using the present tense of **грозить,** make sentences with the following groups of words (pronouns as subject, persons named as object):

я — Александра и Михаил; ты — Павел и Елена; он — Алексей и Тамара; мы — Пётр Алексеевич; вы — Вера Петровна; они — товарищ Захаров.

5. Put the words in brackets into the correct form:

(i) Я еду с (товарищ) в (деревня). Там я люблю бродить по (лес), а этот лес на (берег реки). Эта река течёт на (запад) к (море).

(ii) Мой товарищ по (работа) плохо относится к (мать) и совсем не считается с её (мнение).

(iii) Вечером мы идём к (он) и у (он) в (комната) занимаемся (экономика). К (сожаление), изучать (экономика) по радио очень трудно.

(iv) В СССР всё делается по (план), но не всегда у (мы) всё идёт как по (план).

6. Rephrase the following sentences by using the verb **нравиться:**

(i) Учитель любит наше молодое поколение.

(ii) Сестра любит модные летние платья.

(iii) Алексей любит русские балалайки.

(iv) Министерство любит наши текстильные машины.

(v) Инженер Шаталов не любит старые лондонские вокзалы.

(vi) Старушка из Тамбова не любит неприличные новые моды.

7. Use the correct form of the demonstrative pronoun **этот** with the following:

инженер, учитель, сестра, тело, платье, семья, чай, дом, поколение, студентка, рубашка, море, улица,

окно́, цена́, челове́к, письмо́, ста́рый го́род, обы́ч-
ная сла́бость, хоро́шее сравне́ние.

8. Stress pattern practice: give the 1st and 2nd person
singular, and 3rd person plural of the following verbs:

> *Model*: суди́ть — я сужу́, ты су́дишь, ...
> они́ су́дят

суди́ть, держа́ть, вари́ть, писа́ть, носи́ть, люби́ть,
броди́ть, плати́ть, проси́ть, находи́ть, относи́ться,
станови́ться, мочь, смотре́ть.

9. Questions on the text. Answer in Russian:

   (i) С кем говори́т Воло́дя?

  (ii) О чём они́ говоря́т?

 (iii) Кем рабо́тают оте́ц, мать и сестра́ Воло́ди?

 (iv) С кем живёт его́ сестра́?

  (v) Кому́ принадлежа́т фотока́рточки?

 (vi) Кому́ Воло́дя их пока́зывает?

 (vii) Джо́ну нра́вятся фотока́рточки?

(viii) Как одева́ется Лю́да по его́ мне́нию и по мне́нию
       Воло́ди?

 (ix) Как отно́сится к её оде́жде оте́ц Лю́ды?

  (x) Кто счита́ет, что оте́ц де́лает пра́вильно?

 (xi) О чём пи́шут на За́паде?

 (xii) Что Джон счита́ет оши́бкой?

(xiii) Како́е мне́ние выража́ет он о ю́бке Лю́ды?

(xiv) Что де́лается у нас на За́паде по мне́нию Воло́-
      ди?

 (xv) Что кому́ нра́вится в семье́ Воло́ди?

10. Translate into Russian:

   (i) Do not tell his sister what it means.

  (ii) Compared with you, she is a modern person.

 (iii) By the beginning of summer we want to be in
     Moscow.

 (iv) I do not permit him to speak to me like that.

  (v) Don't ask her for help. She does not even want
     to speak to you.

(vi) This man is asking what you want.

(vii) It seems to me that our engineer is beginning to get used to life in Leningrad.

(viii) The editor does not care what they write about him in the West.

(ix) What is she to wear, if she does not like London fashions?

(x) Their father lives with them, but he does not prevent them from having a good time.

(xi) What is he to do in the autumn?

(xii) Mother advises us to dress decently.

LESSON 9 — УРОК ДЕВЯТЫЙ

Зимняя сказка

Бабушка работала в кухне, готовила ужин. Её внук, Саша, играл на полу.

— Баба! Прочитай мне сказку! — попросил Саша.

— Но я много читала тебе сегодня. Я только что прочитала тебе сказку. Ты сам читай лучше!

— А я не умею читать.

— Умеешь! Я много раз видела, как ты читал.

— Нет, я не читал. Я только смотрел картинки.

— Ах, вот оно что! А я думала, что ты хорошо уже умеешь читать. Я думала, что ты умный мальчик.

— Нет, я умею читать! Только я не могу сегодня. Я очень устал.

— Устал? А что ты делал? — спросила бабушка.

— Мы с Петей играли на улице. Он строил снежный дом, а я помогал ему. А потом мы ещё построили забор и сделали снежную бабу.

— Ах, вот оно что! А где вы делали всё это? Могу я увидеть снежную бабу отсюда?

— Нет, она стоит на улице за углом.

— Ужас! Там же тротуар! Сколько раз я тебе объясняла, что нельзя строить на тротуаре, а ты всегда забываешь.

— Нет, баба, мы не забыли! Тётя Маша тоже объяснила нам, и мы сделали в заборе ворота.

— Ну и молодцы! Тогда я могу прочитать тебе сказку. А ты не хочешь есть? Ты с утра ничего не ел.

— Нет, я ел. Тётя Маша дала нам пирожки, и я съел два с капустой и один с мясом. Сейчас я хочу только пить. Дай мне виноградный сок!

— Ты выпил его утром. Пей теперь молоко!

— Хорошо! Только сделай мне его с сахаром, пожалуйста!

— Хорошо! Иди пей! Я уже приготовила тебе стакан молока. Вкусно?

— Вкусно. Я уже всё выпил.

— Молодец! Теперь можно начинать читать. Сидишь? Тогда слушай!

Мальчик закрыл глаза, бабушка открыла книгу, начала читать, но скоро увидела, что её внук уже спит. Она закрыла книгу, встала и начала опять готовить ужин.

WORDS AND PHRASES

девятый = ninth
зимний = winter's
сказка = fairy tale
бабушка = grandmother
она работала = she was working
готовить ужин = to cook the supper
внук = grandson
играл на полу = (he) was playing on the floor
баба = granny (peasant woman)
прочитать (*Perfective of* **читать**) = to read (all of something)
только что = only just
ты сам читай лучше = you read yourself, better, rather
много раз = many times
картинка (*diminutive of* **картина**) = picture
ах, вот оно что = ah, so that's what it is
мальчик = boy
уставать/устать = to tire, be tired
спросить *Pf. of* **спрашивать** = to ask

мы с Пе́тей = Petya and I
сне́жный = snow (*adj.*)
дом, *pl.* дома́ = house
помога́ть/помо́чь + *dat.* = to help
постро́ить *Pf. of* стро́ить = to build
ещё забо́р = a fence as well; another fence
сде́лать *Pf. of* де́лать = to make
сне́жная ба́ба = snowman
уви́деть *Pf.* = to catch sight of, see
за угло́м = round the corner
у́жас = horror (*here an exclamation of dismay*) = oh dear!
тротуа́р = pavement
всегда́ = always
ско́лько раз = how many times
объясня́ть / объясни́ть = to explain
нельзя́ = one shouldn't ..., it is not allowed/not possible
забы́ть *Pf. of* забыва́ть = to forget
тётя = aunt
воро́та (*neut. pl.*) = gate
ну = well
молоде́ц! = good man! well done!
ты не хо́чешь есть? = aren't you hungry
ел, е́ла, е́ли (*past tense of* есть = to eat)
дать *Pf. of* дава́ть = to give
пирожо́к = pie
съесть *Pf. of* есть = to eat
пирожо́к с капу́стой = cabbage pie
мя́со = meat
я хочу́ пить = I am thirsty
виногра́дный сок = grape juice
вы́пить *Pf. of* пить = to drink
стака́н = glass, tumbler
пей! = drink
пригото́вить *Pf. of* гото́вить = to prepare
начина́ть / нача́ть = to begin
закрыва́ть / закры́ть = to close, shut
глаз *pl.* глаза́ = eye
откры́ть *Pf. of* открыва́ть = to open

ско́ро = soon
спать = to sleep
  (сплю, спишь)
встать *Pf. of* встава́ть = to get up

GRAMMAR — ГРАММА́ТИКА

1. The past tense

In Russian the past tense changes not for person, but for gender. It is formed by removing -ть from the infinitive and adding -л for masculine singular subjects, -ла for feminine singular subjects, -ло for neuter singular, and -ли for all the plurals.

Thus, the past tense of **чита́ть** 'to read':

Singular

Masc.   я, ты, он чита́л
Fem.   я, ты, она́ чита́ла
Neut.   оно́ чита́ло

Plural   мы, вы, они́ чита́ли

The past tense of **говори́ть** 'to speak, say':

Singular

Masc.   я, ты, он говори́л
Fem.   я, ты, она́ говори́ла
Neut.   оно́ говори́ло

Plural   мы, вы, они́ говори́ли

The past tense of **быть** 'to be':

Singular

Masc.   я, ты, он был
Fem.   я, ты, она́ была́
Neut.   оно́ бы́ло

Plural   мы, вы, они́ бы́ли

Note the stress in the negative:

я, ты, он нѐ был
я, ты, онà не былà
онò нѐ было
мы, вы, онѝ нѐ были

Although the verb 'to be' in the present tense is not used in Russian, it must not be omitted in the past tense; and нѐ было is used as the past tense of нет:

У нàс нет молокà   *We have no milk.*
У нас нѐ было молокà   *We had no milk.*

Verbs which do not have the infinitive ending in **-ть** have somewhat irregular past tenses:

мочь   *to be able*

я, ты, он мог; я, ты, онà моглà; онò моглò; мы, вы, онѝ моглѝ

есть   *to eat*

я, ты, он ел; я, ты, онà éла; онò éло; мы, вы, онѝ éли

идтѝ   *to go, be going*

я, ты, он шёл; я, ты, онà шла; онò шло; мы, вы, онѝ шли.

The past tense of the reflexive verb **одевàться** 'to dress' is:

я, ты, он одевàлся; я, ты, онà одевàлась; мы, вы, онѝ одевàлись.

2. The aspects

A Russian verb may belong to one of two aspects, the Imperfective aspect and the Perfective aspect. The two aspects embody two different ways of looking at an action.

Verbs of the Imperfective aspect are concerned either with the *process* and *duration* of the action or the *repetition* of the action on several occasions.

Thus, the statement *I was reading a book* requires an Imperfective verb in Russian, because it expresses the idea of being engaged in reading, emphasizes the process of reading itself. The statement *I often used to read Russian novels* would also require an Imperfective verb, because it expresses repetition.

Perfective verbs, on the other hand, draw attention to the *completion* of the action, and so the statement *I have read the book* (meaning *I have finished it, got it all read*) requires a Perfective verb. Perfective verbs express the *completion* or *result* of the action.

The Russian aspects do not correspond to English tenses. There is only one Imperfective past tense, so that, for example, **он читáл** must be used for *he used to read, he was reading, he has been reading, he had been reading* and *he read*, if by *he read* you mean *he was reading* or *he used to read* etc.

If, however, you want to say *he read this Russian novel* (implying *and finished it*), or *he has read* (i.e. *finished*) or *had read* (i.e. *finished*) *this Russian novel*, then you wish to stress the completion of the action on one particular occasion, and so these verbs would be expressed by the Perfective past tense, which is **он прочитáл**.

We must decide whether to use an Imperfective or a Perfective verb not only in the past tense. In the future tense (which we shall meet in the next lesson) the same choice has to be made, because *I shall read a book* may mean either *I shall be reading a book* (which would be Imperfective in Russian), or *I shall read a book and finish it* (which would be Perfective).

Likewise with the infinitive, *I want to read a book* may be put into Russian either by the Imperfective **я хочу́ читáть кни́гу** (*I want to be reading/ to spend time reading*

a book) or by the Perfective **я хочу́ прочита́ть кни́гу**
(*I want to read and finish the book*).

And with the Imperative, *Read this book* could be either
Imperfective or Perfective, depending on whether the
speaker wants to stress that the book is to be read
right through.

With the verb in the present tense, however, only the
Imperfective is possible, because an action rendered
by the present tense must be in process.

So far, only transitive verbs have been used to show
the difference between the two aspects, because with
them the difference between process and completion is
easy to see. The same principle, nevertheless, applies
to intransitive verbs. For example, in the statement
he got up and dressed it would be natural to use Perfective
verbs, because the speaker is probably interested in the
completion, the result, of these actions, the fact that
the man, having got up, then put all his clothes on.
The Imperfective verbs would mean that he was in
the process of getting up and putting his clothes on.

3. Formation of verbs of the Perfective aspect

Perfective verbs may be formed from Imperfective
verbs by the addition of a prefix. Common prefixes
are: **вы-, на-, по-, при-, про-, с-, у-.**

Imperfective	*Perfective*	
пить	вы́пить	*to drink*
плати́ть	заплати́ть	*to pay*
писа́ть	написа́ть	*to write*
рисова́ть	нарисова́ть	*to draw*
грози́ть	погрози́ть	*to threaten*
за́втракать	поза́втракать	*to breakfast*
е́хать	пое́хать	*to go, ride*
идти́	пойти́	*to go (on foot)*
смотре́ть	посмотре́ть	*to look*
проси́ть	попроси́ть	*to request*

стро́ить	постро́ить	*to build*
теря́ть	потеря́ть	*to lose*
гото́вить	пригото́вить	*to prepare*
слу́шать	по- ог прослу́шать	*to listen*
чита́ть	прочита́ть	*to read*
де́лать	сде́лать	*to do, make*
есть	съесть	*to eat*
уме́ть	суме́ть	*to know how; Pf. to manage*
фотографи́ро-вать	сфотографи́ро-вать	*to photograph*
ви́деть	уви́деть	*to see; Pf. to catch sight of*
слы́шать	услы́шать	*to hear*

Perfective verbs formed with the prefix **вы-** are always stressed on the **вы-**.

Some verbs form the Perfective by changing the suffix, which may result in a change of conjugation:

Imperfective	*Perfective*	
включа́ть	включи́ть	*to switch on*
выключа́ть	вы́ключить	*to switch off*
встреча́ть	встре́тить	*to meet*
изуча́ть	изучи́ть	*to study, learn*
объясня́ть	объясни́ть	*to explain*
отвеча́ть	отве́тить	*to answer*
получа́ть	получи́ть	*to receive*
дава́ть	дать	*to give*
продава́ть	прода́ть	*to sell*
встава́ть	встать	*to get up*
устава́ть	уста́ть	*to get tired*
надева́ть	наде́ть	*to put on*
одева́ться	оде́ться	*to dress*
начина́ть	нача́ть	*to begin*
забыва́ть	забы́ть	*to forget*
закрыва́ть	закры́ть	*to close*
открыва́ть	откры́ть	*to open*
устра́ивать	устро́ить	*to arrange*

спра́шивать	спроси́ть	*to ask*
пока́зывать	показа́ть	*to show*
собира́ть	собра́ть	*to collect*
мочь	смочь	*to be able*; *Pf. to manage*
помога́ть	помо́чь	*to help*

Note that **покупа́ть** 'to buy' has the prefix **по-** but it is Imperfective; the Perfective is **купи́ть**.

Note also:

Imperfective	*Perfective*	
говори́ть	сказа́ть	*to say, tell*
говори́ть	поговори́ть	*to talk, speak*

Some Perfective verbs, usually with the prefix **за-**, may denote the beginning of an action:

хоте́ть *to want* захоте́ть *to conceive a wish to/ desire for*; молча́ть *to be silent* замолча́ть *to fall silent*; интересова́ться *to be interested* заинтересова́ться *to become interested*.

The prefix **по-** when added to many verbs to form the Perfective often gives the meaning of *for a while*: **посиде́ть** *to sit for a while*; **порабо́тать** *to do a bit of work, work for a while*.

The past tense of Perfective verbs is formed in the same way as the past tense of Imperfective verbs. Thus:

она́ прочита́ла *she read*; они́ поговори́ли *they had a talk*;

он пошёл *he went*; она́ оде́лась *she dressed*.

4. Days of the week

понеде́льник	*Monday*
вто́рник	*Tuesday*
среда́	*Wednesday*
четве́рг	*Thursday*
пя́тница	*Friday*
суббо́та	*Saturday*
воскресе́нье	*Sunday*

'On Monday' etc. is expressed by the preposition **в** and the Accusative case:

в понедѐльник   *on Monday*;
в срѐду   *on Wednesday*.

'Since Monday' etc. is expressed by the preposition **с** and the Genitive case:

с четвергѐ   *since Thursday*;
с пятницы   *since Friday*.

Note **во** for **в** in **во втѐрник,** and **со** for **с** in **со втѐрника, со среды́.**
Notice also that in Russian the days of the week are not written with capital letters.

5. Months

январь	*January*	июль	*July*
февраль	*February*	ѐвгуст	*August*
март	*March*	сентябрь	*September*
апрѐль	*April*	октябрь	*October*
май	*May*	ноябрь	*November*
июнь	*June*	декабрь	*December*

The months are all of masculine gender.
They are not written with an initial capital letter as in English.
The preposition **в** is used with the Prepositional case to say 'in January' etc.: **в январѐ.**

6. Names

Note that Сѐша may be the diminutive form either of Александр or of Александра, and so may be either masculine or feminine.

Пѐтя (from Пётр) is masculine.
Мѐша (from Мѐрья) is feminine.

EXERCISES — УПРАЖНЕНИЯ

1. Using each day of the week, form sentences according
   to the Models.

   Model A: Сегодня понедельник.
              В понедельник я помогаю бабушке.
      B: Вчера (yesterday) был понедельник.
              В понедельник я помогал бабушке.

(N. B. The past tense of быть agrees with the day of week.)

2. Substitution drill:

   Боря ничего не ел с утра
   Мальчики . . . .
   . . . . (вечер)
   Маша . . . .
   . . . . (понедельник)
   . . . . (варить) . . . .
   Старик . . . .
   . . . . (среда)
   Они . . . .
   . . . . (воскресенье)
   . . . . (жарить) . . . .
   Бабушка . . . .
   . . . . (пятница)
   Петя . . . .
   . . . . (вторник)
   . . . . (устраивать) . . . .
   Они. . . . .
   . . . . (суббота)
   Их тётя . . . .
   . . . . (четверг)

3. (a) Form Perfective infinitives by adding a suitable
   prefix to the following Imperfectives:

         есть; писать; слышать; читать; пить; видеть; де-
         лать; готовить; рисовать; фотографировать.

(b) Now form the past tense of these verbs, first in the Imperfective aspect and then in the Perfective.

4. Give the Perfective infinitives of the following Imperfective verbs:

уставать; получать; одеваться; начинать; вставать; объяснять; собирать; встречать; забывать; закрывать; показывать; включать; устраивать; выключать; спрашивать; изучать; отвечать.

5. With the given prefixes, put the following sentences into the Perfective past tense:

Я плачу́ две копе́йки (за-).
Он хо́чет кни́гу об СССР (за-).
Ба́бушка ви́дит его́ за забо́ром (у-).
Она́ грози́т ему́ в окно́ (по-).
Мои́ вну́ки живу́т там всё ле́то (про-).
Ты стои́шь в о́череди три мину́ты (про-).
Она́ слу́шает весь конце́рт (про-).
Вы ва́рите грибы́ в молоке́ (с-).
У меня́ всё гори́т (с-).
Пе́тя смо́трит но́вый фильм (по-).
Фильм ему́ нра́вится (по-).
Са́ша лю́бит Ве́ру (по-).
Он про́сит её фотогра́фию (по-).
В сре́ду мы за́втракаем бы́стро (по-).

6. Put the following sentences into the Perfective past tense:

(i) Она́ встаёт и одева́ется.
(ii) Он забыва́ет о ней и молчи́т.
(iii) Она́ смотре́ла на ста́тую и фотографи́ровала её.
(iv) Он ел хлеб и пил сок.
(v) Ребёнок включа́ет и выключа́ет ра́дио.

7. Change the following sentences by putting the verbs into the Perfective past tense and substituting the words in brackets for those underlined:

Зимо́й я мно́го чита́л. (две кни́ги)

Ле́том они́ стро́или клуб. (наконе́ц)

Он до́лго смотре́л на неё. (вдруг)

Ребёнок уже́ что-то пил? (всё)

У́тром ребёнок рисова́л карти́ну. (к ве́черу)

Он до́лго пока́зывал нам карти́ны. (наконе́ц)

Ве́чером он гото́вил уро́к. (ско́ро)

8. Translate into Russian:

   (i) I read (was reading) a book all day.

   (ii) I have already read your letter.

   (iii) She wrote the letter this morning.

   (iv) He has got very tired today.

   (v) They have already learnt everything.

   (vi) She has eaten nothing today.

   (vii) He has shut the window.

 (viii) They have arranged a concert at the club.

   (ix) She often used to wear an old blue dress.

   (x) They used to sell mushrooms here.

   (xi) What were you doing all summer?

   (xii) He was strolling along the street when I caught sight of him.

9. Answer in Russian the following questions on the text:

   (i) Почему́ ба́бушка не хоте́ла чита́ть?

   (ii) Са́ша обы́чно сам чита́ет?

   (iii) Почему́ он не хо́чет чита́ть сего́дня?

   (iv) Где и с кем он игра́л?

   (v) Что они́ де́лали?

   (vi) Что поду́мала ба́бушка?

   (vii) Почему́ ба́бушка спроси́ла, хо́чет ли Са́ша есть?

 (viii) Что и где Са́ша уже́ ел?

   (ix) Что он хоте́л пить?

   (x) Что ба́бушка пригото́вила для него́ и почему́?

   (xi) Что ба́бушка сказа́ла и сде́лала, когда́ Са́ша всё вы́пил?

   (xii) Она́ прочита́ла ему́ ска́зку?

LESSON 10 — УРОК ДЕСЯТЫЙ

На вкус и цвет товарища нет

— Таня, что мы будем делать вечером?

— Не знаю, Сонечка, что ты будешь делать, но я буду заниматься. Мне надо прочитать одну книгу и написать письмо.

— Завтра прочитаешь книгу. Интересно, а кому ты пишешь письмо?...

— Не твоё дело, но я должна написать его сегодня.

— Хорошо! Сейчас напишешь, и тогда мы пойдём.

— Ты прекрасно знаешь, что я не люблю гулять. Иди одна. Я никуда не пойду. Я тебе говорю, что мне надо заниматься.

— А я тебе говорю, что ты завтра можешь заниматься. Пойдём погуляем! Может быть ты решишь куда?

— Ничего не буду решать. Я хочу просто посидеть где-нибудь.

— Хорошо! Посидим в кафе.

— Тогда мне надо вымыть голову. Все будут смотреть на меня.

— Никто не будет смотреть. Мы никого не собираемся встречать. Вот увидишь, никто не заметит, какие у тебя волосы.

— Всегда замечают. Если я не вымою голову, обязательно встретим директора школы. Куплю себе модный парик, тогда меня не будут узнавать.

— Хорошо! Пойдём купим тебе парик.

— Нет, теперь уже темно; трудно будет выбрать хороший цвет. И всё равно магазины сейчас закроются. Но я покажу тебе магазин, где я видела симпатичные парики. Ты мне скажешь, какой тебе нравится.

— Посмотрим. Но ты напиши сначала письмо! Дай мне конверт. Я напишу адрес. Долго ждать я не буду.

— Хитрая ты, однако! Наверное, не оставишь меня в покое, пока не узнаешь, кому я пишу. Может быть, вместо меня напишешь письмо? Скажи мне лучше, где там почтовый ящик. Когда я опущу письмо, мы сможем пойти в кино.

— Хорошо! Только как мы купим билеты? Теперь поздно — уже не купишь.

— Ничего! Найдём лишние билеты.

— Попробуем. Может быть, мы увидим Бориса. Он сказал, что пойдёт сегодня в кино.

— Он будет один?

— Какая разница?

— Большая! Ты не знаешь Бориса...

WORDS AND PHRASES

десятый = tenth
на вкус и цвет товарища нет = everyone to his own taste (lit. in taste and colour one has no comrade)
что мы будем делать? = what shall we do?
заниматься/заняться = to study, work
написать *Pf. of* писать = to write (and finish)
одна книга = one book; a certain book
ты прочитаешь книгу (*Pf. fut.*) = you will read the book (and finish it)
не твоё дело = it is not your business
я должен, должна = I must
мы пойдём = we will go
я никуда не пойду = I will not go anywhere
иди одна! = go alone
решать/решить = to decide

посидѐть (*Pf.*) = to sit for a while, have a sit
гдѐ-нибудь = somewhere
кафѐ (*indecl.*) = cafe
мыть/вы́мыть = to wash
  (мо́ю, мо́ешь/вы́мою, вы́моешь)
мыть го́лову = to wash one's hair
никто́ = no one, nobody
собира́ться/собра́ться = to be going to, intend
замеча́ть/замѐтить = to notice
  (/замѐчу, замѐтишь)
во́лосы = hair
никого́ (г *pronounced* в [v]) *acc. of* никто́
встрѐтить *Pf. of* встреча́ть = to meet
  (*Pf. fut.* встрѐчу, встрѐтишь)
дирѐктор шко́лы = headmaster, headmistress
купи́ть *Pf. of* покупа́ть = to buy
  (*Pf. fut.* куплю́, ку́пишь)
пари́к = wig
узнава́ть/узна́ть = to recognize; find out
  (узнаю́, узнаёшь / узна́ю, узна́ешь)
темно́ = (it is) dark
выбира́ть/вы́брать = to choose
  (/вы́беру, вы́берешь)
цвет *pl.* цвета́ = colour
всё равно́ = all the same, anyhow
закры́ться *Pf. of* закрыва́ться = to shut
  (*Pf. fut.* закро́юсь, закро́ешься)
показа́ть *Pf. of* пока́зывать = to show
  (*Pf. fut.* покажу́, пока́жешь)
симпати́чный = nice
сказа́ть *Pf. of* говори́ть = to say, tell
  (*Pf. fut.* скажу́, ска́жешь)
посмо́трим = we shall see, have a look
конвѐрт = envelope
а́дрес = address
ждать/подожда́ть = to wait
  (жду, ждёшь / подожду́, подождёшь)
хи́трый = cunning

одна́ко = however
оставля́ть/оста́вить = to leave
  (/оста́влю, оста́вишь)
поко́й = peace
пока́ не = until
вме́сто + *gen.* = instead of
лу́чше = better
почто́вый я́щик = post box
опусти́ть письмо́ *Pf. of* опуска́ть = to post a letter
  (*Pf. fut.* опущу́, опу́стишь)
смочь *Pf. of* мочь = to be able (Infinitive not used)
  (*Pf. fut.* смогу́, смо́жешь)
биле́т = ticket
по́здно = (it is) late
ли́шние биле́ты = spare tickets
про́бовать/по- = to try
  (про́бую, про́буешь)
он бу́дет оди́н = he will be alone

GRAMMAR—ГРАММА́ТИКА

1. The future tense, Imperfective aspect

The future tense of **быть** 'to be' is:

я бу́ду	*I shall be*	мы бу́дем	
ты бу́дешь		вы бу́дете	
он бу́дет		они́ бу́дут	

The Imperfective future tense of other verbs is formed by adding to **я бу́ду** etc. the Imperfective infinitive. Thus, the future tense of **чита́ть** 'to read, to be reading' is:

я бу́ду чита́ть	мы бу́дем чита́ть
(*I shall read, be reading*)	
ты бу́дешь чита́ть	вы бу́дете чита́ть
он бу́дет чита́ть	они́ бу́дут чита́ть

2. The future tense, Perfective aspect

The Perfective future tense is formed from the Perfective Infinitive with the endings of the present tense. Thus, the future tense of **прочитáть** 'to read, get read' is:

я прочитáю	мы прочитáем
ты прочитáешь	вы прочитáете
он прочитáет	они́ прочитáют

Similarly the future tense of **написáть** 'to write, get written':

я напишу́	мы напи́шем
ты напи́шешь	вы напи́шете
он напи́шет	они́ напи́шут

Thus, *I shall be writing letters all evening*

Я бу́ду писáть пи́сьма весь ве́чер
I shall write a letter and go to the post-office
Я напишу́ письмó и пойду́ на пóчту

These rules apply to both the First and Second conjugations:

я бу́ду говори́ть	*I shall be talking*
я поговорю́	*I shall have a talk*

3. Irregular Perfective futures

Note the Perfective future of the following verbs:

давáть/дать *to give*

я дам, ты дашь, он даст, мы дади́м, вы дади́те, они́ даду́т.

продавáть/продáть *to sell*

продáм, продáшь, продáст, продади́м, продади́те, продаду́т.

покупа́ть/купи́ть *to buy*

куплю́, ку́пишь, ку́пит, ку́пим, ку́пите, ку́пят.

встреча́ть/встре́тить *to meet*

встре́чу, встре́тишь, встре́тит, встре́тим, встре́-
тите, встре́тят.

замеча́ть/заме́тить *to observe*

заме́чу, заме́тишь, заме́тит, заме́тим, заме́тите,
заме́тят.

собира́ть/собра́ть *to collect*

соберу́, соберёшь, соберёт, соберём, соберёте, со-
беру́т.

выбира́ть/вы́брать *to choose, elect*

вы́беру, вы́берешь, вы́берет, вы́берем, вы́берете,
вы́берут.

пока́зывать/показа́ть *to show*

покажу́, пока́жешь, пока́жет, пока́жем, пока́же-
те, пока́жут.

говори́ть/сказа́ть *to say, tell*

скажу́, ска́жешь, ска́жет, ска́жем, ска́жете, ска́-
жут.

помога́ть/помо́чь *to help*

помогу́, помо́жешь, помо́жет, помо́жем, помо́жете,
помо́гут (past помо́г, помогла́).

мочь/смочь *to be able*

> смогу́, смо́жешь, смо́жет, смо́жем, смо́жете, смо́гут (past смог, смогла́).

идти́/пойти́ *to go*

> пойду́, пойдёшь, пойдёт, пойдём, пойдёте, пойду́т (past пошёл, пошла́).

находи́ть/найти́ *to find*

> найду́, найдёшь, найдёт, найдём, найдёте, найду́т, (past нашёл, нашла́).

мыть/помы́ть *to wash*

> помо́ю, помо́ешь, помо́ет, помо́ем, помо́ете, помо́ют.

закрыва́ть/закры́ть *to close*

> закро́ю, закро́ешь, закро́ет, закро́ем, закро́ете, закро́ют.

открыва́ть/откры́ть *to open*

> откро́ю, откро́ешь etc.

отдыха́ть/отдохну́ть *to rest*

> отдохну́, отдохнёшь, отдохнёт, отдохнём, отдохнёте, отдохну́т.

привыка́ть/привы́кнуть *to become accustomed*

> привы́кну, привы́кнешь, привы́кнет, привы́кнем, привы́кнете, привы́кнут.

(The past tense of привы́кнуть is привы́к, привы́к- ла, привы́кли.)

опуска́ть/опусти́ть *to lower, to post*

опущу́, опу́стишь, опу́стит, опу́стим, опу́стите, опу́стят.

становиться/стать *to become*

ста́ну, ста́нешь, ста́нет, ста́нем, ста́нете, ста́нут.

начина́ть/нача́ть *to begin*

начну́, начнёшь, начнёт, начнём, начнёте, начну́т.

встава́ть/встать *to get up*

вста́ну, вста́нешь, вста́нет, вста́нем, вста́нете, вста́- нут.

уставать/устать *to get tired*

уста́ну, уста́нешь, уста́нет, уста́нем, уста́нете, уста́нут.

одева́ться/оде́ться *to get dressed*

оде́нусь, оде́нешься, оде́нется, оде́немся, оде́не- тесь, оде́нутся.

4. Нельзя́

Нельзя́ with the Imperfective infinitive means 'it is not permitted to ..., one should not...':

Нельзя́ открыва́ть дверь *You must not open the door.*

Нельзя́ with the Perfective infinitive means 'it is not possible to ...':

Нельзя́ откры́ть дверь   *It is impossible to open the door.*
                              (i.e. because it is stuck)

Нельзя́ бы́ло is used for the past tense, and **нельзя́ бу́дет** for the future tense of these expressions.

5. Let us …

'Let us …' is normally expressed in Russian by **дава́й, дава́йте**, the Imperative of **дава́ть**, with the Imperfective infinitive if the idea is Imperfective:

Дава́й(те) чита́ть!   *Let us read!*

or with the Perfective future if the idea is Perfective:

Дава́й(те) прочита́ем э́то!   *Let us get this read!*

But in 'Let's go' the word **дава́й(те)** may be omitted:

Пойдём! Пое́дем!   *Let's go!*

And it is even possible to use the past tense of these verbs to express the same idea:

Пошли́! Пое́хали!   *Let's go!*

6. Не бу́дет as the future tense of нет

Note: У нас нет молока́   *We have no milk.*
        У нас не бу́дет молока́   *We shall have no milk.*

EXERCISES — УПРАЖНЕ́НИЯ

1. (a) Put the following sentences into the future tense:

    (i) В воскресе́нье у нас бы́ло хорошо́.
    (ii) В сре́ду там бы́ло тепло́.
    (iii) Во вто́рник у нас был сок.
    (iv) Им тру́дно бы́ло купи́ть биле́ты.
    (v) У Пе́ти была́ сестра́.
    (vi) В понеде́льник в магази́не был сыр.
    (vii) У кого́ был ли́шний биле́т?
    (viii) У неё бы́ли чи́стые во́лосы?

   (ix) Та́ня должна́ была́ вы́мыть го́лову.

   (x) Ма́льчик до́лжен был помы́ть ру́ки.

   (xi) Они́ должны́ бы́ли встре́тить Бори́са.

   (xii) Со́не на́до бы́ло вы́брать пари́к.

(b) Now put the first six sentences into the negative, both past and future.

2. (a) Rephrase the following sentences by using **нельзя́** with the Perfective infinitive instead of the future tense to express *impossibility*.

> *Model*: Биле́та уже́ не ку́пишь.
> Биле́та уже́ нельзя́ купи́ть.

   (i) Биле́та уже́ не ку́пишь.

   (ii) Это окно́ не закро́ешь.

  (iii) Сейча́с уже́ цве́та не вы́берешь.

   (iv) С ребёнком бы́стро не соберёшься.

   (v) В парике́ её не узна́ешь.

   (vi) Отсю́да ничего́ не уви́дишь.

  (vii) Без ма́сла не сде́лаешь омле́та.

 (viii) Ей ничего́ не объясни́шь.

   (ix) Ему́ ниче́м не помо́жешь.

(b) Using **нельзя́** with the Imperfective infinitive, rephrase the following sentences to express *prohibition* (watch tenses):

   (i) Здесь не разреша́ют вари́ть.

   (ii) Здесь не разреши́ли стро́ить.

  (iii) Здесь не разреша́т рисова́ть.

   (iv) Здесь не разреша́ли мыть посу́ду.

   (v) Здесь не разреша́ют мыть ру́ки.

   (vi) Здесь не бу́дут разреша́ть гуля́ть.

3. Make sentences according to the Model; first use the Imperfective infinitive, and then the Perfective future.

> *Model*: писа́ть им.
> Не обяза́тельно писа́ть им.
> Напи́шем им пото́м.

писа́ть им; мыть ру́ки; смотре́ть фильм; выбира́ть
цвет; закрыва́ть окно́; говори́ть с ней; говори́ть э́то
ему́; опуска́ть письмо́; про́бовать сыр; собира́ть всё;
объясня́ть э́то выраже́ние; реша́ть э́то.

4. (a) Give the Perfective infinitive of the following
   Imperfective verbs, and conjugate them in the
   Perfective future.

   (b) From each group choose six verbs to compose
   sentences illustrating the use of Perfective verbs
   in the Future tense:

   (i) замеча́ть; отвеча́ть; встреча́ть; возража́ть; выра-
        жа́ть; говори́ть (tell); пока́зывать; спать; поку-
        па́ть; проси́ть; спра́шивать; опуска́ть; выпуска́ть;
   (ii) отдыха́ть; начина́ть; собира́ть; выбира́ть; наде-
        ва́ть; одева́ться; устава́ть; встава́ть; станови́ться.
   (iii) мыть; умыва́ться; открыва́ть; закрыва́ть; забы-
        ва́ть; идти́; находи́ть; есть; дава́ть; продава́ть;
        мочь; помога́ть; сове́товать.

5. Put the following sentences into the present tense
   (Note the use of the Perfective future):

   (i) По́сле конце́рта она́ полежи́т и отдохнёт немно́го.
   (ii) Когда́ Са́ша услы́шит о конце́рте, он захо́чет
        пойти́ в клуб.
   (iii) Он помо́жет ей получи́ть рабо́ту и найти́ цель
        в жи́зни.
   (iv) Они́ ско́ро начну́т лу́чше к ней относи́ться.
   (v) Ты привы́кнешь жить в Ленингра́де и полю́бишь
        э́тот краси́вый го́род.

6. Put the following sentences into the future tense:

   (i) В пя́тницу она́ до́лго собира́ла грибы́.
   (ii) К ве́черу она́ собрала́ все ва́жные кни́ги.
   (iii) Когда́ она́ свари́ла ко́фе, она́ начала́ жа́рить
        колбасу́.

(iv) Когда́ он уви́дел Со́ню, он попроси́л её писа́ть из Москвы́ ча́сто.

(v) Ей о́чень понра́вились э́ти жёлтые и кра́сные пла́тья.

(vi) Он посове́товал ей одева́ться прили́чно.

(vii) Зимо́й она́ мно́го рабо́тала и о́чень уста́ла.

(viii) О́сенью она́ жила́ в дере́вне и хорошо́ там отдохну́ла.

(ix) Он суме́л ей всё объясни́ть.

7. Put the following sentences into the future tense (Perfective where possible):

(i) Та́ня пи́шет письмо́ и опуска́ет его́ в я́щик.

(ii) Со́ня до́лго сиди́т на дива́не и слу́шает ра́дио.

(iii) Они́ слу́шают му́зыку, а пото́м иду́т спать.

(iv) Ваш ма́льчик игра́ет на скри́пке и меша́ет мне рабо́тать.

(v) Воло́дя идёт в магази́н и стано́вится в о́чередь.

(vi) Ба́бушка стои́т в ку́хне и жа́рит омле́т.

(vii) Если она́ ви́дит, что у Бо́ри гря́зные у́ши, она́ прика́зывает ему́ помы́ть их.

(viii) Если Михаи́л хо́чет, он устра́ивает матч на у́лице.

(ix) Э́тот ребёнок всегда́ ест и пьёт всё, что ему́ даю́т.

(x) Он сего́дня ест и пьёт всё, что ему́ даю́т.

(xi) Сего́дня он ест два пирожка́, а пото́м хо́чет пить чай.

(xii) Тётя грози́т ему́ па́льцем и говори́т, что ему́ давно́ уже́ пора́ спать.

8. Answer the following questions in the negative by using 'nowhere', 'nothing', 'never' etc. Note the word-order of the Model.

Model: Что вы чита́ете? Я ничего́ не чита́ю.

(i) Что вы чита́ете?

(ii) Куда́ вы пойдёте по́сле обе́да?

(iii) Где она́ бу́дет отдыха́ть зимо́й?

(iv) Когда́ ты прода́шь её роя́ль?

(v) Кто из вас ви́дел Чёрное мо́ре?

(vi) Кого́ он зна́ет в Москве́?

(vii) Кому́ я бу́ду меша́ть здесь?

(viii) Кем интересу́ется э́та де́вушка?

(ix) Что он бу́дет де́лать сего́дня у́тром?

(x) Чем вы бу́дете занима́ться за́втра?

(xi) Когда́ она́ ку́пит себе́ пари́к?

9. Answer in Russian the following questions on the text:

(i) О чём Со́ня спра́шивает Та́ню?

(ii) Что Та́ня собира́ется де́лать ве́чером и почему́?

(iii) Что Со́ня про́бует узна́ть?

(iv) Почему́ Та́ня не хо́чет идти́ гуля́ть?

(v) Что ей возража́ет на э́то Со́ня?

(vi) Куда́ они́ реша́ют идти́ гуля́ть?

(vii) Что Та́ня должна́ снача́ла сде́лать?

(viii) Кто бу́дет смотре́ть на неё в кафе́?

(ix) Кого́ собира́ется встре́тить Со́ня?

(x) Почему́ Та́ня не хо́чет покупа́ть пари́к сего́дня?

(xi) Что она́ собира́ется показа́ть Со́не?

(xii) Что Со́ня должна́ бу́дет сказа́ть Та́не?

(xiii) Что смо́гут сде́лать де́вушки по доро́ге в кино́?

(xiv) Почему́ Та́ня ду́мает, что они́ мо́гут уви́деть Бо-ри́са?

(xv) Со́не всё равно́, бу́дет ли Бори́с оди́н?

LESSON 11 — УРОК ОДИ́ННАДЦАТЫЙ

День рожде́ния жены́

Оте́ц Воло́ди, Па́вел Андре́евич, ка́ждый день е́здит на рабо́ту в Ленингра́д. Семья́ живёт в при́городе, и он обы́чно е́здит на авто́бусе. Ка́ждое у́тро в семь часо́в он целу́ет жену́ и идёт на остано́вку авто́буса. В авто́бусе он разгова́ривает с това́рищем по рабо́те. Авто́бус е́дет бы́стро, в нём о́чень шу́мно, и поэ́тому они́ должны́ говори́ть гро́мко.

Но сего́дня Па́вел Андре́евич сиди́т мра́чный, молчи́т. Позавчера́, когда́ он е́хал домо́й, он вспо́мнил, что че́рез два дня бу́дет день рожде́ния жены́ и что он ещё ничего́ не купи́л ей. Он по́мнит, что жена́ сказа́ла ему́ одна́жды: «Когда́ ты ку́пишь мне цветы́? Я не хочу́ пода́рка. Е́сли ты меня́ всё ещё лю́бишь, то купи́ мне ко дню рожде́ния цветы́, хоть оди́н цвето́к, хоть раз в жи́зни!» Беда́ в том, что день рожде́ния жены́ в середи́не декабря́, как раз когда́ цветы́ уже́ нигде́ не продаю́тся. Вчера́ он ходи́л в Ботани́ческий сад, но да́же там ничего́ не нашёл. Вот почему́ Па́вел Андре́евич е́дет сего́дня с выраже́нием тоски́ на лице́. «Что мне де́лать? Куда́ идти́? Где мне найти́ цветы́? — ду́мает он. — В А́фрику мне е́хать, что ли?» Весь день он волну́ется, с рабо́той у него́ ничего́ не получа́ется.

Ве́чером, по́сле рабо́ты, он не е́дет, как обы́чно, домо́й, а идёт по у́лице к це́нтру и по доро́ге смо́трит на все витри́ны, не продаю́тся ли где́-нибудь цветы́. Он до́лго хо́дит по го́роду. На у́лице стано́вится хо́лодно, лицо́

117

у него синеет; хорошо, что он надел сапоги. «Странно, — размышляет он, — я же советский инженер, довольно умный человек (чуть ли не гений). Я живу под Ленинградом, центром цивилизации. Я много зарабатываю. Я богатый человек. Но я должен весь вечер ходить по городу и искать цветы. Эх! Не стоит больше ходить!» Он поворачивает направо и идёт к вокзалу. Раньше он ездил поездом, а теперь не ездит, потому что пригородные поезда ходят медленно, но он решает, что сегодня надо ехать домой в тепле.

В последний момент, около вокзала, он замечает на углу магазин, где продают рыбу, а в витрине стоит букетик мимозы.

— Что вам угодно? — спрашивает девушка и смотрит с подозрением на его бледное лицо.

— Дайте мимозу! — говорит Павел Андреевич.

— Цветы не продаются, — отвечает девушка холодно. — Это рыбный магазин.

— Я и рыбу куплю! Только дайте мне мимозу! У меня есть деньги. Сколько вам дать? Рубль? Два рубля? Три рубля? — почти плачет он.

— Товарищ! — грозит девушка. — Я позвоню в милицию!

— Поймите меня! — кричит он. — Завтра день рождения жены!

— Почему же вы сразу не сказали? — смеётся девушка. — Эх вы, мужчины!

Со станции он идёт домой быстро и смеётся от радости. Милиционер с подозрением смотрит на его весёлое лицо и красный нос. Везде лёд, по тротуару трудно идти, и он не раз падает. Земля твёрдая, как камень, но он ничего не замечает.

— Милая! С днём рождения! — говорит он жене. — Извини, что я опоздал. Вот тебе подарок: настоящая мимоза, но она немножко пахнет рыбой.

— Ничего, — улыбается жена и целует его.

WORDS AND PHRASES

одиннадцатый = eleventh
день рождения = birthday
жена = wife
ездить = to go, travel
  (**езжу, ездишь**)
каждый день = every day
пригород = suburb
в семь часов = at seven o'clock
целовать/по- = to kiss
  (**целую, -уешь**)
разговаривать = to talk, converse
товарищ по работе = work-mate
шумный = noisy
поэтому = therefore
позавчера = the day before yesterday
вспоминать /вспомнить = to remember, recall
через два дня = in two days' time
помнить = to remember
однажды = once, once upon a time
цветок *pl.* **цветы** = flower
подарок = present
хоть = albeit
раз в жизни = once in (my) life
беда в том = the trouble is
в середине декабря = in the middle of December
как раз когда = just when
нигде = nowhere
ходить = to go, walk
  (**хожу, ходишь**)
ботанический сад = botanical gardens
выражение тоски = expression of gloom, melancholy
лицо = face
волноваться / вз- = to worry
  (**волнуюсь, волнуешься**)
у него ничего не получается = nothing turns out right
  for him

по доро́ге = on the way
витри́на = shop window
холо́дный = cold
сине́ть/по- = to turn blue
надева́ть / наде́ть = to put on (clothing)
  (надева́ю, надева́ешь / наде́ну, наде́нешь)
сапоги́ = boots
размышля́ть = to ponder, consider
дово́льно = fairly
чуть ли не = very nearly
под Ленингра́дом = near Leningrad
цивилиза́ция = civilization
зараба́тывать / зарабо́тать = to earn
бога́тый = rich
повора́чивать / поверну́ть = to turn
напра́во = to the right
  пра́вый = right
ра́ньше = previously, earlier
по́езд *pl.* поезда́ = train
потому́ что = because
тепло́ = warmth
в после́дний моме́нт = at the last moment
о́коло вокза́ла = near the station
на углу́ = on the corner
ры́ба = fish
буке́тик (*diminutive of* буке́т) = small bouquet
мимо́за = mimosa
подозре́ние = suspicion
бле́дный = pale
ры́бный магази́н = fish shop
рубль (*masc.*) = rouble
пла́кать /за- = to weep
  (пла́чу, пла́чешь)
звони́ть / по- (+*dat.*) = to phone
мили́ция = militia (police)
пойми́те! *imper. of* поня́ть (*Pf. of* понима́ть) = to understand, realize

кричать/крикнуть = to shout
  (кричу, кричишь/крикну, крикнешь)
сразу = at once
смеяться/за- = to laugh
  (смеюсь, смеёшься)
мужчина (*masc.*) = man
от радости = for joy
милиционер = policeman
нос = nose
везде = everywhere
лёд *gen.* льда = ice
не раз = more than once, many a time
падать/упасть = to fall
  (/упаду, упадёшь; *past* упал)
земля = earth, ground
твёрдый = hard
милая = darling
с днём рождения! = happy birthday
извини! = sorry! forgive (me)
опаздывать /опоздать = to be late
пахнуть /за- + *instr.* = to smell of
улыбаться /улыбнуться = to smile
  (/улыбнусь, улыбнёшься)

GRAMMAR — ГРАММАТИКА

1. **Ходить** and **идти** 'to go' (on foot)

Both **ходить** and **идти** are Imperfective verbs.

The verb **ходить** describes motion on foot and implies movement to a place and back again. It is therefore used to describe such actions as going to work or to school every day, where one is thinking of the regular routine of going and returning day after day:

Этот мальчик уже ходит в школу
This little boy already goes to school.

Ходи́ть in the past tense can also be used for one journey there and back:

> Я ходи́л в шко́лу сего́дня
> *I have been to school today*, i.e. *I went to school and have come back.*

(This use of **ходи́ть** is restricted to the past tense.)

Ходи́ть is also used to describe walking up and down:

> Она́ хо́дит по ко́мнате
> *She is walking up and down the room.*

And it is used in such phrases as 'to walk about the town':

> Я бу́ду ходи́ть по го́роду
> *I shall walk about the town.*

Finally, **ходи́ть** is used for the ability to walk:

> Э́тот ребёнок уже́ на́чал ходи́ть
> *This child has already started walking.*

(The present tense of ходи́ть is хожу́, хо́дишь, хо́дит, хо́дим, хо́дите, хо́дят; the past tense is regular: ходи́л etc.)

In contrast to **ходи́ть** which, as we have seen, implies motion 'there and back' or 'up and down' or just 'about the place', **идти́** describes motion (on foot) which is clearly in one direction only:

> Куда́ ты идёшь? Я иду́ на остано́вку авто́буса.
> *Where are you going? I am on my way to the bus-stop.*
> За́втра в семь часо́в утра́ я бу́ду идти́ ми́мо вокза́ла
> *Tomorrow at seven o'clock in the morning I shall be going past the station.*

Usually **идти́** describes motion proceeding in one direction at one given time, but this verb can be used for an action which takes place regularly if the context makes it clear that the speaker is thinking of motion in one direction only. Thus, in the text of this lesson

Pavel Andreevich kisses his wife at seven o'clock every morning and goes off to the bus-stop. Clearly, we are to think of him as proceeding to the bus-stop at that time; he does not come back in the morning. So we have the statement:

Ка́ждое у́тро, в семь часо́в, он целу́ет жену́ и идёт на остано́вку авто́буса.

Идти́ has many figurative and idiomatic uses, e.g.:

В кино́ идёт хоро́ший фильм *There is a good film on at the cinema*
Шёл дождь *It was raining*

(The past tense of **идти́** is шёл, шла, шло, шли.)

2. The Perfective verb пойти́

Пойти́ is the Perfective verb for 'to go' (on foot):

Она́ пошла́ в магази́н *She has gone to the shop*
Я пойду́ в сад *I shall go into the garden*

(The Perfective future tense is: я пойду́, ты пойдёшь,

он пойдёт, мы пойдём, вы пойдёте, они́ пойду́т;

the Perfective past is пошёл, пошла́, пошло́, пошли́.)

This Perfective verb stresses first and foremost the result of the action, and the result of someone's 'going' is that he is no longer here:

Куда́ он пошёл? Он пошёл на по́чту.
Where has he gone? He has gone to the post-office.
(i.e. *he has gone and is not here*)

Пойти́ is used to describe a series of single actions in the past or future. This is true of Perfective verbs in general.

Она́ пошла́ в магази́н, а пото́м пошла́ в кино́.
She went to the shop and then went to the cinema.

Я напишу́ э́то письмо́ и пото́м пойду́ на по́чту.
I shall write this letter and then go to a post-office..

Пойти́ often means 'to set off':

Наконе́ц он встал и пошёл.
At last he got up and went off.

These verbs may be used with the adverb **пешко́м** 'on foot'.

3. **Е́здить** and **е́хать** 'to go (not on foot), to ride'

Е́здить, like **ходи́ть**, describes movement to and fro:

Обы́чно он е́здит в го́род по́ездом
He usually goes to town (and back) by train — repeated movement there and back.
Вчера́ мы е́здили в го́род по́ездом
Yesterday we went to town (and came back) by train — a single round trip, there and back in the past.

Е́здить may also be used for 'to drive about':

Весь день мы е́здили по го́роду
All day we drove about the town

Е́хать, like **идти́**, describes movement in one direction only:

Куда́ ты е́дешь? Я е́ду в Москву́
Where are you going? I am going to Moscow
Ка́ждое у́тро он целу́ет жену́ и е́дет на рабо́ту на авто́бусе
Every morning he kisses his wife and goes to work by bus

(The present tense of **е́здить** is: **е́зжу**, **е́здишь**, е́здит, е́здим, е́здите, е́здят; the past tense is regular: **е́здил** etc.

The present tense of **е́хать** is: **е́ду**, **е́дешь**, е́дет, е́дем, е́дете, е́дут; and the past tense is regular: **е́хал** etc.)
Е́здить and **е́хать** are Imperfective.

The Perfective verb is поéхать:

Онá поéхала в гóрод	*She has gone to town*
Зáвтра мы поéдем в Ленингрáд	*We shall go to Leningrad tomorrow*
Мы поéдем в милúцию в час	*We shall go/ set off for the police-station at one o'clock.*

4. Note the following use of the Imperfective ходúл and the Perfective пошёл:

Я не ходúл вчерá в сад, потомý что он всё ещё закры́т

I did not go to the gardens yesterday because they are still closed

Я не пошёл вчерá в сад, потомý что вдруг стáло óчень хóлодно

I did not go to the gardens yesterday because it suddenly became very cold

In the first example the speaker was not intending to go to the park and so **не ходúл** is used; in the second he was prevented at the last minute by circumstances, and this requires the Perfective **пошёл**.

5. Notice that ходúть, идтú are used with trains (and boats and trams):

Поездá в Áнглии хóдят бы́стро.
Электрúчка идёт мéдленно.

With cars, buses, carts, etc., **éздить, éхать** are usual:

По ýлице éдет автомобúль.

6. Indirect speech

In indirect speech in Russian the same tense of the verbs is used as would have been used in direct speech. Thus:

Он сказáл: «Э́то мне не нрáвится».
He said, 'I do not like it'.

Он сказа́л, что э́то ему́ не нра́вится.
He said that he did not like it.

In the above examples, the verb **нра́вится** is in the present tense, although the translation of the second is past tense in English.
The same rule applies to indirect questions:

Он спроси́л меня́: «Э́то вам нра́вится?»
He asked me, 'Do you like it?'
Он спроси́л меня́, нра́вится ли мне э́то.
He asked me if I liked it.

After some other verbs, such as **ви́деть** and **знать** a clause may have the verb in the present or future tense, where in English the past tense would be used:

Он знал, что она́ хо́чет к нему́ зайти́.
He knew that she wanted to call on him.

EXERCISES — УПРАЖНЕ́НИЯ

1. (a) Give the full present tense of **ходи́ть** and for each person make a complete sentence using the following nouns (with correct prepositions) for destinations; e.g. я хожу́ в кино́:

    кино́; сад; магази́ны; уро́к; заво́д; гастроно́м.

   (b) As above, but using the present tense of **идти́.**
   (c) As above, but using the past tense of **идти́.**
   (d) As above, but using the Perfective, **пойти́,** in the past tense.
   (e) As above, but using **пойти́** in the future tense.

2. (a) Give the full present tense of **е́здить** and for each person make a complete sentence using the following nouns (with correct prepositions) for destinations:

    при́город; Росси́я; дере́вня; Ло́ндон; стадио́н; вокза́л.

   (b) As above, but using the present tense of **е́хать.**
   (c) As above, but using the past tense of **е́хать.**

   (d) As above, but using the Perfective, **поéхать,** in the past tense.

   (e) As above, but using **поéхать** in the future tense.

3. Complete the answers with a suitable verb of motion:

    (i) Кудá ты идёшь? Я ... в кафé.

   (ii) Кудá ты шла? Я ... на вокзáл.

  (iii) Где Волóдя? Он ужé пошёл на рабóту? Да, он ужé ... на рабóту.

   (iv) Вы чáсто éздите в Ленингрáд? Да, я ... тудá кáждое лéто.

    (v) Когдá вы поéдете в Манчéстер? Мы ... тудá в срéду.

   (vi) Ты éдешь в центр? Нет, я ... на стадиóн.

  (vii) Где Сóня? Онá ужé ... в гостиницу.

 (viii) Вы бы́ли в Россúи? Да, мы ... тудá лéтом.

   (ix) Ты былá на урóке сегóдня? Да, я ... в университéт сегóдня.

    (x) Вы лю́бите ходúть по гóроду? Нет, я не люблю́ ... по гóроду, но сейчáс я ... в Ботанúческий сад. Я óчень люблю́ ... по сáду.

4. Translate into English:

    (i) Когдá я ходúл на концéрт, я чáсто встречáл там дочь Пáвла.

   (ii) Когдá я шёл к пáмятнику, я встрéтил дирéктора завóда.

  (iii) Когдá онá ужé éхала на пóчту, онá вспóмнила, что онá забы́ла пúсьма дóма.

   (iv) Тамáры нé было дóма. Онá ужé пошлá на вокзáл встречáть отцá.

    (v) Иногдá я иду́ на рабóту чéрез Ботанúческий сад, но домóй я всегдá иду́ мúмо пóчты.

   (vi) Мы все знáем, что ты тóлько что ходúла на бéрег рекú.

  (vii) Сегóдня мы éдем в Москву́. Зáвтра из Москвы́ мы поéдем в Ленингрáд.

 (viii) Обы́чно мáма не разрешáет мне ходúть к вам,

но сегодня разрешила, так как я иду с вами в кино.

(ix) Этот ребёнок очень рано начал ходить.

(x) Когда я шёл в университет, было уже поздно, и мне пришлось идти быстро.

5. Insert the appropriate form of the verb (ходить, идти, ездить or ехать) in the present tense:

(i) Я много ... поездом по России.

(ii) Наш поезд ... очень быстро. Скоро мы будем в Москве.

(iii) Сейчас я ... в центр города на электричке.

(iv) Я жду жену. Вот ... её автобус.

(v) Я никогда не ... поездом теперь, потому что наши поезда ... слишком медленно.

(vi) В город электричка ... очень быстро; обратно из города она ... не так быстро.

6. Answer in Russian the following questions on the text:

(i) Где работает Павел Андреевич?

(ii) Он ездит на работу или ходит?

(iii) Куда он идёт каждое утро?

(iv) Почему Павел и его товарищ должны говорить громко?

(v) Почему он сегодня такой мрачный?

(vi) Когда день рождения его жены?

(vii) Он едет домой сегодня после работы или нет?

(viii) Что он ищет?

(ix) Почему он решает, что сегодня лучше ехать домой поездом?

(x) Где он замечает мимозу?

(xi) Почему милиционер смотрит на него с подозрением?

(xii) Почему букетик мимозы пахнет рыбой?

7. Translate into Russian:

(i) In spring we often go to the village.

(ii) He is walking into town.

(iii) He was walking along the street when he saw a policeman.

(iv) In summer we will often go into the forest.

(v) In the evening we are going to a concert.

(vi) Fishes cannot walk.

(vii) At nine o'clock she was on her way to school.

(viii) At four o'clock we shall be going along the road.

(ix) Sportsmen can walk quickly.

(x) After the lesson we always went to the club and listened to the radio there.

(xi) You were walking towards the centre, when I saw you out of the bus window.

(xii) Children do not like to walk slowly.

(xiii) After the lesson I shall always go home with Tanya.

(xiv) (On their way) to school they will always go across the Botanical Garden.

LESSON 12 — УРОК ДВЕНА́ДЦАТЫЙ

Люби́тель дра́мы

Уже́ зима́. Сего́дня на у́лице хо́лодно, и идёт снег.

Влади́мир Миха́йлович Мака́ров, дире́ктор шко́лы но́мер се́мьдесят семь в Ки́ровском райо́не Москвы́, ра́дуется зиме́ и сне́гу: начался́ театра́льный сезо́н. Ве́чером, когда́ он не за́нят и е́сли он успе́л зара́нее купи́ть биле́т, он обы́чно хо́дит в теа́тр. Во вре́мя спекта́кля он погружа́ется в чужи́е чу́вства и пережива́ния. Но ча́сто ему́ не удаётся освободи́ться от рабо́ты. Иногда́ в после́днюю мину́ту, когда́ он уже́ выхо́дит из до́му, к нему́ прихо́дит с пробле́мой учи́тель или оте́ц ученика́, и ему́ прихо́дится остава́ться до́ма.

Но сего́дня он бо́дро идёт по у́лице Ге́рцена к теа́тру Маяко́вского. «Всё идёт хорошо́», — ду́мает он. Пра́вда, был оди́н крити́ческий моме́нт: по пути́, когда́ он уже́ шёл к ста́нции метро́, он уви́дел одну́ учи́тельницу из шко́лы. Она́ шла ему́ навстре́чу, и он знал, что она́ хо́чет зайти́ к нему́ и поговори́ть с ним о сканда́ле, кото́рый произошёл неда́вно в её кла́ссе (оди́н учени́к пришёл на уро́к со змеёй в карма́не, весь класс пришёл в у́жас, а кака́я-то учени́ца да́же упа́ла в о́бморок). И тепе́рь Влади́миру Миха́йловичу пришло́сь пойти́ на хи́трость — бы́стро спря́таться. Он пошёл нале́во, перешёл че́рез у́лицу. Она́ не заме́тила его́ и прошла́ ми́мо.

Теа́тр Маяко́вского ему́ хорошо́ изве́стен. Здесь рабо́тает знамени́тый режиссёр Н. Охло́пков и игра́ют некоторые известные артисты. Сегодня идёт пьеса Николая Погодина «Аристократы», и все критики говорят, что это интересная новая постановка.

И вот Владимир Михайлович пришёл в театр вовремя. У входа стоит большая толпа, и все спрашивают: «У вас есть лишние билеты?» Он проходит сквозь толпу в вестибюль и раздевается. Знакомая ему московская публика всё прибывает, и он начинает чувствовать приятное нетерпение. Он входит в зал, покупает программу и находит своё место.

И тут он вдруг вспомнил, что не выключил чайник, когда выходил из дому. Чайник, наверное, перегорел.

— Ах, какая трагедия! — сказал он вслух.

— Вы не правы, товарищ, — поправил его сосед. — «Аристократы» же — комедия.

WORDS AND PHRASES

двенадцатый = twelfth
любитель (*masc.*) = lover (of something); amateur
драма = drama
идёт снег = it is snowing
семьдесят семь = seventy-seven
в Кировском районе = in the Kirov District
радоваться /об- + *dat.* = to be glad about
  (радуюсь, радуешься)
начался театральный сезон = the theatre season has begun
он занят = he is busy
успевать / успеть + *infin. or* на + *acc.* = to manage, have time to, be in time for
  (успеваю, успеваешь)
заранее = before(hand)
театр = theatre
во время спектакля = during the performance
погружаться/погрузиться в чужие чувства = to be plunged into other people's feelings

переживание = (emotional) experience
ему удаётся = he succeeds
    (удаваться/удаться *impersonal + dat. + infin.*)
освобождаться/освободиться = to become free
в последнюю минуту = at the last minute
выходить/выйти = to go out
    (выхожу, выходишь/выйду, выйдешь)
приходить/прийти = to come, arrive
    (прихожу, приходишь/приду, придёшь)
учитель (*masc.*) = teacher
ученик = pupil, schoolboy
ему приходится = he has to
    (приходиться/прийтись *impersonal + dat. + infin.*)
оставаться/остаться = to stay, remain
    (остаюсь, остаёшься/останусь, останешься)
бодро = cheerfully
театр Маяковского (г *pronounced as* в [v]) = Mayakovsky
    theatre
критический момент = critical moment
по пути = on the way
    (путь (*masc.*) gen., dat., prep. пути, instr. путём)
шёл, шла, шло, шли = *past of* идти
станция метро = metro station
учительница = teacher (*fem.*)
ему навстречу = towards him
заходить/зайти к нему = to call, drop in on him
поговорить *Pf.* = to have a talk, chat
скандал = row
который = who, which
происходить/произойти = to occur, take place
недавно = recently
класс = class
змея = snake
карман = pocket
приходить в ужас = to be horrified
ученица = schoolgirl
обморок = faint
пойти на хитрость = to take to cunning

прятаться/с- = to hide
  (пря́чусь, пря́чешься)
нале́во = to the left
  (ле́вый = left)
переходи́ть/перейти́ че́рез у́лицу = to cross the street
проходи́ть/пройти́ ми́мо + *gen.* = to go past, pass
изве́стный = well known
знамени́тый = famous
режиссёр = producer
арти́ст = actor, performer
пье́са идёт = a play is on
аристокра́т = aristocrat
кри́тик = critic
постано́вка = production
во́время = in time
вход = entrance
сквозь толпу́ = through the crowd
вестибю́ль (*masc.*) = foyer
раздева́ться/разде́ться = to take off one's coat; to undress
  (раздева́юсь, раздева́ешься/разде́нусь, разде́нешься)
моско́вский = Moscow (*adj.*), Muscovite
пу́блика всё прибыва́ет = the public keeps on arriving
чу́вствовать/по- = to feel
  (чу́вствую, чу́вствуешь)
нетерпе́ние = impatience
входи́ть/войти́ = to enter
зал = auditorium
програ́мма = programme
ме́сто = place, seat
тут = here, at this point
вы́ключить *Pf. of.* выключа́ть = to switch off
ча́йник = kettle; teapot
перегора́ть/перегоре́ть = to burn out
траге́дия = tragedy
вслух = aloud
поправля́ть/попра́вить = to correct
коме́дия = comedy

GRAMMAR—ГРАММА́ТИКА

1. Prefixed verbs of motion

Prefixes may be added to the basic verbs of motion to give particular shades of meaning. Verbs consisting of a prefix added to ходи́ть* are Imperfective; prefixed verbs formed from идти́ are Perfective:

	Impf.	Pf.
to go/come in	входи́ть (present вхожу́, вхо́дишь)	войти́ (Pf. fut. войду́, войдёшь, Pf. past вошёл, вошла́)
to go/come out	выходи́ть	вы́йти (Pf. fut. вы́йду, вы́йдешь, Pf. past вы́шел, вы́шла)
to come, arrive	приходи́ть	прийти́ (Pf. fut. приду́, придёшь, Pf. past пришёл, пришла́)
to go away, leave	уходи́ть	уйти́ (Pf. fut. уйду́, -ёшь, Pf. past ушёл, ушла́)
to move away	отходи́ть	отойти́ (Pf. fut. отойду́, -ёшь, Pf. past отошёл, -шла́)
to go past/ through	проходи́ть	пройти́ (Pf. fut. пройду́, -ёшь, Pf. past прошёл, -шла́)
to go/come down	сходи́ть	сойти́ (Pf. fut. сойду́, -ёшь, Pf. past сошёл, -шла́)

* Except **походи́ть** which is Perfective; it means 'to walk for a while'.

to go across, move	переходи́ть	перейти́ (Pf. fut. перейду́, -ёшь, Pf. past перешёл, -шла́)
to go as far (as), to reach	доходи́ть	дойти́ (Pf. fut. дойду́-, -ёшь, Pf. past дошёл, -шла́)
to call (on), to go behind	заходи́ть	зайти́ (Pf. fut. зайду́, -ёшь, Pf. past зашёл, -шла́)
to go up (to), to approach	подходи́ть	подойти́ (Pf. fut. подойду́, -ёшь, Pf. past подошёл, -шла́)
to happen, to proceed (from)	происходи́ть	произойти́ (Pf. fut. произойдёт, Pf. past произошёл, -шла)

Most of these verbs are not transitive and are used with prepositions:

входи́ть в дом	to enter the house
выходи́ть из до́ма	to go out of the house
приходи́ть в дом	to come to the house
уходи́ть из до́ма/от дру́га	to go away from/to leave the house or one's friend
отходи́ть от до́ма	to go (a few paces) away from the house

(The difference between **уходи́ть** and **отходи́ть** is that **уходи́ть** implies 'right away from' and **отходи́ть** 'a short distance from'.)

проходи́ть ми́мо до́ма	to go past the house
переходи́ть че́рез у́лицу (or переходи́ть у́лицу)	to cross the street
доходи́ть до до́ма	to go as far as the house
заходи́ть к това́рищу/ на по́чту	to call on a friend/at the post office
заходи́ть за дом	to go behind the house
подходи́ть к до́му	to approach the house

All these verbs refer to motion on foot.

With the prefixed verbs of motion there is no longer any problem of choosing the correct Imperfective verb, as there is with **ходи́ть** and **идти́,** because there is only one Imperfective verb: **входи́ть, выходи́ть** etc.

Notice the following use of the Imperfective past tense:

Где ты был? К тебе́ заходи́л Воло́дя.
Where have you been? Volodya called to see you; i.e. *Volodya came and has gone away again because you were not here.*

The Perfective verb, **зашёл,** would mean that Volodya has come and is still here:

Где ты был? К тебе́ зашёл Воло́дя.
Where have you been? Volodya has come to see you.

Приходи́л and **пришёл** could be substituted for **заходи́л** and **зашёл** in the above examples.

2. Приходи́ться

Приходи́ться is used in an impersonal construction to express 'to have to...':

Мне ча́сто прихо́дится встава́ть ра́но
I often have to get up early
Мне ча́сто приходи́лось встава́ть ра́но
I often had to get up early
За́втра мне придётся встать ра́но
I shall have to get up early tomorrow
Вчера́ мне пришло́сь встать ра́но
I had to get up early yesterday

The Imperfective future (**бу́дет приходи́ться**) is not normally used. To express an Imperfective idea the Imperfective infinitive is used after **придётся:**

Мне ча́сто придётся встава́ть ра́но
I shall often have to get up early

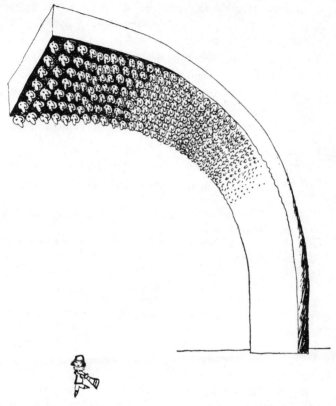

— Понравилась...

EXERCISES — УПРАЖНЕНИЯ

1. Translate into English:

Он любит ходить на берег реки вечером. Обычно он идёт туда через лес, но домой он всегда идёт мимо стадиона. Иногда он ходит два часа по лесу, про́сто гуля́ет. Сего́дня он не гуля́ет, он бы́стро <u>идёт</u> по ле́су, <u>выхо́дит</u> на бе́рег реки́, и до́лжен <u>идти́</u> ещё час по доро́ге до ста́нции.

Обы́чно мать не разреша́ет ему́ <u>ходи́ть</u> на ста́нцию, но сего́дня разреши́ла, так как он <u>идёт</u> встреча́ть отца́. Он слы́шит, что электри́чка уже́ <u>подхо́дит</u>, и он бы́стро <u>идёт</u> к ста́нции.

Explain why the verbs underlined have been used.

2. Insert **ходи́ть** or **идти́** as required, in the appropriate form:

    (i) Когда́ он ... в теа́тр, он заме́тил, что навстре́чу ему́ ... его́ жена́.

    (ii) Он был ещё ма́льчиком и ... в шко́лу, когда́ он жил в Москве́.

    (iii) Я ... на спекта́кль и уже́ чу́вствовал знако́мое нетерпе́ние.

    (iv) Я зна́ю, что сосе́д придёт домо́й по́здно и весь ве́чер бу́дет ... по ко́мнате.

    (v) Он жил в дере́вне и привы́к мно́го ...

    (vi) Мы бо́дро ... по у́лице и заме́тили, что ко вхо́ду музе́я ... весь пя́тый класс.

3. Translate into English:

    (i) Я всегда́ ухожу́ на рабо́ту в де́вять часо́в утра́.

    (ii) Я уже́ поза́втракал, тепе́рь я гото́в и ухожу́.

    (iii) Сего́дня ко мне придёт сестра́. Она́ всегда́ прихо́дит ко мне в понеде́льник.

    (iv) Наш режиссёр то́лько что приходи́л показа́ть нам газе́ту.

    (v) Арти́сты ча́сто приходи́ли в клуб поговори́ть с на́ми о спекта́кле.

    (vi) Она́ зашла́ на не́сколько мину́т поговори́ть о шко́ле.

    (vii) Он обы́чно заходи́л к сосе́ду ве́чером.

    (viii) Он заходи́л неда́вно, но уже́ ушёл куда́-то.

(ix) Сейча́с я выхожу́ и́з дому по́здно, но ле́том я бу́ду выходи́ть ра́но.

(x) Я вы́йду и́з дому ра́но и по доро́ге на рабо́ту зайду́ в гастроно́м.

(xi) Ско́ро он войдёт в вестибю́ль и разде́нется.

(xii) Она́ подошла́ ко вхо́ду и уви́дела, что ей не уда́стся купи́ть биле́т сего́дня.

4. (a) Insert suitable prepositions:

> Он вхо́дит . . . ко́мнату.
> Она́ выхо́дит . . . гости́ницы.
> Он подхо́дит . . . до́му.
> Ты прихо́дишь . . . уро́к.
> Мы захо́дим . . . това́рищу.
> Они́ дохо́дят . . . магази́на.
> Вы перехо́дите . . . у́лицу.
> Я прохожу́ . . . стадио́на.
> Мы ухо́дим . . . ко́мнаты.
> А́нна отхо́дит . . . окна́.

(b) Now put your sentences into the Perfective past tense.

(c) Now put them into the Perfective future tense.

5. Add suitable prefixes to form the verbs of motion:

Сего́дня у́тром Никола́й -шел и́з дому в де́вять часо́в, так как по доро́ге на рабо́ту ему́ ну́жно бы́ло -йти́ в гастроно́м. Он -ходи́л ми́мо по́чты и уже́ собира́лся -йти́ че́рез у́лицу, когда́ он уви́дел Воло́дю. Никола́й о́чень обра́довался и -шел к нему́. Они́ реши́ли -йти́ в кафе́ и поговори́ть. Воло́дя объясни́л, что он ре́дко тепе́рь -хо́дит в клуб, потому́ что он о́чень за́нят. Он хо́чет -йти́ на друго́й заво́д и ему́ прихо́дится мно́го занима́ться. В кафе́ вре́мя -хо́дит бы́стро, и когда́ Никола́й вспо́мнил о гастроно́ме, бы́ло уже́ сли́шком по́здно. Они́ заплати́ли за ко́фе, -шли из кафе́ и -шли пря́мо на рабо́ту. Когда́ они́ -шли, касси́рша заме́тила, что Воло́дя забы́л на столе́ кни́гу. Она́ спря́тала её в я́щик, так как зна́ла, что он -йдет за кни́гой ве́чером.

6. Insert suitable prepositions in the following sentences:

(i) Она́ всегда́ ти́хо подхо́дит ... мне и начина́ет серьёзно говори́ть ... мной.

(ii) Когда́ ... до́ме есть чужи́е лю́ди, ребёнок не отхо́дит ... меня́.

(iii) По́езд уже́·подхо́дит ... ста́нции, нам пора́ выходи́ть.

(iv) Бо́ря ухо́дит ... това́рища в 9 часо́в ве́чера.

(v) По доро́ге домо́й он захо́дит ... ба́бушке.

(vi) Я перехожу́ у́лицу и ви́жу, что он выхо́дит ... магази́на.

(vii) В четве́рг он захо́дит ... по́чту и спра́шивает, есть ли ... него́ пи́сьма.

(viii) Сего́дня Пе́тя прихо́дит ... шко́лу ра́но, пря́чется ... забо́ром и ждёт Са́шу. Са́ша ничего́ не замеча́ет и прохо́дит ... него́.

(ix) Ко́зин плохо́й инжене́р: он прихо́дит ... заво́д по́здно, рабо́тает ма́ло и ухо́дит ... рабо́ты ра́но.

(x) Он перехо́дит ... заво́да ... заво́д, ... фа́брики ... фа́брику.

(xi) Арти́сты обы́чно ухо́дят ... теа́тра о́чень по́здно.

(xii) Мака́ров подхо́дит ... теа́тру, прохо́дит ... знако́мый вход, идёт ... ка́ссы ... зал, покупа́ет ... де́вушки програ́мму и нахо́дит своё ме́сто.

7. Rephrase the following sentences by using verbs of motion and suitable prepositions as in the Model:

Model: Он до́ма.	Он пришёл домо́й.
Его́ уже́ нет до́ма.	Он уже́ ушёл из дому.

Он до́ма.
Его́ уже́ нет до́ма.
Он на по́чте.
Его́ уже́ нет на по́чте.

Он у режиссёра.
Его уже́ нет у режиссёра.

Он стои́т у окна́.
Он уже́ не стои́т у окна́.

Он сиди́т в за́ле.
Он уже́ не в за́ле.

8. (a) Put the following sentences first into the past tense and then into the future (Imperfective):

(i) Зимо́й в Москве́ ча́сто идёт снег.
(ii) О́сенью в А́нглии ча́сто иду́т дожди́.
(iii) Что идёт в теа́тре Маяко́вского?
(iv) В кино́ идёт хоро́шая карти́на.
(v) В кинотеа́тре «Росси́я» идёт изве́стный фильм.
(vi) Дела́ иду́т хорошо́.
(vii) Всё идёт прекра́сно.
(viii) Электри́чка идёт бы́стро.
(ix) Что здесь происхо́дит?
(x) Здесь ничего́ не происхо́дит.
(xi) Кому́ здесь прихо́дится пря́таться?
(xii) Никому́ не прихо́дится остава́ться до́ма.
(xiii) Кто прихо́дит в у́жас?
(xiv) Никто́ не прихо́дит в у́жас.

(b) Now put the last six sentences into the Perfective past and Perfective future.

9. Answer in Russian the following questions on the text:

(i) Где рабо́тает Влади́мир Мака́ров?
(ii) Что он де́лает по́сле рабо́ты зимо́й?
(iii) Почему́ он иногда́ быва́ет за́нят ве́чером?
(iv) Кака́я сего́дня стои́т пого́да?
(v) Куда́ идёт Мака́ров, и почему́ он сего́дня идёт так бо́дро?
(vi) Что произошло́, когда́ он шёл к ста́нции метро́?
(vii) Почему́ учи́тельница шла ему́ навстре́чу?
(viii) Что произошло́ у неё в кла́ссе неда́вно?

(ix) Как удалось Макарову спрятаться от неё?

(x) Что идёт сегодня в театре Маяковского?

(xi) Чем известен этот театр?

(xii) Что делается у входа в театр?

(xiii) Успел ли Макаров купить билет заранее?

(xiv) Откуда вы это знаете?

(xv) Что он успел сделать до того, как он вспомнил о чайнике?

(xvi) Что произойдёт с чайником?

(xvii) Что подумал сосед Макарова?

(xviii) Что он решил ему объяснить?

LESSON 13 — УРÓК ТРИНÁДЦАТЫЙ

Дрéвние рýсские городá

Здрáвствуй Джон!

Я пишý тебé э́то письмó из Сýздаля, но сначáла мы были в гóроде Владúмире, котóрый нахóдится к ю́гу отсю́да. Из Москвы́ мы вы́ехали нóчью и увúдели Владúмир рáно ýтром из окнá пóезда. Над дорóгой, на холмé, былá виднá стáрая часть гóрода — кремль и егó дрéвние собóры.

Пóсле зáвтрака нáша грýппа срáзу пошлá на экскýрсию по гóроду. Стоя́л сúльный морóз, бы́ло óчень хóлодно. Сия́ло сóлнце, и всё вы́глядело óчень красúво. Мы все интересýемся архитектýрой, и два-три часá мы прóсто бродúли по гóроду и снимáли замечáтельные исторúческие здáния и зúмние вúды. Из-за снéга на ýлице нé было слы́шно шýма. Автомобúли проезжáли мúмо нас совсéм тúхо, и из-за хóлода на ýлице бы́ло мáло нарóду. Ýтром я надéл зúмнее пальтó, шáпку и тёплые носкú, но на снегý и на льдý бесполéзно носúть обы́чные тýфли. Я вернýлся в гостúницу, сúний от хóлода. За обéдом я сидéл ря́дом с экскурсовóдом, котóрый расскáзывал мне о том, что Владúмир когдá-то был столúцей Русú (так называ́лось дрéвнее рýсское госудáрство).

В срéду мы приéхали сюдá. Мéжду Владúмиром и Сýздалем расстоя́ние небольшóе, но в э́то врéмя гóда здесь опáсно éздить! Из гóрода мы вы́ехали бы́стро, но за́ городом доро́га ча́сто исчеза́ла под сне́гом. Води́тель вёл авто́бус ме́дленно, и к ве́черу мы при́были на ме́сто без катастро́фы. Воло́дя был прав: кака́я здесь красота́! Предста́вь себе́: мы подъезжа́ем к го́роду; круго́м чи́стые, белосне́жные поля́, тёмные леса́, а впереди́ уже́ видны́ бе́лые сте́ны, ба́шни, си́ние и золоты́е купола́ и кремль. Настоя́щая ска́зка!

Не́которые из нас прово́дят здесь вре́мя о́чень ве́село. Вчера́ мы обе́дали в рестора́не, где игра́л традицио́нный ру́сский орке́стр. Там бы́ли други́е иностра́нные тури́сты: америка́нцы, францу́зы и не́мцы. Как ты зна́ешь, я всегда́ гото́в пить и петь, но скро́мность не позволя́ет мне написа́ть тебе́, ско́лько во́дки мы вы́пили. Доста́точно сказа́ть, что в э́том мы не отстава́ли от них.

Говоря́т, что весно́й и ле́том э́ти поля́ и леса́ полны́ жи́зни. Тру́дно предста́вить себе́ э́ти места́ в тако́е вре́мя го́да — мне ка́жется, что зи́мнее состоя́ние обы́чно для них. Я хочу́ осмотре́ть здесь всё, но бою́сь, что на э́тот раз у меня́ не бу́дет доста́точно вре́мени. Наве́рное, я верну́сь сюда́ ле́том.

С приве́том,
Твой Ге́нри.

WORDS AND PHRASES

трина́дцатый = thirteenth
дре́вний = ancient
находи́ться/найти́сь = to be situated; to be found
юг = south
отсю́да = from here
выезжа́ть/вы́ехать = to depart
  (/вы́еду, вы́едешь)
но́чью = by night
над доро́гой, на холме́ = above the road, on the hill
ви́дный = visible
ста́рая часть = the old part
кремль (*masc.*) = kremlin, citadel

собо́р = cathedral
за́втрак = breakfast
гру́ппа = group
экску́рсия по го́роду = tour of the town
стоя́л си́льный моро́з = there was a hard frost
 (си́льный = strong)
сия́ть/за- = to shine
 (сия́ю, сия́ешь)
со́лнце = sun
вы́глядеть + *adv. or instr.* = to look
 (вы́гляжу, вы́глядишь)
архитекту́ра = architecture
замеча́тельный = remarkable, wonderful
истори́ческое зда́ние = historic building
вид = view
из-за сне́га = because of the snow
не слы́шно шу́ма = no noise is audible
автомоби́ль (*masc.*) = car
проезжа́ть/прое́хать = to drive past, through
 (/прое́ду, прое́дешь)
хо́лод = cold
ма́ло наро́ду = few people
пальто́ (*indecl.*) = coat
ша́пка = fur hat
тёплые носки́ = warm socks
на снегу́ и на льду = on the snow and ice
бесполе́зный = useless
ту́фля = shoe
возвраща́ться/верну́ться *or* возврати́ться = to return,
 come back
 (/верну́сь, вернёшься *or* возвращу́сь, возврати́шься)
за обе́дом = at dinner, lunch
ря́дом с экскурсово́дом = next to the guide
расска́зывать/рассказа́ть = to tell, relate, narrate
когда́-то = once, at one time
столи́ца Руси́ = the capital of Rus
называ́ться/назва́ться = to be called
госуда́рство = state

приезжа́ть/прие́хать = to come, arrive
среда́ = Wednesday
расстоя́ние = distance
в э́то вре́мя го́да = at this time of year
опа́сный = dangerous
за́ го́родом = in the country
исчеза́ть/исче́знуть = to disappear
  (*Pf. past.* исче́з, исче́зла)
води́тель = driver
вести́/по- = to drive; lead, conduct
  (*past* вёл, вела́)
прибыва́ть/прибы́ть на ме́сто = to reach one's destination
катастро́фа = disaster, crash
прав, права́, пра́вы = right, correct
представля́ть/предста́вить себе́ = to imagine
  (/предста́влю, предста́вишь)
подъезжа́ть/подъе́хать к + *dat.* = to drive up to, approach
белосне́жные поля́ = white snowfields
тёмный = dark
впереди́ = ahead
ба́шня = tower, spire
ку́пол *pl.* купола́ = dome
проводи́ть/провести́ = to spend (*time*);
  (провожу́, прово́дишь/проведу́, проведёшь; *past* прове́л, провела́)
обе́дать/по- = to dine
традицио́нный = traditional
иностра́нный = foreign
америка́нец = American
францу́з = Frenchman
не́мец = German
позволя́ть/позво́лить + *dat.* = to allow
во́дка = vodka
доста́точно = enough
отстава́ть/отста́ть от + *gen.* = to lag behind
  (отстаю́, отстаёшь/отста́ну, отста́нешь)
весна́ = spring

ле́то = summer
по́лный = full
состоя́ние = condition
осма́тривать/осмотре́ть = to look round
боя́ться/по- +gen. = to fear, be afraid of
  (бою́сь, бои́шься)

GRAMMAR—ГРАММА́ТИКА

1. Prefixed verbs of motion (continued)

Verbs corresponding to prefixed forms of **е́здить** are
formed with **-езжа́ть***. They are regular First conjugation verbs.

	Impf.	Pf.
to drive/ride in, enter	въезжа́ть	въе́хать (Pf. fut. въе́ду, Pf. past въе́хал)
to drive out, leave	выезжа́ть	вы́ехать
to arrive, come	приезжа́ть	прие́хать
to go away, leave	уезжа́ть	уе́хать
to drive away	отъезжа́ть	отъе́хать
to go past/ through	проезжа́ть	прое́хать
to cross; to move	переезжа́ть	перее́хать
to go as far (as), reach	доезжа́ть	дое́хать
to call (on)	заезжа́ть	зае́хать
to drive/ride up (to)	подъезжа́ть	подъе́хать

These verbs refer to motion by vehicle or riding. They
are used in the same way as prefixed forms of **ходи́ть,
идти́** with prepositions: e.g.

---

*Except **пое́здить** 'to ride for a while', which is Perfective, and
one or two other verbs.

въезжа́ть в го́род	*to enter the town*
выезжа́ть из го́рода	*to leave the town*
проезжа́ть мѝмо до́ма	*to drive past the house*
переезжа́ть че́рез ре́ку	
or переезжа́ть ре́ку	*to cross the river*

2. Imperatives

Verbs of the Second conjugation whose stress is on the stem in the Infinitive, e.g. предста́вить (Pf. 'to imagine, to present'), встре́тить (Pf. 'to meet'), заме́тить (Pf. 'to notice, observe'), have the Imperative ending in -ь, -ьте:

предста́вь, предста́вьте; встре́ть, -те; заме́ть, -те
This rule does not apply to verbs whose stem ends in two consonants, so that the Imperative of по́мнить 'to remember' is по́мни, -те.

Verbs of the First Conjugation with stress on the stem and first person singular in -у also have the Imperative in -ь, -те. Thus, плачь, -те from пла́кать (Impf. 'to weep'); встань, -те from встать (Pf. 'to get up'); оде́нься, оде́ньтесь from оде́ться (Pf. 'to get dressed'). The negative Imperative is nearly always Imperfective:

Не покупа́йте э́ту кни́гу!   *Don't buy this book!*

Some negative Imperatives may be Perfective, but they are warnings rather than negative commands:

Не упади́!   *Mind you don't fall!*

Note that the Imperative for 'Go' by transport is поезжа́й!; 'Don't go' is Не е́зди!

3. Ви́ден, ви́дно; слы́шен, слы́шно

The adjective ви́дный means 'visible' (it also has the figurative meaning 'eminent').
The short form of this adjective is ви́ден, видна́, ви́дно; ви́дны, and it may be used in two ways:

(i) what is visible stands in the Nominative case and the short form agrees with it:

Видна́ ста́рая ча́сть го́рода. *The old part of the town is visible* or *can be seen.*

(ii) the adjective is in the neuter short form and what can be seen goes into the Accusative case:

Отту́да ви́дно дере́вню. *The village is visible from there.*

For the negative of such statements this second construction is used with the Genitive:

Го́рода не́ было ви́дно. *The town could not be seen.*

The short forms of **слы́шный** 'audible, able to be heard' are **слы́шен, слышна́, слы́шно; слы́шны** and they are used in the same way:

Не́ было слы́шно шу́ма. *No noise could be heard.*

4. Nationalities

Австра́лия *Australia*; *Australian* австрали́ец, (*woman*) австрали́йка,

Аме́рика *America*; *American* америка́нец, (*woman*) америка́нка

А́фрика *Africa*; *African* африка́нец, африка́нка

Кана́да *Canada*; *Canadian* кана́дец, кана́дка

А́нглия *England, Britain*; *Englishman, Briton*, англича́нин -*woman* англича́нка

Фра́нция *France*; *Frenchman* францу́з, -*woman* францу́женка

Герма́ния *Germany*; *German* не́мец, не́мка

Но́вая Зела́ндия *New Zealand*; *New Zealander* новозела́ндец, новозела́ндка

Adjectives

австрали́йский *Australian*; америка́нский *American*; африка́нский *African*; кана́дский *Canadian*;

английский *English, British*; францу́зский *French*;
неме́цкий *German*; новозела́ндский *New Zealand*.

Also: Шотла́ндия *Scotland*; шотла́ндец *Scotsman*;
шотла́ндка *Scotswoman*; Ирла́ндия *Ireland*;
ирла́ндец *Irishman*; ирла́ндка *Irishwoman*;
Уэ́льс *Wales*; валли́ец *Welshman*;
валли́йка *Welshwoman*.

The adjectives are шотла́ндский *Scottish*, ирла́нд-
ский *Irish*, and валли́йский or уэ́льский *Welsh*.

EXERCISES—УПРАЖНЕ́НИЯ

1. Using the following words and phrases in the correct
   case (Accusative or Prepositional) complete the sentence:

   Он пое́дет туда́ на...

   весь дека́брь; авто́бус; день рожде́ния; по́езд; зима́;
   электри́чка; театра́льный сезо́н; матч.

2. (a) Insert suitable prepositions:

   Он приезжа́ет ... Ло́ндона.
   Ты переезжа́ешь ... ре́ку.
   Она́ уезжа́ет ... Москвы́.
   Мы отъезжа́ем ... него́.
   Они́ выезжа́ют ... столи́цы.
   Я доезжа́ю ... ле́са.
   Вы проезжа́ете ... стадио́на.
   Мы заезжа́ем ... вам.
   Мы подъезжа́ем ... Су́здалю.
   Я въезжа́ю ... сад.

   (b) Now put your sentences into the Perfective past
       tense.
   (c) Now put them into the Perfective future tense.

3. Translate into English. Explain the use of the words underlined:

(i) Я не ходи́л вчера́ в университе́т, так как вчера́ бы́ло воскресе́нье.

(ii) Я не пошёл вчера́ в университе́т, так как ко мне зашёл оди́н ру́сский.

(iii) Их нет. Они́ уе́хали в Су́здаль. Ра́но у́тром, когда́ они́ уезжа́ли, бы́ло ещё темно́.

(iv) За́втра ма́ма пое́дет в Ки́ев. По́сле э́того она́ прие́дет ко мне́ на два дня.

(v) Вчера́ прие́хал сюда́ оди́н режиссёр. К сожале́нию, за́втра он уе́дет домо́й.

(vi) Ты лю́бишь ча́сто переезжа́ть из го́рода в го́род.

(vii) К рестора́ну подъе́хала маши́на, из неё вы́шла краси́вая де́вушка, и маши́на бы́стро пое́хала к це́нтру го́рода.

(viii) Нет, он не бу́дет до́лго жить у меня́. Он прие́хал то́лько на оди́н день.

(ix) Ве́ра уже́ уе́хала. Она́ приезжа́ла сюда́ то́лько на оди́н день.

4. Translate into Russian:

(i) What has happened? Why are you leaving suddenly for Leningrad?

(ii) I have found work there and I want to move there before the end of the year.

(iii) When you have left the town, look out of the window and you will see that you are passing the village where we lived in the summer.

(iv) When the car had driven away from the house, Nicholas realized that he had forgotten the tickets.

(v) We had decided to pay a call on Aunt Helen. She lives not far from the town. It is a typical Russian village and we often go there in summer. When we were leaving home, it started to rain and it became quite dark, so that we had to drive slowly.

At last we reached the village. We were approaching Aunt Helen's house when we noticed a car. When we stopped, Aunt Helen came out of the house with a policeman. They drove off together in the car.

5. Answer in Russian the following questions on the text:

(i) Куда́ зае́хал Ге́нри по доро́ге в Су́здаль?

(ii) Что он уви́дел из окна́?

(iii) Почему́ автомоби́ли проезжа́ли ми́мо них так ти́хо?

(iv) Как называ́лось дре́внее ру́сское госуда́рство?

(v) В како́й день они́ вы́ехали из Влади́мира?

(vi) Су́здаль нахо́дится далеко́ от Влади́мира?

(vii) Почему́ они́ е́хали ме́дленно из Влади́мира в Су́здаль?

(viii) Что чу́вствует тури́ст, когда́ он стои́т в це́нтре Су́здаля?

(ix) Каки́е там бы́ли тури́сты?

(x) Почему́ Ге́нри вернётся в Су́здаль ле́том?

LESSON 14 — УРОК ЧЕТЫРНАДЦАТЫЙ

Рождественский пудинг

— Джон! Скоро Новый год! Как мы будем встречать его? Ты будешь в Москве?

— Буду, конечно. Я никуда не еду. А ты не едешь домой?

— Нет. Скоро у нас каникулы. Тогда я поеду домой в Ленинград. Я обычно езжу туда зимой на каникулы. А у тебя есть планы на каникулы?

— Есть. Но, конечно, ехать в Англию на две недели не стоит. Эти каникулы слишком короткие, а поездка стоит ужасно дорого. И, так как я не могу быть в Англии, мне придётся провести здесь каникулы как можно лучше. Мне предложили экскурсию в Суздаль. Говорят, что там очень красиво, но я ещё не решил, стоит ли мне ехать.

— Стоит! Обязательно поезжай! Суздаль типичный старый русский город. Там чувствуется историческая атмосфера, — даже камни дышат историей. Когда ты приедешь оттуда, ты будешь лучше понимать наше прошлое, и там ты увидишь настоящую русскую зиму...

— Эх! Подожди! Я чуть не забыл! Послезавтра Рождество!

— А что это за праздник? Религиозный?

— Не только. Это наш главный зимний праздник. Мы дарим друг другу разные вещи, страшно много едим и пьём, и ставим в доме ёлку.

— То же са́мое, что у нас на Но́вый год. А что и́менно вы еди́те? Из чего́ состои́т у вас традицио́нный рожде́ственский обе́д?

— Ммммм... Из инде́йки с гарни́ром и с со́усом из клю́квы. А пото́м на сла́дкое гото́вят специа́льный пу́динг. Моя́ ма́ма обеща́ла присла́ть мне тако́й пу́динг.

— Как присла́ть? По по́чте, что ли? Он наве́рное испо́ртится. Посы́лки иногда́ иду́т о́чень до́лго, а иногда́ вообще́ не дохо́дят.

— Ничего́! Рожде́ственский пу́динг не испо́ртится. Когда́ он придёт, я тебя́ угощу́.

— Ой нет, спаси́бо! Пое́дем лу́чше на ры́нок. Там проду́кты хоро́шие, све́жие, не то, что твой пу́динг... Ты помо́жешь мне нести́ карто́шку. Я ви́дел сего́дня, как лю́ди шли с ры́нка и несли́ ёлки. Там продаю́т хоро́шие ёлки, их привозя́т на грузовике́ туда́ пря́мо из дере́вни. Дава́й и мы ку́пим!

— А как мы привезём её сюда́? С ёлкой не разреша́ется е́хать в авто́бусе.

— Мо́жет быть и не разреша́ется, но все е́дут и везу́т ёлки на авто́бусе. Пое́хали!

Разгово́р на по́чте

— Воло́дя!
— Что с тобо́й? Что случи́лось?
— Поздра́вь меня́! Пу́динг пришёл!
— Я так и знал. Везде́ па́хнет пу́дингом. С пра́здником!
— С Но́вым го́дом!... Эй, не уходи́!

WORDS AND PHRASES

четы́рнадцатый = fourteenth
рожде́ственский = Christmas (*adj.*)
пу́динг = pudding
встреча́ть Но́вый год = to see in the New Year
домо́й = home (wards)

ездить туда на каникулы = to go there for the holidays
неделя = week
не стоит = it is not worth
поездка = trip
ужасно дорого = terribly expensive
как можно лучше = as well as possible
предлагать/предложить = to offer, propose
   (/предложу, -ожишь)
поезжай! = go
чувствоваться/по- = to be felt
атмосфера = atmosphere
дышать/по- + *instr.* = to breathe
   (дышу, дышишь)
оттуда = from there
прошлое = the past
послезавтра = the day after tomorrow
Рождество = Christmas
что это за праздник? = what sort of a holiday, festival
   is that?
религиозный = religious
главный = main, chief
дарить/по- = to give, present
   (дарю, даришь)
вещь (*fem.*) = thing
страшно много = a frightful lot
ставить/по- ёлку = to stand a Christmas tree
именно = exactly, namely
из чего состоит...? = of what consists...?
индейка с гарниром = turkey with vegetables
соус из клюквы = cranberry sauce
сладкое = sweet (course)
специальный = special
мама = mum
обещать/по = to promise
присылать/прислать = to send *(with recipient in mind)*
   (/пришлю, пришлёшь)
как прислать? = what do you mean — send?
по почте = by post

по́ртиться/ис- = to be spoilt, to go bad
посы́лка = parcel
вообще́ = at all
доходи́ть/дойти́ = to reach, arrive
угоща́ть/угости́ть + *instr.* = to treat to
  (/угощу́, угости́шь)
пое́дем лу́чше на ры́нок = let's go to the market instead
све́жие проду́кты = fresh food
не то, что = not like
нести́/по- = to carry
  (несу́, несёшь; *past* нёс, несла́)
карто́шка = potato(es)
лю́ди *pl. of* челове́к = people
привози́ть/привезти́ = to bring (by transport)
  (привожу́, приво́зишь/привезу́, привезёшь; *past* привёз, привезла́)
грузови́к = lorry
пря́мо = directly, straight
дава́й ку́пим! = let's buy
сюда́ = here (*direction, motion*)
не разреша́ется = it is not allowed
везти́/по- = to convey
  (везу́, везёшь; *past* вёз, везла́)
пое́хали! = let's go!
что с тобо́й? = what is the matter with you?
случа́ться/случи́ться = to happen
поздравля́ть/поздра́вить = to congratulate (с +*instr.*: on)
я так и знал = I knew it
везде́ = everywhere
с пра́здником! с Но́вым го́дом! = happy (Christmas)!
  happy New Year!
уходи́ть/уйти́ = to go away, leave

GRAMMAR—ГРАММА́ТИКА

1. Носи́ть, нести́; понести́ 'to carry, take'

Verbs of carrying and conveying in Russian are verbs of motion.

Носи́ть means 'to carry' normally when going on foot, and it corresponds to ходи́ть:

Тури́сты хо́дят по го́роду и но́сят фотоаппара́ты.
Tourists walk about the town and carry cameras.

Нести́ means 'to carry' and corresponds to идти́:

Тури́сты бы́стро иду́т в гости́ницу и несу́т ве́щи.
The tourists go quickly to the hotel and carry their things.

Thus, носи́ть implies motion to a place and back, up and down or about the place; нести́ implies carrying in one direction.

The Perfective verb is понести́ and it corresponds to пойти́:

Он пошёл на остано́вку авто́буса; он понёс туда́ ёлку.
He went to the bus-stop; he took the fir-tree there.

The present tense of носи́ть is ношу́, но́сишь, но́сит, но́сим, но́сите, но́сят; the past tense is regular носи́л etc.

The present tense of нести́ is несу́, несёшь, несёт, несём, несёте, несу́т; the past tense is нёс (*masc.*), несла́ (*fem.*), несло́ (*neut.*), несли́ (*pl.*).

Понести́ in the Perfective future is понесу́ etc., and in the past tense is понёс etc.

2. Вози́ть, везти́; повезти́ 'to convey, take'

Вози́ть means 'to convey, take' by some form of transport and corresponds to е́здить:

Мы ча́сто е́здим в Москву́ и во́зим Ма́шу к ба́бушке.
We often go to Moscow and take Masha to grandmother's.

Везти corresponds to **ехать**:

Мы е́дем на автомоби́ле и везём ве́щи на вокза́л.
We are going by car and taking our things to the station.

Повезти́ is the Perfective verb and it corresponds to **пое́хать**:

Мы пое́дем домо́й и повезём ве́щи на автомоби́ле.
We shall go home and take our things by car.

The present tense of **вози́ть** is: **вожу́, во́зишь, во́зит, во́зим, во́зите, во́зят,** and the past tense is regular: **вози́л** etc. The present tense of **везти́** is: **везу́, везёшь, везёт, везём, везёте, везу́т;** the past tense is **вёз** (*masc.*), **везла́** (*fem.*), **везло́** (*neut.*), **везли́** (*pl.*).

Повезти́ in the Perfective future is **повезу́** etc., and in the past tense is **повёз** etc.

3. Prefixed verbs formed from **носи́ть, нести́** and **вози́ть, везти́**

Prefixed verbs are formed from these verbs on the same pattern as those from **ходи́ть**:

Impf.	Pf.	
вноси́ть	внести́ (*fut.* внесу́,	
(вношу́,-сишь)	*past* внёс)	*to carry/take/bring in*
выноси́ть	вы́нести	*to carry/take out*
приноси́ть	принести́	*to bring*
уноси́ть	унести́	*to take away*
переноси́ть	перенести́	*to carry across*; *to put somewhere else, move*
доноси́ть	донести́	*to take as far (as)*
подноси́ть	поднести́	*to take up (to)*
заноси́ть	занести́	*to deliver on one's way*
произноси́ть	произнести́	*to pronounce*

The above verbs describe carrying usually when the subject is on foot. Prefixed verbs from **вози́ть** describe conveying by some form of transport:

ввозить	ввезти	
(ввожу,-зишь)	(*fut.* ввезу́, *past* ввёз)	*to bring/take in; to import*
вывозить	вы́везти	*to bring/take out; to export*
привозить	привезти	*to bring*
увозить	увезти	*to take away*
завозить	завезти	*to deliver on one's way*
перевозить	перевезти	*to transfer, take across*
довозить	довезти	*to take as far (as)*
подвозить	подвезти	*to give a lift to, take to*
отвозить	отвезти	*to take/deliver to a place*

Here are some examples of the use of these verbs:

Она́ всегда́ прино́сит (or приво́зит) интере́сные пода́рки.
She always brings interesting presents.

Он привезёт Ива́на.
He will bring Ivan.

Я обы́чно заношу́ кни́ги к Бори́су по доро́ге на рабо́ту.
I usually deliver the books to Boris on my way to work.

Я донёс его́ до до́ма.
I carried him as far as the house.

Note the following use of the Imperfective verb:

Где ты была́? Я отвози́ла мать в теа́тр.
Where have you been? I have been taking mother to the theatre.

This is, in fact, a normal use of the Imperfective. The enquirer really asked what the other person had been doing and she replied that she had been taking mother to the theatre, which requires an Imperfective verb.

Compare:

Где мать? Я отвезла́ её в теа́тр.

Where is mother? I took her to the theatre (meaning *she is not here, but at the theatre*).

Here the reply does not say what she had been doing but focuses attention on the result of what she did, the result being that mother is at the theatre. This requires the Perfective.

These verbs may have other, often figurative, meanings. We have already met the prefixed verb **относи́ться (к)** 'to treat, regard'. It has the Perfective **отнести́сь.** The present tense of **относи́ться** is **отношу́сь** etc. The Perfective future from **отнести́сь** is **отнесу́сь, отнесёшься** etc., and the past tense **отнёсся, отнесла́сь.**

4. Носи́ть 'to wear'

Носи́ть may mean 'to wear', but only if the 'wearing' is habitual:

Осенью он всегда́ но́сит   *He always wears a coat*
   пальто́.   *in autumn.*

For 'wearing' on a particular occasion other constructions are used:

Сего́дня он в пальто́.   *He is wearing a coat today.*
Вчера́ на нём была́ ша́пка.   *He was wearing a cap*
                                          yesterday.

EXERCISES — УПРАЖНЕ́НИЯ

1. Insert the correct form of **носи́ть**, **нести́** or **понести́**:

   (i) Они́ ходи́ли по ле́су и ... тяжёлые корзи́ны.
   (ii) Она́ шла на остано́вку авто́буса и ... цветы́.
   (iii) Я иду́ на ры́нок и ... туда́ сыр.
   (iv) Мы пойдём на по́чту и ... туда́ пи́сьма и по-
        сы́лки.
   (v) Она́ идёт домо́й из гастроно́ма и ... ма́сло.
   (vi) Когда́ мы ходи́ли в шко́лу, мы всегда́ ... туда́
        уче́бники.

(vii) Мы шли на вокза́л и ... все его́ ве́щи.

(viii) Мать бы́стро пошла́ и ... ребёнка домо́й.

2. Insert the correct form of **возѝть, везтѝ** or **повезтѝ**:

    (i) Она́ е́дет к тёте и ... к ней дочь.

    (ii) Он пое́хал в Су́здаль и ... туда́ вну́ка дире́ктора.

    (iii) Мы е́хали на электри́чке и ... ёлку.

    (iv) Ба́бушка е́хала на авто́бусе и ... инде́йку и пу́динг.

    (v) Когда́ ты пое́дешь в Ло́ндон, ты ... туда́ рожде́ственские пода́рки.

    (vi) Когда́ мы е́здим к ба́бушке, мы всегда́ ... к ней Са́шу.

    (vii) Они́ ча́сто е́здят к отцу́ и ... ему́ све́жее мя́со.

    (viii) Когда́ она́ е́дет на ры́нок, она́ обы́чно ... туда́ грибы́.

3. (a) Put the following sentences into the Perfective future tense:

    (i) Я приношу́ пода́рки.

    (ii) Ты уно́сишь ча́йник.

    (iii) Он вно́сит посы́лки в авто́бус.

    (iv) Она́ выно́сит посу́ду из ку́хни.

    (v) Мы зано́сим кни́гу това́рищу.

    (vi) Вы доно́сите ве́щи до вокза́ла.

    (vii) Они́ перено́сят ме́бель из ко́мнаты в ко́мнату.

    (viii) Он подно́сит ребёнка к окну́.

  (b) Now put them into the Perfective past.

4. (a) Put the following sentences into the Perfective future tense:

    (i) В клуб вво́зят но́вые ве́щи.

    (ii) Из клу́ба выво́зят ста́рые ве́щи.

    (iii) Вы приво́зите ёлки.

    (iv) Тури́сты приво́зят из Су́здаля традицио́нные ве́щи.

 (v) По доро́ге домо́й ты заво́зишь к ним пи́сьма.

 (vi) Он дово́зит её до до́ма.

 (vii) Я перево́жу их че́рез лёд.

 (viii) Я увожу́ ме́бель.

(b) Now put them into the Perfective past.

5. Using Perfective verbs where possible, put the following sentences (a) into the past tense, and (b) into the future:

 (i) Маши́на выезжа́ет из дере́вни, проезжа́ет ми́мо ста́нции и пото́м въезжа́ет в лес.

 (ii) Ча́сто на пра́здники ко мне приезжа́ют това́рищи и приво́зят мне все но́вости и́з дому.

 (iii) Ири́на подхо́дит ко мне и начина́ет бы́стро говори́ть об экску́рсии.

 (iv) Обы́чно знако́мые дово́зят нас то́лько до го́рода, а отту́да мы уже́ мо́жем е́хать домо́й на авто́бусе.

 (v) Тури́сты переезжа́ют че́рез ре́ку и подъезжа́ют ко вхо́ду в теа́тр.

 (vi) В воскресе́нье мы выно́сим ме́бель из ко́мнаты и мо́ем сте́ны.

 (vii) По доро́ге с рабо́ты он ча́сто заезжа́ет в клуб.

 (viii) Как то́лько он отъезжа́ет от до́ма, он вспомина́ет, что он забы́л сде́лать.

 (ix) Он подно́сит посы́лку к окну́ и смо́трит, от кого́ она́.

 (x) Из А́нглии всегда́ выво́зят в СССР хоро́шие маши́ны.

 (xi) Они́ подво́зят меня́ к вокза́лу, а отту́да я е́ду на по́езде.

6. Translate into Russian:

 (i) I am moving to Vladimir tomorrow. They will remove the furniture tomorrow morning.

 (ii) What's that smell in the kitchen? It's the sauce. Today our dinner consists of turkey in sauce, with vegetables, pudding and coffee.

(iii) I went into the house and saw Volodya. He was carrying my radio out of the room.

(iv) Did you like the trip to Suzdal'? What did you bring from there?

(v) The parcel will not come by his birthday. Perhaps it will come before the end of the week.

(vi) A boy entered the shop. He was carrying a coat.

(vii) Where have you been? I have been taking the teacher to the school in the car.

(viii) Where is Sonya? I took her to the station and she has gone to Tanya's for the day.

7. Answer in Russian the following questions on the text:

(i) Где собираются встречать Новый год Джон и Володя?

(ii) Почему Володя не едет домой на Новый год?

(iii) Почему Джон не едет домой на каникулы?

(iv) Что думает Володя о поездке в Суздаль?

(v) Как вы думаете, в Суздале очень холодно зимой?

(vi) О чём вдруг вспомнил Джон?

(vii) Знает ли Володя, что это за праздник?

(viii) Как Джон обычно проводит Рождество?

(ix) Какой праздник проводят так в Москве?

(x) Что именно интересует Володю?

(xi) Что вы едите на Рождество?

(xii) Чему радуется Джон?

(xiii) Что думает об этой идее Володя?

(xiv) Почему Володя такой пессимист?

(xv) Что ему отвечает и обещает Джон?

(xvi) Что предлагает сделать Володя?

(xvii) Все ли люди несут ёлки домой?

(xviii) Что происходит на почте?

LESSON 15 — УРОК ПЯТНА́ДЦАТЫЙ

Уста́лый бизнесме́н

Пи́тер Но́ррис продолжа́ет свою́ дли́нную делову́ю пое́здку по Сове́тскому Сою́зу. По́сле Москвы́ он был в Можа́йске, небольшо́м го́роде на за́паде от Москвы́, в Смоле́нске в за́падной Росси́и и в Ми́нске, столи́це Белору́ссии. Пото́м он полете́л в Ки́ев, столи́цу Украи́ны, был на Украи́не три неде́ли, и це́лую неде́лю разраба́тывал сло́жный контра́кт с гла́вным замести́телем мини́стра торго́вли Украи́нской Сове́тской Социалисти́ческой Респу́блики и дире́ктором одно́й ки́евской тексти́льной фа́брики.

Тепе́рь из Ки́ева он прилете́л в Ерева́н, столи́цу Сове́тской Арме́нии. Когда́ он лете́л, он смотре́л вниз из окна́ самолёта на краси́вые го́рные хребты́ ю́жного* Кавка́за. Э́ти го́ры ему́ о́чень понра́вились, и он реши́л отдохну́ть здесь. Но, как всегда́, ему́ предлага́ют деловы́е встре́чи и осмо́тр ме́стной промы́шленности.

— Дава́йте обсу́дим ва́шу програ́мму, ми́стер Но́ррис, — сказа́л Рубе́н Адамя́н, сотру́дник ерева́нского отделе́ния Интури́ста, когда́ Но́ррис прие́хал и за́нял свой но́мер в большо́й гости́нице на центра́льной пло́щади. — Обяза́тельно сле́дует посети́ть заво́д синтети́ческого каучу́ка...

---

* N.B. In the genitive endings of the adjective -ого, -его, г is pronounced as в.

— Одну́ мину́тку, — прерыва́ет его́ Но́ррис. — Извини́те меня́, но вы зна́ете, я ужа́сно уста́л от бесконе́чной официа́льной де́ятельности. Я о́чень хочу́ отдохну́ть и познако́миться с ва́шей национа́льной культу́рой.

— Хорошо́! За́втра по доро́ге к машинострои́тельному заво́ду мы мо́жем зае́хать к заве́дующему истори́ческим музе́ем и попроси́ть его́ устро́ить для нас коро́ткую экску́рсию.

— Хорошо́, — говори́т Но́ррис поко́рно. Он прекра́сно понима́ет, что бесполе́зно угова́ривать усе́рдного ги́да из Интури́ста и на́до прибе́гнуть к ма́ленькой хи́трости.

— Не буди́те меня́ ра́но, — про́сит он Рубе́на. — Тепе́рь я чу́вствую себя́ обыкнове́нным тури́стом.

Ра́но у́тром Но́ррис встаёт и говори́т дежу́рной на тре́тьем этаже́:

— Е́сли меня́ бу́дут спра́шивать, скажи́те, что я всё ещё сплю. А тепе́рь посове́туйте мне, пожа́луйста, что мне посмотре́ть в Ерева́не!

— Ну, что же. У нас есть мно́го интере́сного. Есть заво́д синтети́ческого каучу́ка...

— Нет, э́то меня́ не интересу́ет. Я хочу́ погуля́ть на све́жем во́здухе, посмотре́ть что́-нибудь типи́чно армя́нское.

— Ну, э́то друго́е де́ло. А я ду́мала, что вы бизнесме́н. Я сове́тую вам пое́хать на авто́бусе в Эчмиадзи́н и посети́ть дре́вний собо́р.

Но́ррис так и де́лает. Всё у́тро он любу́ется стро́гой красото́й армя́нской архитекту́ры и удивля́ется прекра́сному состоя́нию ста́рого зда́ния. Хотя́ оно́ отно́сится к четвёртому ве́ку на́шей э́ры, оно́ вы́глядит чи́стым и почти́ совреме́нным.

— Собо́р сохрани́лся так хорошо́ благодаря́ на́шему хоро́шему, мя́гкому кли́мату, — объясня́ет экскурсово́д.

— Еди́нственной опа́сностью явля́ются землетрясе́ния. В двена́дцатом ве́ке от землетрясе́ния разру́шилось замеча́тельное кру́глое зда́ние друго́го большо́го хра́ма.

Над собо́ром, на за́днем пла́не, как бу́дто виси́т Арарат. Он кажется совсем близким, хотя на самом деле он находится за турецкой границей. Норрис доволен своей утренней прогулкой и возвращается в гостиницу только к обеду. Как только он входит в ресторан, Рубен спрашивает:

— Как вы себя чувствуете, мистер Норрис? Вы долго спали.

— Чувствую себя отлично, спасибо. Теперь я готов ехать на любой завод, — отвечает Норрис с глубоким удовлетворением.

WORDS AND PHRASES

пятнадцатый = fifteenth
бизнесмен = businessman
длинный = long
западный = western
Белоруссия = Byelorussia
лететь/по- = to fly
  (лечу, летишь)
Украина = the Ukraine
разрабатывать/разработать = to work out
сложный контракт = complicated contract
заместитель министра = deputy minister
УССР (Украинская Советская Социалистическая Рес-
  публика) = Ukrainian SSR
директор фабрики = factory manager
один (одна, одно; одни) = a certain; one
прилетать/прилететь = to arrive (by air)
Армения = Armenia
вниз = downwards
самолёт = aeroplane
горный хребет = mountain range
южный Кавказ = southern Caucasus
гора = mountain
отдохнуть Pf. of отдыхать = to rest, have a holiday
встреча = meeting

осмо́тр = inspection
ме́стная промы́шленность = local industry
обсужда́ть/обсуди́ть = to discuss
  (/обсужу́, обсу́дишь)
сотру́дник = colleague, employee
ерева́нское отделе́ние = the Yerevan section, department
Интури́ст = Intourist (the Soviet travel agency)
занима́ть/заня́ть = to occupy
  (/займу́, займёшь)
но́мер = hotel room
центра́льная пло́щадь = central square
(вам) сле́дует посети́ть = you ought to visit
посеща́ть/посети́ть = to visit
  (/посещу́, посети́шь)
синтети́ческий каучу́к = synthetic rubber
одну́ мину́тку! = just a minute!
прерыва́ть/прерва́ть = to interrupt
  (/прерву́, прервёшь)
бесконе́чный = endless
официа́льная де́ятельность = official activity
знако́миться/по- с + *instr.* = to get to know, become
  (знако́млюсь, знако́мишься) acquainted with
национа́льная культу́ра = national culture
машинострои́тельный заво́д = engineering works
заезжа́ть/зае́хать к + *dat.* = to call in on
заве́дующий музе́ем = museum director
устра́ивать/устро́ить = to arrange
поко́рно = humbly
угова́ривать/уговори́ть = to persuade
усе́рдный гид = keen guide, courier
прибега́ть/прибе́гнуть к + *dat.* = to resort to
ма́ленький = small
буди́ть/раз- = to rouse, wake
  (бужу́, бу́дишь)
ра́но = early
чу́вствовать себя́ тури́стом = to feel oneself a tourist
обыкнове́нный = ordinary
дежу́рная = duty maid

третий этаж = second floor
если меня будут спрашивать = if anyone asks for me
я всё ещё сплю = I am still asleep
посоветовать *Pf. of* советовать = to advise
много интересного = a lot of interesting things
на свежем воздухе = in the fresh air
что-нибудь армянское = something Armenian
строгий = severe; strict
удивляться/удивиться + *dat.* = to be surprised by, at
  (/удивлюсь, удивишься)
относиться/отнестись к + *dat.* = to relate to, date from
четвёртый век нашей эры = fourth century A. D.
сохраняться/сохраниться = to be preserved
благодаря климату = thanks to the climate
мягкий (г *pronounced* х [kh]) = mild; soft
единственная опасность = the only danger
землетрясение = earthquake
разрушаться/разрушиться = to be destroyed
круглый = round, circular
храм = church, temple
задний план = background
висеть = to hang
  (вишу, висишь)
Арарат = Mount Ararat
близкий = near, close
хотя = although
на самом деле = in fact
за турецкой границей = beyond the Turkish frontier
он доволен (она довольна; они довольны) + *instr.* =
  he is content with
утренняя прогулка = morning outing
как только = as soon as
любой = any
удовлетворение = satisfaction

GRAMMAR — ГРАММА́ТИКА

1. Adjectives

Declension of hard adjectives in the singular

	Masculine	Feminine	Neuter
Nom.	но́вый	но́вая	но́вое
Gen.	но́вого	но́вой	но́вого
Dat.	но́вому	но́вой	но́вому
Acc.	но́вый/но́вого	но́вую	но́вое
Instr.	но́вым	но́вой (но́вою)	но́вым
Prep.	(о) но́вом	но́вой	но́вом

(Note that, as with the feminine noun, there is an alternative form for the Instrumental case of the feminine adjective.)

Declension of soft adjectives in the singular

	Masculine	Feminine	Neuter
Nom.	си́ний	си́няя	си́нее
Gen.	си́него	си́ней	си́него
Dat.	си́нему	си́ней	си́нему
Acc.	си́ний/си́него	си́нюю	си́нее
Instr.	си́ним	си́ней (си́нею)	си́ним
Prep.	(о) си́нем	си́ней	си́нем

Declension of 'mixed' adjectives in the singular

	Masculine	Feminine	Neuter
Nom.	большо́й	больша́я	большо́е
Gen.	большо́го	большо́й	большо́го
Dat.	большо́му	большо́й	большо́му
Acc.	большо́й/большо́го	большу́ю	большо́е
Instr.	больши́м	большо́й (большо́ю)	больши́м
Prep.	(о) большо́м	большо́й	большо́м

Nom.	хоро́ший	хоро́шая	хоро́шее
Gen.	хоро́шего	хоро́шей	хоро́шего
Dat.	хоро́шему	хоро́шей	хоро́шему
Acc.	хоро́ший/ хоро́шего	хоро́шую	хоро́шее
Instr.	хоро́шим	хоро́шей(-ею)	хоро́шим
Prep.	(о) хоро́шем	хоро́шей	хоро́шем

Nom.	ру́сский	ру́сская	ру́сское
Gen.	ру́сского	ру́сской	ру́сского
Dat.	ру́сскому	ру́сской	ру́сскому
Acc.	ру́сский/ ру́сского	ру́сскую	ру́сское
Instr.	ру́сским	ру́сской (ру́сскою)	ру́сским
Prep.	(о) ру́сском	ру́сской	ру́сском

Adjectives agree in case and gender (in the singular) with the nouns they qualify.

The masculine Accusative case is like the Nominative or the Genitive, depending on whether the noun is inanimate or animate. The г in the masculine and neuter Genitive is pronounced в.

2. Свой

Свой, своя́, своё, свои́ is a reflexive possessive pronoun. It is used for *my, your, his, her, its, our, their*, when the possessor is the subject of the clause, as in 'I have lost my book', 'You have brought your book', 'He has brought his (own) sister', and so on. It refers *back* to the subject of the verb in the *clause* and so it cannot be used in the Nominative case to qualify the subject itself.

Thus:

Он ви́дит своего́ дру́га.   *He sees his friend.*

But,

Он зна́ет, где его́ друг. *He knows where his friend is.*

In the second sentence 'his friend' is the subject of the clause starting with 'where' and so **свой** cannot be used. **Свой** is used in the Nominative case only in such sentences as

У нас свой дом в Лондоне — *We have our own house in London,*

Своя рубашка ближе к телу — *One's own shirt is nearer to the body (i.e. Blood is thicker than water).*

3. Declension of pronouns in the singular

мой *my, mine*

Nom.	мой (masc.)	моя (fem.)	моё (neut.)
Gen.	моего	моей	моего
Dat.	моему	моей	моему
Acc.	мой/моего	мою	моё
Instr.	моим	моей (моею)	моим
Prep.	(о) моём	моей	моём

Твой and **свой** decline in the same way.

наш *our*

Nom.	наш	наша	наше
Gen.	нашего	нашей	нашего
Dat.	нашему	нашей	нашему
Acc.	наш/нашего	нашу	наше
Instr.	нашим	нашей (-ею)	нашим
Prep.	(о) нашем	нашей	нашем

Ваш declines in the same way.

этот *this*

Nom.	этот	эта	это
Gen.	этого	этой	этого
Dat.	этому	этой	этому
Acc.	этот/этого	эту	это

| Instr. | э́тим | э́той (-ою) | э́тим |
| Prep. | (об) э́том | э́той | э́том |

тот *that*

Nom.	тот	та	то
Gen.	того́	той	того́
Dat.	тому́	той	тому́
Acc.	тот/того́	ту	то
Instr.	тем	той (то́ю)	тем
Prep.	(о) том	той	том

весь *all, whole*

Nom.	весь	вся	всё
Gen.	всего́	всей	всего́
Dat.	всему́	всей	всему́
Acc.	весь/всего́	всю	всё
Instr.	всем	всей (-е́ю)	всем
Prep.	(обо) всём	всей	всём

4. Ordinal numerals

Ordinal numerals in Russian have adjectival endings and decline like adjectives:

пе́рвый, -ая, -ое	*first*
второ́й	*second*
тре́тий	*third*
четвёртый	*fourth*
пя́тый	*fifth*
шесто́й	*sixth*
седьмо́й	*seventh*
восьмо́й	*eighth*
девя́тый	*ninth*
деся́тый	*tenth*
оди́ннадцатый	*eleventh*
двена́дцатый	*twelfth*

The declension of **тре́тий** is slightly unusual:

| Nom. | тре́тий | тре́тья | тре́тье |
| Gen. | тре́тьего | тре́тьей | тре́тьего |

Dat.	тре́тьему	тре́тьей	тре́тьему
Acc.	тре́тий/тре́тьего	тре́тью	тре́тье
Instr.	тре́тьим	тре́тьей	тре́тьим
Prep.	(о) тре́тьем	тре́тьей	тре́тьем

Such adjectives as **медве́жий** 'bear, bear's' and **ли́сий** 'fox, fox's' decline in the same way as **тре́тий**.

5. The Relative pronoun

The Relative pronoun to be used when the antecedent is a noun is **кото́рый**. It declines as a hard adjective and it agrees in gender and number with the antecedent, i.e. the noun to which it refers; its case is determined by the role it plays in the relative clause:

Его́ оте́ц, кото́рый инжене́р, живёт в Ки́еве.
His father, who is an engineer, lives in Kiev.
Э́то кни́га, кото́рую я купи́л вчера́.
This is the book which I bought yesterday.

If the antecedent is a *pronoun* denoting an animate being, then the Relative pronoun is **кто**:

Тот, кто не рабо́тает, не ест.
He who does not work does not eat.

If the antecedent is a pronoun denoting something inanimate, the Relative pronoun is **что**:

Всё хорошо́, что хорошо́ конча́ется.
All's well that ends well.

6. Expressions of time

Note the following:

(*during*) *this year*	в э́том году́
(*during*) *last year*	в про́шлом году́
(*during*) *next year*	в бу́дущем году́
(*during*) *this/last/ next month*	в э́том/про́шлом/бу́дущем ме́сяце
(*during*) *this/last/next week*	на э́той/про́шлой/бу́дущей неде́ле

7. **Заве́дующий** '*manager*' is in form a participle from заве́довать 'to manage', which takes the Instrumental case after it:

Он заве́дует заво́дом.   *He manages a factory.*

Thus, **заве́дующий** is also followed by the Instrumental case:

Он заве́дующий заво́дом.   *He is manager of a factory.*

8. **(i) Води́ть, вести́** '**to lead**'

This is another verb of motion: **води́ть** corresponds to **ходи́ть** and thus implies leading there and back etc.; and **вести́** corresponds to **идти́** and implies leading in one direction. The Perfective verb is **повести́**.

The present tense of **води́ть** is вожу́, во́дишь, во́дит ... во́дят.

The present tense of **вести́** is веду́, ведёшь, ведёт, ведём, ведёте, веду́т.

And the past tense of **вести́** is вёл, вела́, вело́; вели́.

Thus:

Он ча́сто во́дит ма́льчика гуля́ть в сад.
He often takes the little boy for a walk in the park.
Он ведёт ма́льчика к до́ктору.
He is taking the little boy to the doctor.

This verb has the usual prefixed forms; e.g.:

	Impf.	Pf.
to bring	приводи́ть	привести́
		(*fut.* приведу́
to take/lead		*past* привёл)
away	уводи́ть	увести́
to lead in	вводи́ть	ввести́
to lead out	выводи́ть	вы́вести

Note the figurative meanings **проводи́ть/провести́** 'to spend' (time), and **переводи́ть/перевести́** 'to translate'.

(ii) Летáть, летéть 'to fly'

This is yet another verb of motion; летáть corresponds to éздить and thus implies to fly there and back etc.; летéть corresponds to éхать and implies flying in one direction.

Летáть is a regular First conjugation verb.
Летéть has the present tense лечý, летúшь, летúт ... летя́т.
Its past tense is regular. The Perfective verb is полетéть.
This verb has the usual prefixed forms; e.g.:

	Impf.	Pf.
to come (flying, by air)	прилетáть	прилетéть
to fly away, leave	улетáть	улетéть
to fly out, leave	вылетáть	вы́лететь

(iii) Бéгать, бежáть 'to run'

Another verb of motion, бéгать corresponds to ходúть and implies running there and back, running about etc.; бежáть corresponds to идтú and implies running in one direction only.

Бéгать is a regular First conjugation verb. Бежáть is regular in the past tense, but the present tense is бегý, бежúшь, бежúт, ... бегýт.

The Perfective verb is побежáть.
There are the usual prefixed forms; e.g.:

to come (running) прибегáть прибежáть (fut. прибегý ..., past прибежáл ...)
to run away	убегáть	убежáть
to run in	вбегáть	вбежáть
to run out	выбегáть	вы́бежать

But note прибегáть/прибéгнуть к 'to resort to'.

9. Мáленький 'little, small'

The adjective мáленький has no short forms, but the short forms of мáлый, which also means 'little', are used for them. These short adjectives (**мал, мала́, ма́ло, малы́**) often have the meaning of 'too little'. Short adjectives in general may have the meaning of 'too':

Ту́фли малы́.	*The shoes are too little.*
Пальто́ коротко́.	*The coat is too short.*

EXERCISES—УПРАЖНЕ́НИЯ

Упражне́ние пе́рвое

Complete the sentences by using the words in brackets, where necessary with the preposition **на** (See Grammar, Lesson 6, § 5):

1. Они́ обсужда́ли контра́кт (весь день).
2. Они́ бу́дут обсужда́ть э́ту рабо́ту (вся о́сень).
3. Они́ устро́ят пое́здку (всё ле́то).
4. Я уговорю́ его́ пое́хать на юг (це́лый год).
5. Я разраба́тывал контра́кт (це́лая неде́ля).
6. Я попроси́л экску́рсию (це́лое у́тро).
7. Он провёл на Кавка́зе (про́шлая весна́).
8. Он лета́л домо́й (про́шлое Рождество́).
9. Он предложи́л мне пое́хать в го́ры (у́тренняя экску́рсия).
10. Она́ посове́товала ему́ лете́ть в Ерева́н (ле́тние кани́кулы).
11. Она́ продолжа́ла угова́ривать его́ (до́лгое вре́мя).
12. Она́ возвраща́ется в Арме́нию (зи́мние пра́здники).
13. Вы придёте к ним (традицио́нный обе́д).
14. Мы жи́ли на Украи́не (после́дние го́ды).

Упражне́ние второ́е

Insert suitable verbs of *flying* in the following passage:

Заве́дующего нет в Москве́. Позавчера́ он ... в Ки́ев. Он ... из Москвы́ в де́вять часо́в утра́. За́втра он ... из Ки́ева. Когда́ он бу́дет ... в Ерева́н, он ... над ю́жным Кавка́зом. В столи́цу Арме́нии он ... за́втра вечером и он будет там до воскресенья. В понедельник ему следует опять ... в Киев на один день, но даже он не в состоянии ... всё время из города в город и почти жить в самолёте.

Упражнение третье

Insert the possessive pronouns. Use **свой** whenever possible:

1. В (our) городе есть большой новый музей.
2. Он хорошо знает (his) город.
3. Я очень прошу тебя написать (your) отцу об этом.
4. Она прислала мне (her) фотографию.
5. Он поставил (her) фотографию на стол.
6. Они не знают, чем занимается сейчас (their) ребёнок.
7. Они очень любят (their) сестру.
8. Посоветуйте (your) заведующему не обсуждать (their) контракт без (his) переводчика.
9. Он не должен удивляться (your) скромности; ведь ты ещё совсем неизвестный артист.
10. Он приедет к вам со (his) сестрой, но (his) сестра не будет тебе мешать. Ты сможешь продолжать заниматься (your) рисованием.

Упражнение четвёртое

Complete the following sentences by using the phrases in brackets in the Genitive case:

1. Здесь нет — (заведующий) музеем.
2. Здесь нет — (настоящий экскурсовод).
3. У нас нет — (настоящая парикмахерская).
4. Это ученик — (твой киевский знакомый).
5. Собор разрушился от — (ужасное землетрясение).
6. Ваш сотрудник освободился от — (лишняя работа).
7. Он спрячется от — (строгий главный директор).
8. Он спрячется от — (усердная новая дежурная).

Упражнение пятое

Complete the following sentences by using the phrases in brackets in the Dative case:

1. Мы прибега́ем к — (небольша́я хи́трость).
2. Мы прибега́ем к — (люба́я по́мощь).
3. Самолёт лети́т к — (за́падная грани́ца).
4. Они́ удивля́ются — (на́ше нетерпе́ние).
5. Я ра́дуюсь — (замеча́тельный туре́цкий ко́фе).
6. (Ваш мини́стр) — нра́вится Белору́ссия.

Упражне́ние шесто́е

Answer the following questions. Use the words given in brackets, with prepositions if necessary:

1. Куда́ вы идёте сейча́с? (гла́вный ки́евский вокза́л).
2. Куда́ вы лети́те послезавтра? (Сове́тская Арме́ния).
3. Что вы посети́те за́втра? (истори́ческий музе́й и ю́жная часть го́рода).
4. Что вы обсужда́ли с заве́дующим? (сове́тская текстильная промы́шленность).
5. Кого́ вы спроси́ли о кли́мате? (свой хоро́ший знако́мый).
6. Кого́ вы спро́сите об э́том? (молода́я ерева́нская учи́тельница).
7. В како́й ве́чер вы хоти́те идти́ на прогу́лку? (любо́й ти́хий и тёплый).
8. В како́й день вы прилете́ли в Москву́? (про́шлое воскресе́нье).
9. В каку́ю пого́ду вы е́здите к мо́рю? (хоро́ший, тёплый).
10. В каку́ю пого́ду вы сиди́те до́ма? (холо́дный, зи́мний).

Упражне́ние седьмо́е

Complete the following sentences by using the phrases in brackets in the Instrumental case:

1. Я угощу́ его́ — (замеча́тельный рожде́ственский пу́динг).
2. Здесь па́хнет — (све́жая украи́нская колбаса́).
3. Они́ за́няты — (ва́жная интеллектуа́льная де́ятельность).
4. Она́ дово́льна — (мя́гкий ю́жный кли́мат).

5. Ты должна чувствовать себя — (обыкновенная советская студентка).
6. Его считают — (большой силач и хороший спортсмен).
7. Он выглядел — (типичный современный директор завода).
8. Работа казалась — (бесконечная, сложная и неприятная).
9. Мы пролетали над — (известный древний армянский храм).
10. Вы познакомились с — (наше современное национальное искусство).

Упражнение восьмое

Answer the following questions. Use the words in brackets with correct prepositions in your answers:

1. Где она живёт? (последний дом, эта улица).
2. Где вы живёте? (старый и некрасивый, маленький дом).
3. Где они работают? (специальное, центральное здание фабрики).
4. Где он будет работать? (ереванский машиностроительный завод).
5. Где находится круглый собор? (старая, западная часть города).
6. Где находится ваш единственный музей? (новый, красивый район города).
7. О чём говорили художники? (древняя русская живопись и современное западное искусство).
8. О чём будут говорить министры? (большой завод синтетического каучука).
9. О чём вы думаете? (ранняя весна и золотая осень).
10. О чём она думает? (украинский лес и тёплое Чёрное море).

Упражне́ние девя́тое

(a) Use **кото́рый** in the appropriate case to join the clauses given below to the clause:

Я познако́мился с учи́тельницей, . . .

    . . . она́ устра́ивает пое́здку в го́ры
    . . . у неё сейча́с дли́нные кани́кулы
    . . . благодаря́ ей моя́ дочь перешла́ в но́вую шко́лу
    . . . вы угова́ривали её прие́хать в Смоле́нск
    . . . ты бу́дешь разраба́тывать с ней план рабо́ты
    . . . о ней вам уже́ писа́л замести́тель мини́стра

(b) As above, with the following clauses:

Я спрошу́ об э́том одного́ сотру́дника, . . .

    . . . он ча́сто е́здит в Белору́ссию
    . . . без него́ я ничего́ не могу́ реши́ть
    . . . мы посове́товали ему́ прибе́гнуть к ва́шей по́мощи
    . . . мы попроси́ли его́ купи́ть ли́шний биле́т
    . . . им интересу́ется изве́стный режиссёр
    . . . заве́дующий уже́ говори́л с ва́ми о нём

Упражне́ние деся́тое

Translate into Russian:

1. We are approaching the Turkish border.
2. He is hiding behind the last big tree.
3. The map is hanging over the large picture of a winter's evening.
4. In the Caucasus they often treated us to sweet grape juice.
5. He will come (by air) to Minsk for Monday and Tuesday.
6. I shall work all Wednesday and all Thursday, because on Friday I am flying to the Ukraine for three weeks.
7. For the first week I shall live in a large hotel in Kiev, but, for the second week I intend to go to the Black Sea and from there to the southern Caucasus.
8. My guide advised me to visit the Caucasus and get acquainted with the typical life (there), with local

history and with the national culture of the southern Caucasus.

9. I had wanted for a long time to interrupt my business trip, to free myself from endless official activity for a week, and to breathe (a little) the fresh mountain air.

10. How I shall rejoice at every morning walk, every warm day, all the southern beauty of Armenia — without work and without my strict guide! With what regret shall I look at the beautiful mountain ranges on the last evening in the Armenian capital, and know that on the morrow I shall have to return to Moscow.

LESSON 16 — УРÓК ШЕСТНÁДЦАТЫЙ

Нелёгкие временá

Москвá не óчень красúвый гóрод — так в пéрвое врéмя казáлось Джóну, когдá емý гóрдо укáзывали на однообрáзные ряды́ многоэтáжных жилы́х домóв. Длúнные квартáлы, ширóкие, но скýчные ýлицы. Тóлько врéмя от врéмени встречáется красúвый образéц совремéнной архитектýры — обы́чно какóе-нибудь общéственное здáние. Емý бы́ло неудóбно улыбáться всё врéмя и дéлать вид, что он соглашáется со всем, что емý говоря́т. Неприя́тно бы́ло притворя́ться, а на сáмом дéле дýмать, что Москвá состоúт из чúстых, но совершéнно неинтерéсных проспéктов, ýлиц и площадéй. «Крóме теáтров, музéев и галерéй в Москвé нет ничегó интерéсного для инострáнцев», — дýмал он.

Волóдя подозревáл, что Джон хорошó отзывáется о Москвé тóлько из прилúчия, и стáрался объяснúть емý, что Москвá растёт óчень бы́стро, что нóвые райóны ужé занимáют мéсто бы́вших лесóв и полéй, сёл и деревéнь, что пóсле войны́ и осóбенно пóсле смéрти Стáлина в Москвé нáчали стрóить как мóжно бóльше дешёвых и практúчных домóв и что в Лóндоне úли в любóм другóм крýпном гóроде есть тóже мнóго некрасúвых нóвых райóнов.

— Понимáешь, при Стáлине мнóго срéдств и усúлий шло на строúтельство общéственных здáний: метрó, напримéр, и университéта. Но тепéрь другóе дéло. В СССР уже построили миллионы новых квартир и сейчас строят довольно много качественных домов. Но в связи с ростом городского населения возникло немало новых экономических и социальных проблем. Нужно было повысить эффективность транспортных средств, усовершенствовать систему линий метро, маршрутов автобусов, троллейбусов и трамваев. Новых жителей надо было обеспечить всем необходимым: кормить новых москвичей, например, непросто. Это требует больших усилий. Что касается магазинов и кафе, то ты и без меня видишь, что мы ещё отстаём от многих западных стран.

— Зато в каждом доме есть центральное отопление и двойные рамы...

— Конечно! Без хорошего отопления и двойных окон у нас не обойдёшься. Зато большинство людей обходится без телефонов.

— Неправда! У вас полно телефонных будок. Видишь, я уже защищаю Советский Союз.

— И правильно делаешь! А это всё, что ты можешь сказать о нас хорошего?

— Конечно нет. Репутация ваших школ дошла даже до нас.

— Правда. Можно сказать, что СССР теперь не без учебных заведений: есть всё — от детских садов до отделений Академии наук. Почти все у нас кончают, по крайней мере, десятилетку. Учёных уже миллионы, и для рабочих тоже есть сколько угодно техникумов, где любой человек может повысить свою квалификацию. Да, разумеется, мы не стыдимся своих школ, институтов и университетов. Ведь с древних времён и вплоть до Революции Россия была страной безграмотных крестьян. Всему народу надо было дать образование. Не только детей, но и взрослых людей надо было научить грамоте.

— Не бойся, Володя! За несколько месяцев я успел убедиться в этом. В области образования мы отстаём от вас.

WORDS AND PHRASES

шестнадцатый = sixteenth
в пе́рвое вре́мя = at first
го́рдо = proudly
ука́зывать/указа́ть = to point out
  (/укажу́, ука́жешь)
однообра́зный = monotonous
ряд = row, series
многоэта́жный = multi-storey
жило́й дом = block of flats
кварта́л = city block
широ́кий = broad
ску́чный = dull, boring
вре́мя от вре́мени = from time to time
образе́ц = specimen
како́й-нибудь = some
обще́ственный = public, social
неудо́бно = awkward, uncomfortable
де́лать вид = to pretend
соглаша́ться/согласи́ться с + *instr.* = to agree with
  (/соглашу́сь, согласи́шься)
притворя́ться/притвори́ться = to pretend, dissemble
соверше́нно = completely
проспе́кт = avenue
кро́ме +*gen.* = besides, except for
галере́я = gallery
иностра́нец = foreigner
подозрева́ть = to suspect
  (подозрева́ю, подозрева́ешь)
отзыва́ться/отозва́ться о +*prep.* = to speak of, react to
  (/отзову́сь, отзовёшься)
прили́чие = decency
стара́ться/по- = to try
расти́ = to grow
  (расту́, растёшь)
бы́вший = former
село́ = village

война = war
особенно = specially, particularly
смерть (*fem.*) = death
практичный = practical
крупный = large, powerful
при + *prep.* = during the time, reign of; in the presence of
средство = means, resources
усилие = effort
строительство = construction
например = for example
миллион = million
квартира = flat, apartment
качественный = high-quality
в связи с ростом = in connexion with the growth
городское население = urban population
возникать/возникнуть = to arise, crop up
   (/*past* возник, возникла)
немало = not a few, quite a few
экономический = economic
социальный = social
нужно = it is necessary
повышать/повысить = to raise
эффективность (*fem.*) = effectiveness, efficiency
транспортные средства = means of transport
совершенствовать/у- = to perfect
система = system
линия метро = metro line
маршрут троллейбуса = trolleybus route
трамвай = tram, streetcar
житель = inhabitant
обеспечивать/обеспечить = to secure, supply
всё необходимое = everything necessary
кормить/на- = to feed
   (кормлю, кормишь)
москвич = Muscovite
непросто = not easy
требовать/по- + *gen.* = to demand
   (требую, требуешь)

что каса́ется +*gen.* = so far as ... is/are concerned
мно́гие = many
страна́ = country
зато́ = on the other hand
центра́льное отопле́ние = central heating
двойна́я ра́ма = double glazing (frame)
обходи́ться/обойти́сь без + *gen.* = to do without
не обойдёшься без = you can't manage without...
большинство́ = majority
телефо́н = telephone
непра́вда = it is not true
полно́ +*gen.* = plenty
телефо́нная бу́дка = telephone box
защища́ть/защити́ть = to defend
 (/защищу́, заищити́шь)
репута́ция = reputation
уче́бное заведе́ние = educational establishment
де́тский сад = kindergarten
Акаде́мия нау́к = Academy of Sciences
по кра́йней ме́ре = at least
десятиле́тка = ten-year (standard) school
учёный = scientist
рабо́чий = worker
ско́лько уго́дно +*gen.* = as many as you like
те́хникум = technical college, trade school
разуме́ется = of course
стыди́ться/по- +*gen.* = to be ashamed of
институ́т = institute
с дре́вних времён = from ancient times
впло́ть до Револю́ции = right up to the revolution
безгра́мотный = illiterate
образова́ние = education
учи́ть гра́моте = to teach reading and writing
взро́слый = adult
за не́сколько ме́сяцев = within a few months
убежда́ться/убеди́ться в + *prep.* = to be convinced of
о́бласть (*fem.*) = region; field (*figurative*)

GRAMMAR—ГРАММА́ТИКА

1. Nouns: the Genitive plural

The only case of the noun in the plural which causes much difficulty is the Genitive, which has a wide variety of endings. They are as follows:

MASCULINE

Nom. sg.	заво́д	слова́рь	музе́й
Nom. pl.	заво́ды	словари́	музе́и
Gen. pl.	заво́дов	словаре́й	музе́ев

When the Nominative singular ends in -ц, the Genitive plural ends in -ов if it is stressed, and in -ев if it is not:

оте́ц — отцо́в, but ме́сяц — ме́сяцев.

But masculine nouns ending in a sibilant (ж, ч, ш, щ) have their Genitive plural in -ей:

това́рищ — (*gen. pl.*) това́рищей;
москви́ч — (*gen. pl.*) москвиче́й.

Note also the Genitive plural of nouns in -анин, -янин:

англича́нин — (*gen. pl.*) англича́н;
крестья́нин — (*gen. pl.*) крестья́н.

Де́ти 'children' has the Genitive дете́й.
Лю́ди 'people' has the Genitive люде́й.

FEMININE

Nom. sg.	ко́мната	бу́ря	ли́ния	о́чередь
Nom. pl.	ко́мнаты	бу́ри	ли́нии	о́череди
Gen. pl.	ко́мнат	бурь	ли́ний	очереде́й

In order to avoid an ugly combination of consonants it may be necessary to insert a vowel (о, е, ё). Thus

студе́нтка — (*gen. pl.*) студе́нток;
де́вушка — (*gen. pl.*) де́вушек;

сестра́ — (*gen. pl.*) сестёр;
ку́хня — (*gen. pl.*) ку́хонь;
дере́вня — (*gen. pl.*) дереве́нь.

But if such a feminine noun ends in **-ня** in the Nominative singular, the Genitive plural usually has no soft sign on the end:

ба́шня — (*gen. pl.*) ба́шен;
пе́сня — (*gen. pl.*) пе́сен;
спа́льня — (*gen. pl.*) спа́лен.

The Genitive plural of feminine nouns in **-ея** ends in **-ей**:

галере́я — (*gen. pl.*) галере́й;
иде́я — (*gen. pl.*) иде́й.

Similarly, ста́туя — (*gen. pl.*) ста́туй.

Note that the Genitive plural of ча́йка 'gull' is ча́ек, and of копе́йка 'copeck' is копе́ек.

NEUTER

Nom. sg.	де́ло	мо́ре	мне́ние	вре́мя
Nom. pl.	дела́	моря́	мне́ния	времена́
Gen. pl.	дел	море́й	мне́ний	времён

(There are ten neuter nouns in **-мя**. For their declension see page 217, Lesson 18, Grammar § 6.)

A vowel is sometimes inserted in the Genitive plural:

окно́ — (*gen. pl.*) о́кон; ма́сло — (*gen. pl.*) ма́сел;
письмо́ — (*gen. pl.*) пи́сем.

Note that the Genitive plural of воскресе́нье 'Sunday' is воскресе́ний.

IN THE PLURAL THE ACCUSATIVE OF ANIMATE NOUNS, BOTH MASCULINE AND FEMININE, IS LIKE THE GENITIVE.

2. The plural of adjectives

Russian adjectives in the plural have only one declension for all three genders. Thus, the Nominative plural of **новый, новая, новое** is **новые,** and of **зимний, зимняя, зимнее** is **зимние.**
The Genitive plural of these adjectives is **новых** and **зимних.** The Genitive plural of all adjectives ends in **-ых** (hard) or **-их** (soft).

Note also the plurals of the following pronouns:

мой	Nom.	мой	Gen.	мойх (also твойх, свойх)
наш		наши		наших (also ваших)
э́тот		э́ти		э́тих
тот		те		тех
весь		все		всех

3. The verb учи́ть

Учи́ть (Perfective **научи́ть**) 'to teach' is followed by the person taught in the Accusative case and the subject taught in the Dative:

Я учу́ его́ му́зыке. *I teach him music.*

Учи́ть (Perfective **вы́учить**) may be used for 'to learn', usually in the sense of 'to learn up, memorize':

учи́ть уро́к/стихи́ *to learn the lesson/verses*
(The thing learnt is in the Accusative case.)

The verb **учи́ться** (Perfective **вы-** or **на-**) means 'to study, learn'. If it is used with a subject of study, this is in the Dative case:

Я учу́сь му́зыке. *I am studying music.*

4. Мно́гие 'many, many a ...'

Мно́гие 'many' is declinable and it is used instead of **мно́го** when an oblique case (Genitive, Dative, Instrumental or Prepositional) is required:

мно́го городо́в *many towns*
из мно́гих городо́в *from many towns*

By itself **мнóгие** may mean 'many people'.
There is a singular form, usually found in the neuter —
мнóгое which means 'much', 'many a thing'.

EXERCISES—УПРАЖНÉНИЯ

1. (a) Put the following sentences into the Past tense using
Perfective verbs:

> *На что емý гóрдо укáзывают москвичи́?
> *Почемý Джон притворя́ется, что емý нрáвится Москва?
> *В связи́ с чем возникáет ряд общéственных и трáнспортных проблéм?
> *Как совершéнствуют трáнспортные срéдства?
> *Чегó трéбует строи́тельство общéственных здáний?
> Чем онá кóрмит всех свои́х детéй?
> Без каки́х рабóчих вы не мóжете обходи́ться?
> Репутáцию чегó он защищáет?
> До когó дохóдят нóвости о егó общéственной дéятельности?
> Чегó он так стрáшно бои́тся?

(b) Put the following sentences into the Perfective
future tense:

> *С кем Джон соглашáется?
> *О чём в СССР вы мóжете хорошó отзывáться?
> *Что занимáет мéсто бы́вших лесóв и полéй?
> *Чем обеспéчивают нóвых жи́телей Москвы́?
> *От каки́х стран они́ отстаю́т?
> *В чём Джон убеждáется за нéсколько мéсяцев?
> Комý из э́тих инострáнцев онá улыбáется?
> Почемý вы старáетесь э́то дéлать?
> Э́то на сáмом дéле повышáет эффекти́вность горóдскóго трáнспорта?

2. Using the information contained in the text of this lesson, answer the questions marked * above.

3. (a) Complete the sentence by using the phrases below in the Genitive plural:

В послѐдние го́ды возни́кло мно́го ...

> однообра́зные кварта́лы; ботани́ческие сады́; тёмные углы́; кру́пные музе́и; экономи́ческие словари́; широ́кие проспе́кты; многоэта́жные дома́; жилы́е райо́ны; молоды́е учёные; обще́ственные телефо́ны.

(b) Complete the sentence:

Ско́лько здесь ... ?

> бы́вшие собо́ры; дре́вние хра́мы; ску́чные учителя́; ста́рые трамва́и; ме́стные институ́ты; городски́е те́хникумы; на́ши ста́рые това́рищи; знамени́тые силачи́; го́рные хребты́; интере́сные ма́тчи.

(c) Complete the sentence:

Там сли́шком ма́ло...

> городски́е ры́нки; молоды́е иностра́нцы; вку́сные пирожки́; прия́тные дни; насто́йчивые отцы́; тёплые ме́сяцы; ка́чественные образцы́; хоро́шие молотки́; больши́е ка́мни; но́вые жи́тели.

4. Complete the following sentences by putting the phrases in brackets into the Genitive (or Genitive-Accusative) plural:

(i) Они́ потре́бовали ещё не́сколько (удо́бные номера́).

(ii) Я не люблю́ (осе́нние дожди́).

(iii) В министе́рстве не́ было (кру́пные сканда́лы).

(iv) У них оста́лось не́сколько (золоты́е рубли́).

(v) Он зна́ет мно́го (ста́рые москвичи́).

(vi) Как мо́жно жить в большо́м го́роде без (тролле́й-бусы) и без (трамва́и)?

(vii) Учи́ть гра́моте ну́жно (и ма́ленькие де́ти и мно́гие ученики́).

(viii) Иногда́ прихо́дится учи́ть ру́сскому языку́ (да́же не́которые учёные).

(ix) Там полно́ (прекра́сные но́вые ду́ши).

(x) С того́ вре́мени прошло́ уже́ нема́ло (ле́тние дни, прия́тные ме́сяцы).

5. (a) Give the Perfective future tense of **обойти́сь** and make complete sentences with **без** and the following phrases in the Genitive:

> ва́ши сравне́ния; дороги́е ма́сла; больши́е о́кна; ли́шние дела́; мно́гие поля́; но́вые уче́бные заведе́ния.

(b) Give the present tense of **стыди́ться** and make complete sentences with the following phrases:

> твой безгра́мотные пи́сьма; ва́ши ста́рые сёла; не́которые его́ сомне́ния; все на́ши бесконе́чные уси́лия; ва́ши стра́нные тра́нспортные сре́дства; свой чу́вства и пережива́ния.

6. Complete the following sentences by putting the words in brackets into the Genitive plural:

(a) (i) Они́ ещё отстаю́т от (други́е социалисти́ческие стра́ны).

(ii) В связи́ с э́тим возника́ет нема́ло (кру́пные тра́нспортные пробле́мы).

(iii) В Сове́тском Сою́зе есть ско́лько уго́дно (шко́лы-десятиле́тки и специа́льные шко́лы).

(iv) В них рабо́тают миллио́ны (усе́рдные сове́тские учи́тельницы).

(v) Она́ уста́нет от (бесконе́чные официа́льные пое́здки).

(vi) Большинство (молодые девушки и взрослые женщины) работают.

(vii) Летом мы устраивали много (утренние прогулки к морю).

(viii) Мы увидели, что наши дети не боятся даже (большие чайки).

(ix) Иногда жить в деревне бывает нелегко: в местном магазине может быть полно (детские балалайки), и совсем не быть (необходимые для взрослых зимние шапки).

(b)   (i) За несколько (недели) они увидели ряд (интересные вещи).

(ii) Они решили посмотреть как можно больше (типичные украинские деревни).

(iii) Она до смерти боялась (зимние бури).

(iv) Он защищал её от (все трагедии и опасности).

(v) Что касается (старые традиционные комедии), то ты о них всегда плохо отзываешься.

(vi) Вам наверное известна репутация (замечательные лондонские галереи).

(vii) Скоро уже нигде не будет (тёмные и мрачные кухни).

7. Translate into Russian:

The Soviet Union still lags behind many other countries as regards some things: high-quality shops, restaurants, the latest fashions and beautiful new buildings. Even in Moscow, where there are many multi-storey blocks of flats, most new streets and squares are uninteresting. There are plenty of cheap functional buildings there, but they do not interest either the foreigners or the Soviet tourists.

But the building of beautiful cities demands not just clever ideas and ceaseless efforts, but also large resources. At first these resources went on various educational institutions. After the Revolution it was necessary to teach both young and old reading and writing. Out of illiterate peasants it was necessary to make (factory) workers; out of workers it was necessary to make scientists.

Even after the war, after Stalin's death, there were not the necessary resources for art, for museums and galleries. Many social and economic problems had to be solved. Only then could the people demand beautiful buildings for their towns and villages.

LESSON 17 — УРОК СЕМНА́ДЦАТЫЙ

Что де́лать?

— Та́ня, что ты бу́дешь де́лать, когда́ мы ко́нчим шко́лу? Ты всё ещё хо́чешь быть врачо́м?

— Хочу́. У нас не хвата́ет враче́й, а я хочу́ быть поле́зной. Поступлю́ в медици́нский институ́т — вот и всё.

— Ой, хорошо́ тебе́! Ты така́я реши́тельная. А я никогда́ ничего́ не зна́ю. Я то́же хочу́ быть поле́зной, надое́ло мне учи́ться, я хочу́ рабо́тать, но я всё ещё жду чего́-то, чего́-то ищу́. Я всем недово́льна и хочу́ чего́-то ещё. У меня́ нет никаки́х конкре́тных пла́нов...

— Бе́дная моя́ Со́нечка! Глу́пый ты челове́к. Ты ведь молода́я, тебе́ шестна́дцать лет, а ты уже́ жа́луешься, что мир тебя́ не понима́ет. Поймёшь ли ты когда́-нибудь, что ты про́сто ми́лый, нео́пытный утёнок — га́дкий утёнок? Молоды́е живо́тные отлича́ются любопы́тством, э́то есте́ственно и хорошо́. Так они́ у́чатся жить, узнаю́т, како́й пи́щи на́до избега́ть, каки́х опа́сностей на́до боя́ться, каки́е живо́тные им друзья́, каки́е — враги́. Всегда́, с дре́вних времён бы́ло так. Ка́ждый утёнок до́лжен сам всему́ научи́ться...

— Та́ня, пожа́луйста! Хва́тит зооло́гии. Мо́жет быть, я действи́тельно га́дкий утёнок, но я чу́вствую, что у меня́ уже́ вы́росли кры́лья, есть си́ла, но э́того почему́-то недоста́точно.

— Коне́чно, недоста́точно. Лу́чше быть без кры́льев вообще́. Нева́жно, ско́лько у тебя́ си́лы, е́сли ты не имеешь определённой цели. Бесполезно иметь крылья, если ты не знаешь, куда лететь, не умеешь выбрать правильное направление. Это и есть разница между слепой силой и полезной энергией.

— И хватит физики. На людей не смотрят, как на лошадей. Не имеет значения, сколько у меня лошадиных сил. Я человек. Для измерения человеческого труда нет простых физических законов. А как измерить полезность? Один человек, скажем, строит электростанцию, другой поёт песню. Оба нужны, полезны: первый создаёт источник электрической энергии, второй является источником радости для души. Как сравнить полезность электростанций и песен? Ребёнок радует родителей, когда учится думать, но мысли детей сильно отличаются от мыслей взрослых: они употребляют разные виды умственной энергии. Я люблю свою семью, своих друзей и подруг, даже тебя — а сколько энергии я трачу на это?

— Всё, что ты говоришь, можно объяснить совсем просто. Это закон природы: человек — общественное животное. Мы должны помогать друг другу, иначе мы не можем жить. Мы продолжаем существовать потому, что любим не только своих отцов и матерей, и близких знакомых, но и всё человечество: американцев, немцев, китайцев, и даже гадких утят.

— Нет, признайся, всё-таки! Жизнь не так проста. Я даже наших соседей терпеть не могу, иногда ненавижу своих братьев и сестёр. А кто любит англичан, например?

WORDS AND PHRASES

семнадцатый = seventeenth
врач = doctor
не хватает врачей = there are not enough doctors
полезный = useful
поступать/поступить в + *acc.* = to enter (*an educational establishment*)

медицинский институт = medical school
вот и всё = that's all there is to it
решительный = decisive
надоело мне учиться = I am fed up with studying, learning
искать/по- + *acc. or gen.* = to search, look for
  (ищу, ищешь)
недоволен (недовольна, недовольны) + *instr.* = discontented with
никакой = none
конкретный план = definite plan
бедный = poor
глупый = stupid
шестнадцать = sixteen
жаловаться/по- = to complain
  (жалуюсь, жалуешься)
мир = world; peace
когда-нибудь = some time, one day
неопытный = inexperienced
гадкий утёнок = ugly duckling
животное = animal
любопытство = curiosity
естественный = natural
учиться/на- + *infin. or dat.* = to learn
избегать/избежать *or* избегнуть + *gen.* = to avoid
враг = enemy
хватит зоологии = that will be enough of zoology
действительно = really
у меня выросли крылья = I have sprouted wings
недостаточно = not enough
неважно = not important
иметь = to have
определённый = definite
направление = direction
слепой = blind
энергия = energy
физика = physics
лошадь (*fem.*) = horse

значе́ние = meaning
не име́ет значе́ния = it does not matter
лошади́ная си́ла = horse power
измере́ние = measurement
челове́ческий труд = human work, toil
физи́ческий зако́н = physical law
измеря́ть/изме́рить = to measure
поле́зность (*fem.*) = usefulness
электроста́нция = power station
пе́сня = song
о́ба (*masc.*, *neut.*), о́бе (*fem.*) + *gen. sg.* = both
создава́ть/созда́ть = to create
 (создаю́, создаёшь/созда́м, созда́шь)
исто́чник = source
электри́ческий = electrical
второ́й = second
сра́внивать/сравни́ть = to compare
ра́довать/об- = to make happy
роди́тели = parents
употребля́ть/употреби́ть = to use
вид = form; appearance
у́мственный = intellectual, mental
подру́га = friend (*fem.*)
тра́тить/ис- = to spend, expend
 (тра́чу, тра́тишь)
приро́да = nature
обще́ственное живо́тное = social animal
ина́че = otherwise (*alternative* stress)
знако́мый = acquaintance, friend
челове́чество = humanity, mankind
кита́ец, *gen.* кита́йца = Chinaman (китая́нка = Chinese
 woman)
признава́ться/призна́ться = to confess, admit
 (признаю́сь, признаёшься/призна́юсь, призна́ешься)
терпе́ть/вы́- = to bear, tolerate
 (терплю́, те́рпишь)
ненави́деть/воз- = to hate

GRAMMAR—ГРАММА́ТИКА

1. -то and -нибудь

If you say in English 'I will bring you something from Kiev', then you are probably making a vague promise and have not yet decided what this 'something' is going to be. It could be anything and what exactly it is to be is not yet determined. On the other hand, if you say 'I have brought you something from Kiev', then clearly this 'something' is already a definite something, what it is has already been determined. In Russian these two sentences would be translated thus:

I will bring you something... я привезу́ тебе́ что́-нибудь...

I have brought you something... я привёз тебе́ что́-то...

This means that **что́-то** is used for *something definite*; **что́-нибудь** is used for *something not determined, not specific, anything.*

In practice, if the verb is in the past tense, **что́-то** is used more than **что́-нибудь**, because if the action was in the past, the 'something' has been determined, it could no longer be just anything. **Что́-нибудь** can, however, be used with the past tense, especially in a question:

Вы написа́ли что́-нибудь? *Have you written anything?*
       i.e. *anything at all?*

And there is Pushkin's deliberately vague statement from *Eugene Onegin*:

Мы все учи́лись понемно́гу *We all learned little by little*

Чему́-нибудь и ка́к-нибудь *Something or other, somehow or other*

In the present tense and the future either **что́-то** or **что́-нибудь** is just as probable. It all depends on whether the speaker has something specific in mind.

The particles **-то** and **-нибудь** may be added to other words:

кто́-то	*somebody*	кто́-нибудь	*somebody, anybody*
како́й-то	*some (kind of)*	како́й-нибудь	*some (any)*
где-то	*somewhere*	где́-нибудь	*somewhere, anywhere*
когда́-то	*at some time*	когда́-нибудь	*at some time, at any time*
ка́к-то	*somehow*	ка́к-нибудь	*somehow, anyhow*
куда́-то	*(to) somewhere*	куда́-нибудь	*(to) somewhere, anywhere*

Note that although the words on the right may translate as 'anything' etc., they are not used with the negative. 'He did not say anything' is **Он ничего́ не сказа́л.**

2. Irregular plurals

The plurals of the following nouns are irregular in some way.

Nom. sg.		Nom.pl.	Gen.pl.
брат	(brother)	бра́тья	бра́тьев
друг	(friend)	друзья́	друзе́й
сосе́д	(neighbour)	сосе́ди	сосе́дей
сын	(son)	сыновья́	сынове́й
стул	(chair)	сту́лья	сту́льев
утёнок*	(duckling)	утя́та	утя́т
глаз	(eye)	глаза́	глаз
во́лос	(hair)	во́лосы	воло́с
раз	(time)	разы́	раз
дочь	(daughter)	до́чери	дочере́й
мать	(mother)	ма́тери	матере́й

---

* The suffix **-ёнок,** plural **-ята,** is commonly found in words denoting the young of animals: *cf.* **котёнок** 'kitten', *pl.* **котя́та,** and **поросё-нок** 'piglet', *pl.* **порося́та.**

тётя	(aunt)	тёти	тётей
дерево	(tree)	деревья	деревьев
крыло	(wing)	крылья	крыльев
платье	(dress)	платья	платьев
небо	(sky, heaven)	небеса	небес

For the Genitive plural of **год** 'year', **лет** i.e. the Genitive plural of **лето** 'summer' is mostly used: **много лет** *many years*. The Genitive plural of **человек** 'person' is normally **людей**: **много людей** *many people*. But after numerals and the words **сколько** 'how many' and **несколько** 'some, several' the Genitive plural remains as **человек**: **сколько человек?** *how many people?* **Ребёнок** 'child' has as its plural **дети** or **ребята**.

The Genitive of the plural word **каникулы** 'holidays' is **каникул**.

3. Numerals

one	один, одна, одно; одни	*eleven*	одиннадцать
two	два, две	*twelve*	двенадцать
three	три	*thirteen*	тринадцать
four	четыре	*fourteen*	четырнадцать
five	пять	*fifteen*	пятнадцать
six	шесть	*sixteen*	шестнадцать
seven	семь	*seventeen*	семнадцать
eight	восемь	*eighteen*	восемнадцать
nine	девять	*nineteen*	девятнадцать
ten	десять	*twenty*	двадцать
	twenty-one		двадцать один/одна/одно

Ordinals: 13th тринадцатый; 14th четырнадцатый; 15th пятнадцатый; 16th шестнадцатый; 17th семнадцатый; 18th восемнадцатый; 19th девятнадцатый; 20th двадцатый; 21st двадцать первый.

Numerals will be dealt with more fully in a later lesson, but note:

   (i) The numbers from five to twenty are followed by the Genitive plural:

пять столо́в	*five tables*;
шесть лет	*six years*;
два́дцать челове́к	*twenty people.*

(ii) There is a masculine form for 'one' **оди́н** for use with masculine nouns; **одна́** is feminine, and **одно́** is neuter. There is even a plural form **одни́** which is used with nouns like **кани́кулы** which are plural in form but may have a singular meaning. Thus: оди́н стол *one table*; одна́ ко́мната *one room*; одно́ окно́ *one window*; одни́ кани́кулы *one vacation*. Одни́ may also mean 'some':

одни́ ... други́е ... *some... others...*

(iii) See also page 40, Lesson 4, Grammar note 3, iv.

(iv)
два́дцать одна́ копе́йка	*twenty-one copecks*
(копе́йка — *nom. sing.*)	
два́дцать две копе́йки	*twenty-two copecks*
(копе́йки — *gen. sing.*)	
два́дцать шесть копе́ек	*twenty-six copecks*
(копе́ек — *gen. pl.*)	

4. Age

To express a person's age the following construction which puts the person into the Dative case is used:

ему́ оди́н год	*he is one year old*
мне восемна́дцать лет	*I am eighteen*
Со́не два́дцать два го́да	*Sonya is twenty-two*

Remember that in this construction the Genitive plural of 'years' is **лет**.

EXERCISES—УПРАЖНЕ́НИЯ

1. Answer the question, first repeating the Model, then saying 'two years old' etc. up to 'twelve years old':

   Model: Ско́лько ему́ лет? Ему́ оди́н год.

2. Put the following phrases into the plural:

от ребёнка до отца́
от студе́нтки до стару́шки
от отделе́ния до министе́рства
от горы́ до мо́ря
от револю́ции до землетрясе́ния
от москвича́ до иностра́нца

по́сле э́того свида́ния
по́сле э́той встре́чи
по́сле э́того молодца́
по́сле э́того спекта́кля

вплоть до после́днего рабо́чего
вплоть до рожде́ственской инде́йки
вплоть до мини́стра и учёного
вплоть до де́тской хи́трости

ми́мо на́шей грани́цы
ми́мо тролле́йбуса и трамва́я
ми́мо ры́нка и пло́щади
ми́мо села́ и дере́вни

без дождя́ и без сне́га
без ска́зки и без исто́рии
без ча́шки и без ча́йника
без спа́льни и без ку́хни
без копе́йки и без биле́та
без мне́ния и без иде́и

для взро́слого челове́ка
для ли́нии маршру́та
для телефо́нной свя́зи
для изве́стного музе́я

у ва́шего роя́ля
у на́шего ме́ста
у твоего́ заве́дующего
у моего́ сотру́дника

3. Change the following sentences according to the Model:

> *Model*: Эту систему совершенствовали два месяца
> Эту систему усовершенствовали за два месяца.

(i) Эту систему совершенствовали два месяца.
(ii) Их учили шесть лет.
(iii) Цены повышали несколько дней.
(iv) Наш город рос девять лет.
(v) Контракт обсуждали несколько недель.
(vi) Этот завод строили два года.

4. (a) Put the following phrases into the Nominative plural:

> моя спальня; мой сын; твоя дочь; его стул; дорогое платье; глупый утёнок; ваше дерево; весёлый ребёнок; её сосед; бедный крестьянин.

(b) Now put them into the Genitive plural.

5. (a) Complete the sentences with the words given in brackets:

(i) Сколько на берегу (ducklings)?
(ii) Сколько в кухне (chairs)?
(iii) Сколько в том доме (kitchens)?
(iv) Сколько у тебя (aunts)?
(v) Сколько у неё (sisters)?
(vi) Сколько у них (daughters)?
(vii) Сколько он уже написал (good songs)?
(viii) Сколько в этой области (large villages)?
(ix) Сколько здесь (extra children)?
(x) Сколько в городе (wide gates)?
(xi) Сколько в году (Sundays)?
(xii) Сколько у вас (bedrooms)?
(xiii) Сколько у вас будет сегодня (people)?
(xiv) Сколько в лесу (different trees)?
(xv) Сколько в Москве (long queues)!

(b) Answer the first ten questions above according to the Model:

Model: Сколько здесь русских врачей?
Здесь нет никаких русских врачей.

6. Give the present tense of **избегать** and use the following phrases to make complete sentences:

все милые тёти; эти молодые англичане; его дорогие сыновья; ваши скучные соседи; типичные старые крестьяне; их милые братья.

7. Translate into Russian:

   (i) There will be nobody there but my brothers.
  (ii) Sooner or later children are a source of joy for (their) parents.
 (iii) After the winter vacation my brother will enter the institute.
 (iv) Someone has come to see you. He wants to tell you something.
  (v) Sonya is always dissatisfied with something.
 (vi) My acquaintance has five sons.
(vii) Don't sing those noisy modern songs.
(viii) I don't like the colour of her hair at all.
 (ix) How many times have I told you that it is useful to have good friends and neighbours.
  (x) If anyone comes, don't buy anything.

8. Answer in Russian the following questions on the text:

   (i) Почему у Тани нет никаких сомнений, что она хочет быть врачом?
  (ii) Почему у Сони нет никаких конкретных планов?
 (iii) Как к этому относится Таня?
 (iv) Чему каждое молодое животное должно научиться и как они этому учатся?
  (v) Откуда произошло выражение «гадкий утёнок»?
 (vi) Почему Соня не хочет продолжать разговор о любопытстве молодых животных?
(vii) Права ли Таня, когда она говорит, что лучше быть вообще без крыльев?

(viii) Какие русские выражения вы теперь знаете из области физики?

(ix) Как можно измерить физический труд и полезность человека?

(x) Что лучше, по мнению Сони, электростанции или песни?

(xi) Чем маленькие дети сильно отличаются от своих родителей?

(xii) Сколько энергии тратит Соня на разные чувства?

(xiii) Удаётся ли ей убедить Таню, что Таня не совсем права?

(xiv) Как вы должны относиться ко всему человечеству, по мнению Тани?

(xv) Почему?

(xvi) Считает ли Соня, что Таня права?

(xvii) Кто вам нравится, Таня или Соня, и почему?

LESSON 18 — УРОК ВОСЕМНАДЦАТЫЙ

Опасные игрушки

В комнате полный беспорядок. Джон держит в зубах список номеров лотерейных билетов, который он выписал из газеты, а руками он что-то ищет в ящиках стола, в карманах костюма, который висит в шкафу, под книгами и бумагами, которые лежат на полках этажерки, под брюками и рубашками, которые лежат на стульях, и, наконец, на полу под кроватью, под старыми газетами и среди туфель и грязных носков. Как раз когда он стоит на коленях перед кроватью, он поднимает глаза и замечает своих соседей, которые остановились в дверях и наблюдают с некоторым любопытством, но молчат.

— Ты молишься? Или ты просто с ума сошёл? — спрашивает наконец Борис.

— Не совсем, — бормочет Джон сквозь зубы. — Я потерял лотерейный билет.

— Тогда не стоит его искать, — говорит Володя. — Лотерея — вредное явление. Она развивает в людях жадность к имуществу, к вещам. А что ты хочешь выиграть в лотерею, — автомобиль?

— Я не против. А кто хочет быть моим водителем?

— Не я, — отвечает Борис. — Лучше не связывайся с автомобилями. Не знаю, что ты об этом думаешь, но я считаю их опасными игрушками и, при наших условиях, почти бесполезными. Хороших дорог между го-

родами у нас ещё мало, а зимой даже в городах машинам
трудно ездить; все ездят на автобусах, троллейбусах.
За городом, в деревнях, дороги зимой почти исчезают
под снегом, а осенью и весной там такая грязь, что они
превращаются в болота. А во многих местах, в настоя-
щих болотах, в северной тундре или в сибирской тайге,
например, вообще нет дорог — ни автомобильных, ни
железных. Через них не проедешь, и единственная возможность — лететь над ними. Там широко пользуются
самолётами и вертолётами. С нашим суровым климатом,
большими расстояниями и плохими дорогами автома-
шины являются и неудобными, и непрактичными.

— Но в других странах с такими же географическими
условиями, в Соединённых Штатах, скажем, или в Ка-
наде, давно привыкли к автомобилям. У людей с машинами больше свободного времени: им совсем просто
ездить за покупками, на экскурсию в конце недели или
даже в церковь по воскресеньям.

— Да, тем, кто водит машины, не мешает молиться
Богу. Признаюсь, машина — удобная вещь, но нас пу-
гают количество аварий и катастроф, цифры несчастных
случаев, особенно в буржуазных странах. Ни конструк-
торам, ни психологам ещё не удалось справиться с проблемами скорости и безопасности. К тому же, перед нами
открылась возможность создать жизнь со всеми удоб-
ствами, и я лично хочу жить не в густых облаках газов
от двигателей и среди вечного шума и дыма уличного
движения.

— Когда-нибудь все автомобили будут выпускать с
электрическими моторами.

— Может быть, но всё равно главная опасность, мне
кажется, не в машинах, а в людях. Владельцы хваста-
ются своими машинами, любят показать себя опытными
водителями. Раньше они были общительными людьми,
разговаривали со своими друзьями в автобусах, но теперь они стали грубыми, нетерпеливыми эгоистами, они
только стараются прибыть на место как можно быстрее.
Частная собственность вредно влияет на личность, а

автомобили оказываются особенно вредными для воспитания моральных качеств и для социалистических идей. Вот почему я против частных автомобилей.

— Но почему же тогда в социалистическом государстве в государственную лотерею можно выиграть частную машину?

— А чёрт его знает...

WORDS AND PHRASES

восемнадцатый = eighteenth
игрушка = toy
полный = complete
беспорядок = disorder
зуб = tooth
список = list
лотерейный билет = lottery ticket
выписывать/выписать = to write out
ящик = box; drawer
костюм = suit
шкаф = cupboard, wardrobe
под книгами = under the books
бумага = paper
полка = shelf
этажёрка = book-case
брюки = trousers
рубашка = shirt
стул pl. **стулья**, gen. **стульев** = chair
кровать (fem.) = bed, bedstead
среди +gen. = among
грязный = dirty
стоять/по- на коленях = to kneel
перед кроватью = in front of, before the bed
поднимать/поднять = to lift, raise; to pick up
    (/подниму, поднимешь)
останавливаться/остановиться = to stop, come to a halt
дверь (fem.) = door   **в дверях** = in the door

наблюда́ть = to observe
моли́ться/по- = to pray
  (молю́сь, мо́лишься)
сходи́ть/сойти́ с ума́ = to go out of one's mind, go mad
лотере́я = lottery
вре́дное явле́ние = harmful phenomenon
развива́ть/разви́ть = to develop
  (/разовью́, разовьёшь)
жа́дность (fem.) = greed
иму́щество = possession(s)
выи́грывать/вы́играть = to win
про́тив + gen. = against
свя́зываться/связа́ться = to tie oneself to, get mixed up
  in, with
  (/свяжу́сь, свя́жешься)
при усло́виях = under conditions
доро́га = road
маши́на = car, vehicle
грязь (fem.) = dirt, mud
превраща́ться/преврати́ться в + ·acc. = to be transformed into
боло́то = marsh, bog
се́верный = northern
ту́ндра = tundra
сиби́рская тайга́ = Siberian taiga
автомоби́льная доро́га = road
желе́зная доро́га = railway (iron road)
проезжа́ть/прое́хать = to get through
возмо́жность (fem.) = possibility, opportunity
широко́ = widely, extensively
по́льзоваться/вос- + instr. = to use, make use of
  (по́льзуюсь, по́льзуешься)
вертолёт = helicopter
суро́вый кли́мат = grim climate
автомаши́ны = vehicles
непракти́чный = impractical
тако́й же = the same
географи́ческий = geographical

Соединённые Штаты (Америки) = United States (of America)

скажем = (let's) say

Канада = Canada

привыкнуть *Pf. of* привыкать = to get used to (*Pf. past* привык, привыкла)

свободное время = free time

ездить за покупками = to go shopping

в конце недели = at the weekend

церковь (*fem.*) = church

по воскресеньям = on Sundays

водить машину = to drive (a car)

не мешает = it won't do any harm

Бог = God

удобный = convenient, comfortable

пугать/ис- = to frighten

количество = quantity

авария = breakdown, crash

цифра = figure, number

несчастный случай = accident

буржуазный = bourgeois

конструктор = designer

психолог = psychologist

справляться/справиться с проблемами = to deal with problems (/справлюсь, справишься)

скорость (*fem.*) = speed

безопасность (*fem.*) = safety

к тому же = in addition to which

удобство = comfort

лично = personally

густое облако = dense cloud

газ = gas

двигатель (*masc.*) = engine

вечный = eternal

дым = smoke

уличное движение = traffic

мотор = motor

владелец = owner

хва́статься/по- + *instr.* = to boast of
о́пытный = experienced
общи́тельный = sociable
гру́бый = coarse, vulgar, rude
нетерпели́вый = impatient
эгои́ст = egoist
как мо́жно быстре́е = as quickly as possible
ча́стная со́бственность = private property
влия́ть/по- на + *acc.* = to influence
ли́чность (*fem.*) = personality
ока́зываться/оказа́ться + *instr.* = to manifest oneself as
воспита́ние = education
мора́льное ка́чество = moral quality
госуда́рственный = state (*adj.*)
чёрт = devil

GRAMMAR—ГРАММА́ТИКА

1. Declension of nouns in the plural

Masculine	(заво́д)	(слова́рь)	(музе́й)
Nom.	заво́ды	словари́	музе́и
Gen.	заво́дов	словаре́й	музе́ев
Dat.	заво́дам	словаря́м	музе́ям
Acc.	заво́ды	словари́	музе́и
Instr.	заво́дами	словаря́ми	музе́ями
Prep. (о)	заво́дах	словаря́х	музе́ях

Feminine	(ко́мната)	(бу́ря)
Nom.	ко́мнаты	бу́ри
Gen.	ко́мнат	бу́рь
Dat.	ко́мнатам	бу́рям
Acc.	ко́мнаты	бу́ри
Instr.	ко́мнатами	бу́рями
Prep. (о)	ко́мнатах	бу́рях

	(фотогра́фия)	(о́чередь)
Nom.	фотогра́фии	о́череди
Gen.	фотогра́фий	очереде́й
Dat.	фотогра́фиям	очередя́м
Acc.	фотогра́фии	о́череди
Instr.	фотогра́фиями	очередя́ми
Prep.	(о) фотогра́фиях	очередя́х

Neuter	(де́ло)	(мо́ре)	(мне́ние)
Nom.	дела́	моря́	мне́ния
Gen.	дел	море́й	мне́ний
Dat.	дела́м	моря́м	мне́ниям
Acc.	дела́	моря́	мне́ния
Instr.	дела́ми	моря́ми	мне́ниями
Prep.	(о) дела́х	моря́х	мне́ниях

In the plural the Accusative of animate nouns, whether masculine or feminine, is like the Genitive.

It will be seen from the above tables that the Dative plural of nouns ends in **-ам** for 'hard' nouns and in **-ям** for 'soft' nouns. The Instrumental plural ends in **-ами** or **-ями**. The Prepositional plural ends in **-ах** or **-ях**.

2. Declension of adjectives in the plural

	Hard	Soft	
	(но́вый)	(си́ний)	(тре́тий)
Nom.	но́вые	си́ние	тре́тьи
Gen.	но́вых	си́них	тре́тьих
Dat.	но́вым	си́ним	тре́тьим
Acc.	Like Nom. or Gen.		
Instr.	но́выми	си́ними	тре́тьими
Prep.	(о) но́вых	си́них	тре́тьих

Note the declension of **э́ти** 'these', **те** 'those', **мой** 'my', **на́ши** 'our', **все** 'all':

Nom.	э́ти	те	мой	на́ши
Gen.	э́тих	тех	мойх	на́ших
Dat.	э́тим	тем	мойм	на́шим
Acc.	Like Nom. or Gen.			
Instr.	э́тими	те́ми	мойми	на́шими
Prep.	(об) э́тих	тех	мойх	на́ших

Nom.	все
Gen.	всех
Dat.	всем
Acc.	Like Nom. or Gen.
Instr.	все́ми
Prep.	(обо) всех

Твой and **свой** decline like **мой**; **ва́ши** declines like **на́ши.**

3. Stress in the plural of nouns

The stress on a Russian noun often moves from one syllable to another. Note the following patterns of stress on some nouns in the plural:

	трава́ *grass*	страна́ *country*
Nom. pl.	тра́вы	стра́ны
Gen.	трав	стран
Dat.	тра́вам	стра́нам
Acc.	тра́вы	стра́ны
Instr.	тра́вами	стра́нами
Prep. (о)	тра́вах	стра́нах

	сестра́ *sister*	звезда́ *star*
Nom. pl.	сёстры	звёзды
Gen.	сестёр	звёзд
Dat.	сёстрам	звёздам
Acc.	сестёр	звёзды
Instr.	сёстрами	звёздами
Prep. (о)	сёстрах	звёздах

	нога́ *foot, leg*	**рука́** *arm, hand*	**стена́** *wall*
Nom. pl.	но́ги	ру́ки	сте́ны
Gen.	ног	рук	стен
Dat.	нога́м	рука́м	стена́м
Acc.	но́ги	ру́ки	сте́ны
Instr.	нога́ми	рука́ми	стена́ми
Prep. (о)	нога́х	рука́х	стена́х

The Accusative singular of these nouns has the stress:
но́гу, ру́ку, сте́ну.

	волна́ *wave*	**река́** *river*
Nom. pl.	во́лны	ре́ки
Gen.	волн	рек
Dat.	волна́м or во́лнам	река́м or ре́кам
Acc.	во́лны	ре́ки
Instr.	волна́ми or во́лнами	река́ми or ре́ками
Prep. (о)	волна́х or во́лнах	река́х or ре́ках

The Accusative singular of **волна́** is **волну́.**
The Accusative singular of **река́** is **реку́** or **ре́ку.**

Note the stress on **ка́мни** 'stones', **пло́щади** 'squares',
о́череди 'queues':

	ка́мни	**пло́щади**	**о́череди**
Nom. pl.	ка́мни	пло́щади	о́череди
Gen.	камне́й	площаде́й	очереде́й
Dat.	камня́м	площадя́м	очередя́м
Acc.	ка́мни	пло́щади	о́череди
Instr.	камня́ми	площадя́ми	очередя́ми
Prep. (о)	камня́х	площадя́х	очередя́х

Ло́шади 'horses' follows the same pattern as **пло́щади**
except that the Instrumental is either **лошадя́ми** or
лошадьми́.

Similarly, the Instrumental of **до́чери** 'daughters' is
дочерьми́ (**дочеря́ми** is colloquial). The plural of **мать**

'mother' is: ма́тери, матере́й, матеря́м, матере́й, матеря́ми, (о) матеря́х. До́чери follows the same pattern of stress.

The plural of вещь 'thing' is affected by the rules of spelling:

ве́щи, веще́й, веща́м, ве́щи, веща́ми, (о) веща́х.

4. Some irregular plural declensions

друг	*friend*:	друзья́, друзе́й, друзья́м, друзе́й, друзья́ми, (о) друзья́х
стул	*chair*:	сту́лья, сту́льев, сту́льям, сту́лья, сту́льями, (о) сту́льях
сосе́д	*neighbour*:	сосе́ди, сосе́дей, сосе́дям, со-се́дей, сосе́дями, (о) сосе́дях
коле́но	*knee*:	коле́ни, коле́ней, коле́ням, коле́ни, коле́нями, (о) коле́нях
о́блако	*cloud*:	облака́, облако́в, облака́м, облака́, облака́ми, (об) об-лака́х

The declension of лю́ди 'people' is:
лю́ди, люде́й, лю́дям, люде́й, людьми́, (о) лю́дях.

The declension of де́ньги 'money' is:
де́ньги, де́нег, деньга́м, де́ньги, деньга́ми, (о) деньга́х.

5. The declension of це́рковь 'church'

	Sg.	Pl.
Nom.	це́рковь	це́ркви
Gen.	це́ркви	церкве́й
Dat.	це́ркви	церква́м
Acc.	це́рковь	це́ркви
Instr.	це́рковью	церква́ми
Prep. (о)	це́ркви	церква́х

6. Declension of neuter nouns in -мя

Neuter nouns in -мя decline as follows:

	Sg.	Pl.
Nom.	вре́мя	времена́
Gen.	вре́мени	времён
Dat.	вре́мени	времена́м
Acc.	вре́мя	времена́
Instr.	вре́менем	времена́ми
Prep.	(о) вре́мени	времена́х

EXERCISES—УПРАЖНÉНИЯ

1. Using the words given below, form phrases according to the Models:

(a)   *Model A*: Среди́ бума́г и под бума́гами

бума́га; о́блако; костю́м; рубль; письмо́; брю́ки; поку́пка; носо́к; пе́сня; де́ньги; пла́тье; руба́шка; ка́мень; ту́фля.

(b)   *Model B*: По моря́м и волна́м

мо́ре и волна́; го́род и дере́вня; столи́ца и село́; лес и гора́; по́ле и боло́то; проспе́кт и пло́щадь; доро́га и у́лица; ка́мень и трава́; це́рковь и музе́й; храм и галере́я; у́тро и ве́чер; суббо́та и воскресе́нье; среда́ и четве́рг; понеде́льник и пя́тница.

(c)   *Model C*: Он за хоро́ших друзе́й (*Acc.*) и про́тив всех враго́в

хоро́шие друзья́ — все враги́; глубо́кие чу́вства — ли́шние сожале́ния; ру́сские крестья́не — все кита́йцы; армя́нские собо́ры — ра́зные це́ркви; свой англича́не — все иностра́нцы; ли́чные интере́сы — социа́льные револю́ции.

2. Using the phrases given (with **в** or **на**) complete the sentence:

Они уже побывали ...

Соединённые Штаты; южная Украина; горы Кавказа; все столицы; буржуазные страны; многие экскурсии; государственные музеи; частные галереи; северные районы; опасные места; сибирские области; некоторые заводы; известные электростанции; московские парикмахерские; старые церкви; наши театры; утренние спектакли; ваши почты; знаменитые академии; украинские кинофильмы.

3. Using the groups of words given, form sentences, according to the Model, replacing **его, её, их** by the correct form of **свой**:

Model: Он хвастался своим образованием перед этими крестьянами.

он — его образование — эти крестьяне; она — её платья — все подруги; он — его работа — простые рабочие; она — её мебель — местные жители; он — его мастерство — другие люди; она — её вещи — мои сёстры; они — их гостиница — советские туристы; они — их стройтельство — другие страны.

4. (a) Put the following sentences into the plural (except for the forms of **это**):

(i) Сестра говорила об этом своей подруге.

(ii) Мой знакомый говорит об этом вашему брату.

(iii) Конструктор будет объяснять это молодому водителю.

(iv) Психолог объясняет это владельцу автомобиля.

(v) Сын долго не признавался в этом строгому родителю.

(vi) Мать не признаётся в этом своей дочери.

(vii) Ребёнок надоедает этим и маме и бабушке.

(viii) Брат жаловался на это опытному врачу.

(ix) Эгойст будет надоедать этим своему новому соседу.

(x) Бизнесмен жалуется на это знакомому англичанину.

(b) Replace all the verbs in your plural sentences with the appropriate form of **разговаривать об этом с** and the Instrumental case.

5. Substitution drill:

Они любят показать себя опытными водителями

.... (конструктор)

..............................(психолог)

.... (хороший) ....

.... (родитель)

.... (строгий) ....

.... пугать его ....

.... (несчастный) ....

.... (случай)

.... (опасный) ....

.... (игрушка)

6. Fill in the blanks with the appropriate form of **тот** and **который** as in the Model:

Model: Это та авария, которая превратилась в катастрофу.

(i) Это : .. гид, ... всегда что-то бормочет.

(ii) Это ... количество, ... мне сегодня нужно.

(iii) Это ... туфля, под ... я нашёл носок сына.

(iv) Это ... беспорядок, к ... он уже привык у брата.

(v) Это ... полка, на ... оказался список его вещей.

(vi) Это ... явление, ... я ещё не понимаю.

(vii) Это ... человек, ... она считает общительным.

(viii) Это ... удобство, к ... я привык в городе.

(ix) Это ... цифра, от ... мне становится страшно.

(x) Это ... вертолёт, на ... он летит через тундру.

(xi) Это ... этажёрка, к ... я ещё не привыкла.

(xii) Это ... живо́тное, ... она́ от всей душ́и ненави́дит.

(xiii) Это ... ка́чество, ... он осо́бенно отлича́ется.

(xiv) Это ... крова́ть, ... она́ вы́играла в лотере́ю.

(xv) Это ... госуда́рство, в ... сейча́с бы́стро развива́ется торго́вля.

(xvi) Это ... дви́гатель, ... избега́ет наш констру́ктор.

(xvii) Это ... мото́р, с ... не мо́жет спра́виться сам чёрт.

7. (a) Put the words in brackets in the following passage into the correct case.

   (b) Read the passage and translate it into English.

   (c) Note the underlined expressions.

Во (мно́гие газе́ты) вы мо́жете прочита́ть о (жизнь) (просты́е лю́ди) в (Сове́тский Сою́з). Не так ча́сто пи́шут о (сове́тские же́нщины), в то вре́мя, как де́ятельность (сове́тские же́нщины) занима́ет ва́жное ме́сто в (экономи́ческие пла́ны) (страна́). В (города́ и дере́вни) (Сове́тский Сою́з) же́нщины явля́ются (эффекти́вная рабо́чая си́ла). Они́ занима́ются как (у́мственный), так и (физи́ческий труд). При (по́мощь) (совреме́нные маши́ны) с (электри́ческие дви́гатели и мото́ры) же́нщины легко́ справля́ются да́же с (не́которые осо́бенно тяжёлые физи́ческие рабо́ты), наприме́р, в (строи́тельство) (города́ и электроста́нции) и в (тяжёлая промы́шленность). Совреме́нное поколе́ние (сове́тские же́нщины) смо́трит на (своя́ обще́ственная и рабо́чая де́ятельность) с (не́которое) или да́же с (большо́е удовлетворе́ние). Возника́ют, коне́чно, и не́которые пробле́мы; наприме́р, в (связь) с недоста́точно (бы́стрый рост) (населе́ние), йли с (воспита́ние) (де́ти). (Ма́тери) с (большо́е коли́чество) (де́ти) госуда́рство помога́ет всем, чем оно́ то́лько мо́жет, но э́того, к (сожале́ние), недоста́точно. Поэ́тому, и среди́ (совреме́нное поколе́ние) нахо́дятся же́нщины, кото́рые получа́ют ма́ло (удовлетворе́ние) от (своя́ рабо́та) и име́ют ма́ло (ра́дость) в (жизнь). Они́ про́сто покоря́ются (обы́чные зако́ны) о́бщества и не выража́ют ни (свой сомне́ния), ни (бесполе́зные сожале́ния).

8. Translate into Russian:

(i) I don't advise you to buy these cheap iron toys for children.

(ii) It isn't worth spending money on lottery tickets; you won't win any cars.

(iii) Even if you do win a car, you will not be able to go to Siberia in it.

(iv) In spring Heaven knows* what happens on some of the roads; they turn into real bogs.

(v) Just before the war he lost all his teeth and it was very difficult for him to learn to eat without his teeth.

(vi) He often has to resort to various tricks, but he usually manages to avoid his colleagues and spend the evening with pleasant and interesting people.

(vii) In ancient times people prayed to many different gods and sometimes even to the devil, but now most Soviet people do not pray to anyone at all.

(viii) The grandchild sits on (his) grandmother's knee and listens to fairy tales about ancient times.

9. Answer in Russian the following questions on the text:

(i) Отку́да вы зна́ете, что в ко́мнате Джо́на по́лный беспоря́док?

(ii) Где Джон де́ржит свои́ костю́мы, брю́ки, руба́шки и гря́зные носки́?

(iii) Где он де́ржит кни́ги, бума́ги и ста́рые газе́ты?

*The normal Russian is Бог зна́ет.

(iv) Где список лотерейных билетов?

(v) Что Джон делает?

(vi) Где стоят соседи Джона?

(vii) Почему они наблюдают его с любопытством?

(viii) Что спрашивает Борис?

(ix) Если Джон не молится, то почему он стоит на коленях?

(x) Как относится к лотереям Володя, и почему?

(xi) Что Джон может выиграть?

(xii) Кто хочет быть водителем Джона?

(xiii) Что советует Джону Борис?

(xiv) Что рассказывает Борис о дорогах в Советском Союзе?

(xv) Каким видом транспорта пользуется городское население зимой?

(xvi) Каким видом транспорта лучше пользоваться весной и осенью между городами и деревнями?

(xvii) Какими видами транспорта можно пользоваться летом?

(xviii) В каких районах Советского Союза вообще нет дорог?

(xix) Что делают жители этих районов?

(xx) При каких географических условиях автомобильный транспорт непрактичен?

(xxi) Как проводят субботу и воскресенье владельцы автомашин?

(xxii) В чём состоит главная опасность, и почему?

(xxiii) Кому приходится заниматься этими проблемами?

(xxiv) Что ещё имеет Борис против частных автомобилей?

(xxv) Чем ему на это возражает Джон?

(xxvi) Кто из них прав?

(xxvii) Имеете вы лично что-нибудь против автомобилей?

(xxviii) Как можно разрешить транспортные проблемы в крупных городах?

LESSON 19 — УРÓК ДЕВЯТНÁДЦАТЫЙ

Открóйте рот, больнóй!

— Котóрый час? — кричи́т Волóдя у двéри Джóна.
Из-за двéри слы́шится стон. Волóдя стучи́т в дверь.
— Эй, ты! Встава́й! Ты бóлен, чтó-ли?
Волóдя вхóдит в кóмнату и подхóдит к постéли Джóна.
Ничегó не ви́дно крóме неподви́жной фигу́ры под одея́-
лом.
— Что ты спишь, как медвéдь в берлóге? Ужé, должнó
быть, пóздно. Мы не успéем на лéкцию. Она́ начина́ется
в дéвять часóв, а мы должны́ вы́йти без чéтверти дéвять.
В отвéт Джон тóлько ка́шляет и стóнет из-под одея́ла.
— В чём дéло? Ты в са́мом дéле бóлен? Что у тебя́
боли́т? Мóжет быть врача́ вы́звать?
— Нет, не стóит, — бормóчет Джон. — У меня́ тóлько
голова́ боли́т немнóжко.
— Но ты же ка́шляешь. Я пойду́ и вы́зову врача́, всё-
таки. Вдруг у тебя́ чтó-то серьёзное...
— Нет, я никогда́ ниче́м серьёзным не болéю, — про-
тесту́ет Джон. — Скóро пройдёт. Я бою́сь тóлько, что
я тебя́ заражу́. Отойди́ лу́чше от меня́.
— Не беспокóйся. Мы тебя́ вы́лечим. Я позвоню́ врачу́
по дорóге на лéкцию.

Че́рез час прихóдит врач — пожила́я же́нщина в бé-
лом хала́те и с большóй су́мкой в руке́.
— А ну, открóйте рот, больнóй! — говори́т она́ и

смо́трит ему́ в го́рло. — Как вас зову́т? Ско́лько вам лет? Вы отку́да? Покажи́те язы́к!

— Ааа-гаа, — отвеча́ет Джон с откры́тым ртом.

— Из А́нглии? Интере́сно! У вас там медици́нское обслу́живание то́же беспла́тное, ка́жется. Э́то хорошо́. Дава́йте изме́рим температу́ру. Из Ло́ндона, вы говори́те? Вы зна́ете, я никогда́ не была́ за грани́цей. Мне про́сто сты́дно. Я так хочу́ посмотре́ть Ло́ндон, Пари́ж! Да, у вас небольша́я температу́ра: три́дцать семь и пять. А вы не скуча́ете по ро́дине? Тепе́рь хочу́ прослу́шать ва́ши лёгкие и се́рдце. Разде́ньтесь до по́яса! Вот так. А тепе́рь дыши́те глубоко́! Что с ва́ми? Почему́ вы дрожи́те? Ах! Из-за холо́дного стетоско́па. Не бу́дьте ребёнком! Вам же два́дцать оди́н год. Хорошо́! Се́рдце рабо́тает норма́льно. Одева́йтесь! Вы никако́го лека́рства не принима́ли сего́дня?

— Вчера́ ве́чером я при́нял не́сколько табле́ток аспири́на...

— Я вы́пишу вам пеницилли́н. Не волну́йтесь! У вас в го́рле ма́ленькая инфе́кция. Вы си́льно простуди́лись. Наве́рное, без зи́мнего пальто́ ходи́ли. На у́лице гра́дусов де́сять моро́за. Молодёжь! Тепе́рь лежи́те! Ваш това́рищ схо́дит в апте́ку за лека́рством. Принима́йте по табле́тке ка́ждые четы́ре часа́. Я приду́ за́втра у́тром часо́в в оди́ннадцать. Гуд бай!

В час прибега́ет Воло́дя.

— Ну, как дела́? Не умрёшь? Что она́ сказа́ла?

— Мы зря беспоко́или её. Вот реце́пт, кото́рый она́ оста́вила. Сбе́гай в апте́ку, пожа́луйста!

Воло́дя бы́стро прино́сит лека́рство.

— На! По́льзуйся услу́гами беспла́тной медици́нской слу́жбы! Лека́рство сто́ило три́дцать копе́ек, одна́ко. Как ты себя́ чу́вствуешь?

— Нева́жно. Глаза́ боля́т, невозмо́жно чита́ть. Остаётся то́лько спать. От ску́ки, наве́рное, умру́...

— В тако́м слу́чае, рекоменду́ю рю́мочку во́дки.

— Ой нет! Во́дка вредна́ для здоро́вья. Тебе́ придётся

вы́звать ско́рую по́мощь, е́сли я начну́ пить кре́пкие на-
пи́тки. И кури́ть то́же мне рекоменду́ешь? Я не хочу́
в больни́цу!

— Наоборо́т. Немно́жко во́дки и́ли кре́пкого вина́ —
о́чень эффекти́вное сре́дство и от ску́ки, и от любо́й бо-
ле́зни. На! Пей! За твоё здоро́вье!

В э́ту ночь о́ба спят кре́пким сном. У́тром Джо́ну с тру-
до́м удаётся разбуди́ть Воло́дю.

— Умира́ю, — бормо́чет тот сла́бым го́лосом из-под
одея́ла. — Кото́рый час?

— Пол девя́того, — отвеча́ет Джон. — Пора́ мне при-
нима́ть лека́рство.

— А оно́ помога́ет от головно́й бо́ли?

— Ох, како́й у тебя́ нездоро́вый вид, Воло́дя! Ты за-
боле́л, что ли?

WORDS AND PHRASES

девятна́дцатый = nineteenth
рот, *gen.* **рта** = mouth
больно́й (*adj.*) = a patient, invalid
кото́рый час? = what is the time?
из-за +*gen.* = from behind; because of
стон = groan
стуча́ть/по- = to knock
  (**стучу́, стучи́шь**)
бо́лен (**больна́, больны́**) = ill
подходи́ть/подойти́ к +*dat.* = to go up to
посте́ль (*fem.*) = bed, bedding
неподви́жный = motionless, immobile
фигу́ра = figure
одея́ло = blanket
медве́дь (*masc.*) = bear
берло́га = bear's winter lair
ле́кция = lecture
без че́тверти де́вять = quarter to nine
отве́т = answer

кашлять = to cough
стонать/про- *or* за- = to groan
   (стону́, сто́нешь)
из-под +*gen.* = from under
в чём де́ло? = what is the matter?
боле́ть/за- = to hurt, ache
   (боли́т, боля́т; past боле́л, боле́ла)
у меня́ боли́т голова́ = I have a headache
вызыва́ть/вы́звать = to call, summon
   (/вы́зову, вы́зовешь)
немно́жко = a little
боле́ть/за- = to be ill
   (боле́ю, боле́ешь; past боле́л, боле́ла)
протестова́ть/за- = to protest
   (протесту́ю, протесту́ешь)
заража́ть/зарази́ть = to infect
   (/заражу́, зарази́шь)
отходи́ть/отойти́ = to move away
беспоко́иться/за- = to trouble oneself, worry
лечи́ть/вы́- = to cure
звони́ть/по- (врачу́) = to ring (the doctor)
че́рез час = an hour later
пожило́й = elderly, middle-aged
хала́т = (doctor's) white coat; dressing gown
су́мка = bag
го́рло = throat
как вас зову́т? = what is your (first) name?
ско́лько вам лет? = how old are you?
язы́к = tongue; language
медици́нское обслу́живание = medical service
беспла́тный = free, gratis
температу́ра = temperature
за грани́цей = abroad
Пари́ж = Paris
три́дцать семь и пять = (a temperature of) thirty-seven
  point five
скуча́ть/соску́читься по ро́дине = to be homesick
лёгкие (*adj. used as noun*) (г *pronounced as* x[kh]) = lungs

се́рдце = heart
по́яс = belt, waist
дрожа́ть/дро́гнуть = to tremble
  (дрожу́, дрожи́шь)
стетоско́п = stethoscope
вам два́дцать лет = you are twenty (years old)
норма́льный = normal
принима́ть/приня́ть лека́рство = to take medicine
  (/приму́, при́мешь)
табле́тка аспири́на = aspirin tablet
выпи́сывать/вы́писать = to prescribe
пеницилли́н = penicillin
инфе́кция = infection
(си́льно) простужа́ться/простуди́ться = to catch a (bad) cold
гра́дусов де́сять = about ten degrees
молодёжь (*fem.*) = youth, the young
сходи́ть (*Pf.*) = to go (there and back)
по табле́тке = a pill at a time
ка́ждые четы́ре часа́ = every four hours
часо́в в оди́ннадцать = at about eleven o'clock
прибега́ть/прибежа́ть = to come running
как дела́? = how are things?
умира́ть/умере́ть = to die
  (/умру́, умрёшь; *past* **у́мер, умерла́, у́мерло; у́мерли)**
зря = in vain, for nothing
беспоко́ить/по- = to trouble, worry
реце́пт = prescription
сбе́гать (*Pf.*) = to run
приноси́ть/принести́ = to bring
услу́га = good turn, favour
медици́нская слу́жба = medical service
нева́жно = not too good
невозмо́жно = impossible
ску́ка = boredom
в тако́м слу́чае = in that case
рекомендова́ть/по- = to recommend

рю́мочка (*diminutive* of **рю́мка**) = small glass, spirit glass
здоро́вье = health
ско́рая по́мощь = first aid; ambulance
кре́пкий напи́ток = strong drink
кури́ть/за-, вы́- (курю́, ку́ришь) = to smoke
я не хочу́ в больни́цу = I don't want to go to hospital
вино́ = wine
эффекти́вное сре́дство = effective remedy
боле́знь (*fem.*) = illness
за твоё здоро́вье! = to your health!
спать кре́пким сном = to sleep soundly
сла́бый го́лос = weak voice
пол or **полови́на девя́того** = half past eight
головна́я боль = headache
нездоро́вый вид = unhealthy appearance

GRAMMAR — ГРАММА́ТИКА

1. Numerals

30	три́дцать	30th	тридца́тый
35	три́дцать пять	35th	три́дцать пя́тый
40	со́рок	40th	сороково́й
50	пятьдеся́т	50th	пятидеся́тый
60	шестьдеся́т	60th	шестидеся́тый
70	се́мьдесят	70th	семидеся́тый
80	во́семьдесят	80th	восьмидеся́тый
90	девяно́сто	90th	девяно́стый
100	сто	100th	со́тый

2. Expressions of time

кото́рый час?	в кото́ром часу́?
what time is it?	*at what time?*

час *one o'clock*	в час *at one o'clock*
два часа́ *two o'clock*	в два часа́ *at two o'clock*
шесть часо́в *six o'clock*	в шесть часо́в *at six o'clock*

половина первого	*half past twelve*
в половине первого	*at half past twelve*
половина второго	*half past one*
в половине второго	*at half past one*
четверть третьего	*a quarter past two*
в четверть третьего	*at a quarter past two*
без четверти три	*a quarter to three*
без четверти три	*at a quarter to three*

The word **половина** 'half' may be abbreviated to **пол**:

| пол девятого | *half past eight* |

'At 1.15; at 3.40; at 5.55' etc. may be rendered by the equivalent of the English construction: **в час пятнадцать; в три сорок; в пять пятьдесят пять.**

'One o'clock, two o'clock, three o'clock in the morning' are: **час ночи, два часа ночи, три часа ночи** (or **три часа утра**).
'Four o'clock in the morning' is **четыре часа утра.**
'One o'clock, two o'clock in the afternoon' are **час дня; два часа дня.**

Evening begins at six o'clock and lasts till midnight, so that 'six in the evening, ten o'clock at night' are **шесть часов вечера, десять часов вечера.**

'Midday' is **полдень** or **двенадцать часов дня.**
'Midnight' is **полночь** or **двенадцать часов ночи.**

Note:	через три часа	*in three hours' time*
	через день	*every other day* or
	раз в каждые пять	*in a day's time*
	недель	*once every five weeks*
	пять раз в неделю	*five times a week*

3. With numeral constructions it is possible to express the idea of 'approximately, about' by inverting the word order so as to place the noun before the numeral:

лет тридцать   *about thirty years*
часо́в в оди́ннадцать   *at about 11 o'clock*
Ива́ну лет два́дцать   *Ivan is about twenty*

4. Больно́й

The adjective больно́й has two meanings: 'sick' and 'painful':

больно́й ребёнок   *a sick child*
больно́й зуб   *a sore tooth*

Больно́й in the long form may be used for 'a sick person, invalid, patient':

Она́ больна́я.   *She is an invalid, patient.*

The short, predicative form of this adjective (бо́лен, больна́; больны́) is used for 'I am ill, he is unwell' etc.

The verbs боле́ть (-е́ю, -е́ешь) and боле́ть (-и́т, -я́т): The First conjugation verb боле́ть means 'to be ill, ailing'. Thus:

Он уже́ давно́ боле́ет. *He has been ailing a long time.*

The Second conjugation verb боле́ть means 'to ache, be sore, painful':

У меня́ боли́т голова́.   *My head aches.*
У неё боля́т зу́бы.   *Her teeth are aching.*
У него́ боли́т рука́.   *His hand hurts.*

5. The verb сходи́ть

Сходи́ть is a Perfective verb meaning 'to go somewhere and come back soon', usually to fetch something:

сходи́ть за лека́рством *to go and get the medicine*

Note that the idea of 'to fetch, to get' is rendered by **за** and the Instrumental case.

There is a similar verb съе́здить for 'to go and return' by vehicle. And сбе́гать is 'to slip out and return'. Both are Perfective.

These verbs must not be confused with сходи́ть/сойти́ 'to go/come down *or* off', съезжа́ть/съе́хать 'to go/come down' and сбега́ть/сбежа́ть 'to run down'.

6. Verbs with the suffix -нуть

Perfective verbs describing sudden, single action may be formed with the suffix -нуть. Examples are: from дрожа́ть 'to shiver' — дро́гнуть 'to give a shudder'; from ка́шлять 'to cough' — ка́шлянуть 'to give a cough'; from крича́ть 'to shout' — кри́кнуть 'to shout, to give a shout'; from стуча́ть 'to knock' — сту́кнуть 'to knock once'.

For these verbs there are also Perfective verbs formed with the prefix за- which describe the beginning of the action: задрожа́ть, закашлять, закрича́ть, застуча́ть — 'to start shivering, coughing, shouting, knocking'.

Not all verbs with the suffix -нуть are Perfective: па́хнуть 'to smell', for example, is Imperfective.

In the past tense, some verbs in -нуть drop the suffix as follows:

возника́ть/возни́кнуть   *to arise*
  Past: возни́к, возни́кла, возни́кло, возни́кли

па́хнуть/запа́хнуть   *to smell*
  (за)па́х па́хла, па́хло, па́хли *or* па́хнул, -а, -о, -и

исчеза́ть/исче́знуть   *to disappear*
  исче́з, исче́зла, исче́зло, исче́зли

проника́ть/прони́кнуть   *to penetrate*
  прони́к, прони́кла, прони́кло, прони́кли

привыка́ть/привы́кнуть   *to become accustomed*
  привы́к, привы́кла, привы́кло, привы́кли

The present or Perfective future tense of verbs in

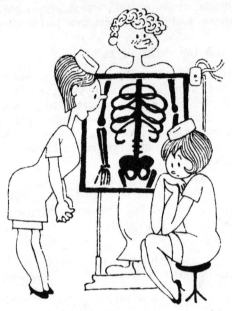

—И что ты в нем нашла, не понимаю!

-нуть ends in -ну, -нешь, -нет, -нем, -нете, -нут, or, if stressed on the ending, -ну́, -нёшь, нёт, etc:

привы́кнуть   привы́кну, привы́кнешь...
верну́ться   верну́сь, вернёшься...

EXERCISES — УПРАЖНЕ́НИЯ

1. Answer the question 'What time is it?' first repeating the Model and then using '2 o'clock' etc. up to '12 o'clock' in your answers:

   Model: Кото́рый сейча́с час? Сейча́с час.

2. Answer the questions by using the time shown in brackets:

   (i) В котором часу́ вы прихо́дите в столо́вую?
      (1 p.m.)
  (ii) В кото́ром часу́ вы конча́ете обе́дать? (2 p.m.)
 (iii) В кото́ром часу́ вы обсужда́ете контра́кты?
      (3 p.m.)
 (iv) В кото́ром часу́ вам прино́сят ча́шку ча́я?
      (4 p.m.)
  (v) В кото́ром часу́ вы конча́ете рабо́ту? (5 p.m.)
 (vi) В кото́ром часу́ вы возвраща́етесь домо́й?
      (6 p.m.)
 (vii) В кото́ром часу́ вы встаёте? (7 a.m.)
(viii) В кото́ром часу́ вы за́втракаете? (8 a.m.)
 (ix) В кото́ром часу́ вы прихо́дите на рабо́ту?
      (9 a.m.)
  (x) В кото́ром часу́ вы освобожда́етесь от дел?
      (10 a.m.)
 (xi) В кото́ром часу́ вы пьёте ко́фе? (11 a.m.)
 (xii) В кото́ром часу́ вы хоти́те спать? (12 noon)

3. Change the following sentences according to the Models:

  (a) *Model A*: Она́ пошла́ в апте́ку на че́тверть часа́.
             Она́ верну́лась отту́да че́рез че́тверть часа́.

     (i) Она́ пошла́ в апте́ку на че́тверть часа́.
    (ii) Он пое́хал за грани́цу на неде́лю.
   (iii) Они́ побежа́ли в больни́цу на 45 мину́т.
   (iv) Мы пошли́ в университе́т на два часа́.

  (b) *Model B*: Она́ пошла́ в апте́ку на че́тверть часа́.
             Она́ сходи́ла в апте́ку за че́тверть часа́.

  (c) Now rewrite the sentences in the future tense.

4. Write out the following numerals:

  (a) 40th; 42nd; 50th; 53rd; 54th; 60th; 65th; 66th; 70th; 77th; 78th; 80th; 89th; 90th; 100th.

  (b) 13, 14, 15, 16, 17, 18, 19 hours;
     20, 21, 22, 23, 24, 25, 26, 27, 28, 29 years;
     30, 31, 40, 42, 50, 53 minutes;
     60, 64, 70, 75, 80, 86 roubles;
     90, 97, 98, 99, 100 copecks.

5. Using the 24-hour clock, complete the sentence:

Поезд отхо́дит в... 1.35; 12.43; 5.51; 17.24; 8.39;
                  4.19; 15.41; 11.20; 14.57; 2.13;
                  2.28 p.m.; 3.46 a.m.; 3.25 p.m.;
                  11.32 a.m.; 7.40 a.m.; 12.19 p.m.;
                  6.53 a.m.; 7.14 p.m.; 11.25 p.m.;
                  5.11 a.m.

6. (a) Using the prices indicated, complete the sentence:

Это сто́ит ...   1р.25к.;   17р.3к.;   94р.56к.;
                77р.25к.;   43р.12к.;   45р.37к.;
                19р.33к.;   62р.29**к.**;   95р.40к.;
                8р.96к.

  (b) Using the information given below, state approximate ages:

    Model: Она́ — 40. Ей лет со́рок.

    она́ — 40; вы — 35; он — 42; мы — 13; Со́нечка — 17; ма́ма —24; Па́вел — 70; Еле́на — 63; Пётр — 28; Алекса́ндр — 47.

7. Translate into Russian:

  In 2 hours' time; in a day's time; in about 17 weeks' time;
  in about 25 years' time; every other day;
  every 5 weeks; every 3 months; every 100 years;
  4 roubles per day; a tablet every 3 hours;
  about 20 times per month; about 5 months per year;

about 18 days per month; once a year; once in every 100 years.

8. Using the following words and phrases make sentences according to the Models:

> *Model A*: Она́ всегда́ но́сит бе́лый хала́т.
> *Model B*: Сего́дня на ней бе́лый хала́т.
> *Model C*: Она́ сего́дня в бе́лом хала́те.

бе́лый хала́т; тёплое пальто́; неудо́бный костю́м; се́рые носки́; кори́чневые брю́ки; бе́лая руба́шка; мо́дные ту́фли; дешёвое пла́тье; дли́нная ю́бка.

9. (a) Using the following words, answer the question
Что у вас боли́т? according to the Model:

> *Model*: се́рдце. Я чу́вствую боль в се́рдце.

се́рдце; лёгкие; ле́вое коле́но; го́рло; ле́вая рука́; пра́вый глаз.

(b) Using the words given in brackets, answer the questions according to the Model:

> *Model*: Ты больна́? (рука́)
> Нет, но у меня́ боли́т рука́.

Ты больна́? (рука́).
Вы больны́? (глаза́).
Они́ больны́? (голова́).
Вы бы́ли больны́? (ру́ки).
Они́ бы́ли больны́? (зу́бы).
Ты была́ больна́? (всё те́ло).
Она́ больна́? (зуб).
Он бо́лен? (язы́к).
Ты был бо́лен? (го́рло).
Она́ была́ больна́? (коле́но).
Он был бо́лен? (весь рот).

10. Rewrite in the past tense the complete sentences contained in the following lines of the text:

Page 223 — lines 1, 2, 4, 8-9, 10.

Page 224 — lines 8-10,19,26,30,34.

Take special care with the choice of aspect.

11. Translate into Russian:
    (i) Are there still real bears in Siberia?
    (ii) How many degrees of frost did you have in December?
    (iii) On that day he came running to tell me that he had a son.
    (iv) I began to miss my home a long time ago. I am dying from boredom here.
    (v) Please slip out and call the doctor for our middle-aged neighbour, because he caught a cold yesterday. He has been coughing and groaning all night. Be careful, don't catch it from him.
    (vi) You have a normal temperature. You are not ill at all.
    (vii) I shall treat you to (some) strong wine. Please leave a little vodka for Volodya. You know he likes to drink a glass of vodka before (he goes to) sleep.
    (viii) Don't worry, I shall buy another bottle on my way home.
    (ix) I have avoided drinking vodka since the night when I drank a little after some tablets or other, and my friend had to call an ambulance. Rather, let us drink a glass of wine to our neighbour's health.

12. Write the story of John's illness in the third person, reducing the length by about half.

LESSON 20 — УРОК ДВАДЦА́ТЫЙ

Толсто́й и́ли Достое́вский

— Куда́ ты бежи́шь, Та́ня?

— В библиоте́ку. Не заде́рживай меня́! Я не успе́ю
отнести́ кни́гу, е́сли не поспешу́. Иди́ со мной!

— Неуже́ли у тебя́ хвата́ет вре́мени чита́ть кни́ги?
Я с трудо́м успева́ю сде́лать дома́шние зада́ния.

— А я всегда́ ложу́сь спать с кни́гой. У меня́ о́чень
просто́е пра́вило: ка́ждую неде́лю я беру́ кни́гу из биб-
лиоте́ки. Иногда́ конча́ю её, иногда́ нет. Е́сли кни́ги ин-
тересу́ют меня́, чита́ю их и́ли по вечера́м, и́ли по воскре-
се́ньям. Чита́ть хоро́шую кни́гу интере́снее, чем смот-
ре́ть телеви́зор. Ита́к, бо́лее интере́сные кни́ги я дочи́-
тываю до конца́, а ме́нее интере́сные я броса́ю посере-
ди́не — зато́ ра́ньше засыпа́ю. Хоро́шая систе́ма, не
пра́вда ли?

— Ничего́... Но есть кни́ги, кото́рые невозмо́жно про-
чита́ть за одну́ неде́лю. Ты, что? Предпочита́ешь детек-
ти́вы?

— Наоборо́т! Сейча́с увлека́юсь бо́лее серьёзными кни́-
гами. На про́шлой неде́ле я взяла́ из библиоте́ки пе́рвый
том «Войны́ и ми́ра» и перечита́ла его́ бо́лее внима́тельно,
с бо́льшим интере́сом, чем в пе́рвый раз. Толсто́й — мой
люби́мый писа́тель. Когда́ я чита́ю его́, я чу́вствую себя́
бли́же к пра́вде, чем когда́ чита́ю любо́го совреме́нного
а́втора.

— А мне бо́льше нра́вится Достое́вский. В свои́х романах он смелее и глубже Толстого проникает в самую душу человека. Он труднее Толстого, его философский подход к жизни сложнее, он волнует меня сильнее, но всё-таки, по-моему, он более человечно, более понимающе изображает своих героев...

— Да, но не все мы слабые, грешные. Большинство из нас более здоровые и более нормальные, чем бедные, несчастные герои Достоевского. Он старается всё глубже проникнуть в нездоровую душу человека, а Толстой пытается всё выше поднять дух людей. Никто не описывает жизнь и чувства человека более чутко и более реалистически, чем Толстой.

— А вообще, по-моему, поэт лучше всех передаёт человеческие чувства и переживания. В лирических стихах поэт чаще всего выражает свои мысли — и передаёт их и короче, и тоньше, чем писатель в прозе. Я страстно люблю поэзию. Помнишь стихи Пушкина:

«Выпьем, добрая подружка
Бедной юности моей,
Выпьем с горя; где же кружка?
Сердцу будет веселей.
Спой мне песню, как синица
Тихо за морем жила;
Спой мне песню, как девица
За водой поутру шла.»

Сколько тоски в этих простых словах! Правда?

— Романтическая ты натура! Это всё зависит от настроения. По-моему, всё-таки прозу легче понять, чем поэзию. Но я согласна с тобой: в художественной литературе рассказывают о современном обществе ещё проще и яснее, чем в учебнике истории...

— И описывают психологические процессы не хуже и гораздо понятнее, чем в учебнике психологии.

WORDS AND PHRASES

двадца́тый = twentieth
библиоте́ка = library
заде́рживать/задержа́ть = to delay
  (/задержу́, заде́ржишь)
относи́ть/отнести́ = to take (back)
спеши́ть/по- = to hurry
неуже́ли? *emphatic introduction to question* = really?
  surely not?
дома́шнее зада́ние = home work
ложи́ться/лечь = to lie down
  (/ля́гу, ля́жешь,...ля́гут; past лёг, легла́)
пра́вило = rule
брать/взять = to take
  (беру́, берёшь/возьму́, возьмёшь)
интере́снее, чем телеви́зор = more interesting than the
  television (set)
бо́лее интере́сный = more interesting
ме́нее интере́сный = less interesting
дочи́тывать/дочита́ть = to read to the end, finish off
  (a book)
броса́ть/бро́сить = to throw; abandon
  (/бро́шу, бро́сишь)
посереди́не = in the middle
засыпа́ть/засну́ть = to fall asleep
за одну́ неде́лю = in one week, within a week
предпочита́ть/предпоче́сть = to prefer
  (/предпочту́, предпочтёшь; *past* предпочёл, предпочла́)
детекти́в = detective novel
на про́шлой неде́ле = last week
том = volume
«Война́ и мир» = *War and Peace*
перечи́тывать/перечита́ть = to re-read
внима́тельно = attentively
бо́льший = greater
люби́мый писа́тель = favourite writer
а́втор = author

рома́н = novel

смеле́е = bolder; more boldly

глу́бже Толсто́го = deeper, more profoundly than Tolstoy

проника́ть/прони́кнуть = to penetrate
  (*past*,/прони́к, прони́кла)

филосо́фский подхо́д = philosophical approach

челове́чный = humane

понима́юще = understandingly

изобража́ть/изобрази́ть = to depict
  (/изображу́, изобрази́шь)

геро́й = hero; character

гре́шный = sinful

несча́стный = unfortunate

всё глу́бже = deeper and deeper, ever more profoundly

пыта́ться/по- = to attempt

вы́ше = higher

дух = spirit

опи́сывать/описа́ть = to describe

чу́ткий = sensitive

реалисти́ческий = realistic

поэ́т = poet

лу́чше всех = better than anyone; best of all

передава́ть/переда́ть = to transmit, convey
  (передаю́, передаёшь/переда́м, переда́шь)

лири́ческие стихи́ = lyrical poem

ча́ще всего́ = more often than anything, most often

то́ньше = more subtly; thinner

коро́че = shorter, more briefly

про́за = prose

стра́стно = passionately

до́брый = kind

подру́жка (*affectionate diminutive of* подру́га) = friend
  (*fem.*)

ю́ность (*fem.*) = youth, young days

с го́ря = from grief

кру́жка = mug, tankard

веселе́й = more cheerful (*comparative in* -ей *occurs mainly
  in poetry*)

спеть *Pf. of* петь = to sing
как (*here*) = of how, about how
синица = blue tit
девица = maiden
поутру = of a morning (normal stress поутру́)
тоска = melancholy, yearning
слово = word
романти́ческая нату́ра = romantic character
настрое́ние = mood
ле́гче (г *as* х [kh]) = easier, lighter
согла́сен = in agreement
худо́жественная литерату́ра = literature, belles lettres
про́ще = simpler
ясне́е = clearer
психологи́ческий проце́сс = psychological process
ху́же = worse
гора́здо поня́тнее = much more comprehensibly
психоло́гия = psychology

GRAMMAR — ГРАММА́ТИКА

1. Comparative of adjectives and adverbs

There are two forms of the comparative of Russian adjectives. One is formed with the word **бо́лее** which in itself means 'more' (or with **ме́нее** meaning 'less').

интере́сный — *interesting*
бо́лее интере́сный — *more interesting*
ме́нее интере́сный — *less interesting*

э́то бо́лее интере́сная кни́га *this is a more interesting book*
э́та кни́га бо́лее интере́сная *this book is more interesting*

In this construction the adjective declines in the normal way, but бо́лее does not change:

Я чита́л бо́лее интере́сную кни́гу.
I was reading a more interesting book.

The second form of the comparative ends in **-ее** or **-е** and it is not declinable. It can only be used predicatively as a complement.

э́та кни́га интере́снее	*this book is more interesting*
э́то сложне́е	*this is more complicated*

(It is important to remember that if the comparative adjective is required in any case other than the nominative, then the form with **бо́лее** should be used:

они́ живу́т в бо́лее но́вом до́ме   *they live in a newer house*.)

The stress on the predicative comparative is on the first **e** of the suffix if the feminine short form of the adjective is stressed on the **-а**; e.g. from **но́вый — нова́ — нове́е**.

In practice, this means that the comparative of a two-syllable adjective like **но́вый** has the stress on the suffix: **но́вый — нове́е; сло́жный — сложне́е.** If the adjective is a word of three or more syllables, then the stress on the comparative is probably on the same syllable as in the positive: **интере́сный — интере́снее; удо́бный — удо́бнее; есте́ственный — есте́ственнее.**
But note **веселе́е** 'gayer' from **весёлый, тяжеле́е** from **тяжёлый** 'heavy', **холодне́е** 'colder' from **холо́дный.** There is an alternative form of this comparative which ends in **-ей;** e.g. **нове́й, веселе́й,** mostly found in poetry. Some adjectives, e.g. those ending in **-ский,** do not have this short, predicative comparative, so that 'more realistic' has to be rendered with **бо́лее: бо́лее реалисти́ческий.**
The comparative of the adverb is the same as the predicative comparative adjective. Thus:

ясне́е   *more clearly*;   веселе́е   *more gaily*.

If there is no predicative form of the adjective, then the comparative form of the adverb has to be formed with **бо́лее:**

бо́лее реалисти́чески   *more realistically*

(Note that adverbs are formed from adjectives in **-ский** by dropping the final **-й**: **реалисти́ческий** 'realistic', **реалисти́чески** 'realistically'.)

2. Irregular comparatives

бли́зкий	*near*	бли́же
бога́тый	*rich*	бога́че
большо́й	*big*	бо́льше
высо́кий	*high*	вы́ше
глубо́кий	*deep*	глу́бже
гро́мкий	*loud*	гро́мче
густо́й	*thick*	гу́ще
далёкий	*distant, far*	да́льше
дешёвый	*cheap*	деше́вле
до́лгий	*long*	до́льше
дорого́й	*dear*	доро́же
жа́ркий	*hot*	жа́рче
коро́ткий	*short*	коро́че
кре́пкий	*strong*	кре́пче
лёгкий	*easy, light*	ле́гче
мя́гкий	*soft, mild*	мя́гче
ни́зкий	*low*	ни́же
плохо́й	*bad*	ху́же
просто́й	*simple*	про́ще
ра́нний	*early*	ра́ньше
сла́дкий	*sweet*	сла́ще
стро́гий	*strict*	стро́же
твёрдый	*hard, firm*	твёрже
ти́хий	*quiet*	ти́ше
то́нкий	*thin, fine*	то́ньше
хоро́ший	*good*	лу́чше
ча́стый	*frequent*	ча́ще
чи́стый	*clean, pure*	чи́ще
широ́кий	*wide*	ши́ре

As well as meaning 'bigger', **бо́льше** means 'more'. 'Less' is **ме́ньше**.

3. 'Than'

One way to express 'than' is to put the object of the comparison into the Genitive case:

Он вы́ше меня́.   *He is taller than I am.*
Пётр лу́чше Ива́на.   *Peter is better than Ivan.*

'Than' can also be rendered by **чем**:

Он вы́ше, чем я.   *He is taller than I am.*
Пётр лу́чше, чем Ива́н.   *Peter is better than Ivan.*

If the long comparative with **бо́лее** is used, then **чем** and not the Genitive of comparison must be used for 'than':

Достое́вский бо́лее интере́сный писа́тель, чем Толсто́й.
Dostoevsky is a more interesting writer than Tolstoy.

Чем must be used in translating 'than his, than hers, than theirs': **чем его́, чем её, чем их.**

4. Чем... тем...

Note the use of **чем** ... **тем** ... in the following examples:

Чем нове́е, тем лу́чше.   *The newer, the better.*
Чем да́льше в лес, тем
бо́льше дров.   *The farther into the forest (one goes) the more wood there is.*

    (i.e. *the further one goes, the more complications arise*)

5. Гора́здо

In comparative constructions 'much' is expressed by **гора́здо**: гора́здо ясне́е   *much clearer;*
гора́здо бо́льше   *much bigger, much more.*

6. Как мо́жно...

The comparative is used with **как мо́жно** to express 'as ... as possible':

как мо́жно скоре́е
как мо́жно бо́льше

as quickly as possible
as much as possible

Proverb:

Ти́ше е́дешь, да́льше
бу́дешь.

More haste, less speed.
(literally, *the more calmly you
go, the further you will be*)

EXERCISES — УПРАЖНЕ́НИЯ

1. Using the following phrases, form sentences with a
comparative as in the Model:

Model: расска́зывать ску́чно
A. Он бу́дет расска́зывать ещё скучне́е.
B. Расскажи́те как мо́жно скучне́е.

расска́зывать ску́чно; стара́ться усе́рдно; передава́ть свобо́дно; опи́сывать однообра́зно; броса́ть осторо́жно; брать реши́тельно; поднима́ть ме́дленно; изобража́ть конкре́тно; перечи́тывать внима́тельно; засыпа́ть ско́ро; бе́гать бы́стро.

2. Using the words in brackets, form sentences according
to the Models:

Model: Наш проце́сс сло́жный (их)
A. Наш проце́сс тако́й же сло́жный, как их.
B. Наш проце́сс сложне́е, чем их.

Наш проце́сс сло́жный (их).
Моя́ сестра́ легкомы́сленная (твоя́).
Центра́льная библиоте́ка но́вая (ме́стная).
Э́та боле́знь серьёзная (про́шлая).
Э́тот рома́н интере́сный (любо́й детекти́в).
Твоя́ крова́ть удо́бная (его́).
Хала́т Бори́са дли́нный (Джон).
Второ́й том тяжёлый (тре́тий).

C. As B, but now replace чем with the Genitive
of comparison wherever possible.

3. (a) Using the following groups of words, form sentences according to the Model.

> *Model A*: пенициллѝн — аспирѝн — дорогóй
> Пенициллѝн горáздо дорóже ас-
> пирѝна.

пенициллѝн — аспирѝн — дорогóй; зимá —
óсень — холóдный; отéц — мать — ýмный;
моя́ рабóта — твоя́ — лёгкий;
Тáня — Сóня — красѝвый; учѝтельница —
дирéктор — стрóгий; вóдка — винó — крéпкий;
твоя́ одéжда — её — старомóдный; пéрвый том
— вторóй — тóнкий; Алексéй — Вѝктор —
культýрный.

(b) Continue as before, but according to Model B.

> *Model B*: вставáть мéдленно
> Я встаю́ горáздо мéдленнее.

вставáть мéдленно; одевáться прилѝчно; рабóтать усéрдно; проводѝть ýтро прия́тно; есть
чáсто; бывáть общѝтельным; ложѝться спать
пóздно; засыпáть бы́стро; спать дóлго; чýвство-
вать себя́ плóхо.

(c) Continue as before, but according to Model C.

> *Model C*: слóжный процéсс — он дорогóй
> Чем сложнéе процéсс, тем он до-
> рóже.

слóжный процéсс — он дорогóй; дешёвое лекáрство — онó бесполéзное; свéжий сыр — он
хорóший; большóй гриб — он вкýсный;
мя́гкая постéль — э́то прия́тно; неóпытный
водѝтель — опáсная поéздка; длѝнные нóчи —
корóткие дни; чáсто идёт дождь — травá
густáя; плохáя ученѝца — онá мáло занимá-
ется; пóезд идёт бы́стро — мы приезжáем рáно.

4. Complete a second sentence in such a way as to form a comparison, as in the Model:

> *Model*: Понима́ть по-украи́нски тру́дно.
> Говори́ть ...
> Понима́ть по-украи́нски тру́дно.
> Говори́ть по-украи́нски гора́здо трудне́е, чем понима́ть.

(i) Понима́ть по-украи́нски тру́дно. Говори́ть ...
(ii) Пе́тя и Ве́ра сего́дня чи́стые. Бо́ря и Со́ня...
(iii) Он негра́мотный челове́к. Его́ това́рищ...
(iv) Вы челове́к высо́кого ро́ста. Мой брат...
(v) Ма́ша хорошо́ игра́ет на скри́пке. На пиани́но...
(vi) На за́паде СССР уже́ тепло́. На ю́ге...
(vii) У э́того арти́ста гро́мкий го́лос. У дире́ктора...
(viii) Вы рабо́таете бли́зко от больни́цы. Михаи́л Петро́вич...
(ix) В ю́жной А́нглии холо́дный кли́мат. В се́верной А́нглии...
(x) Ве́чером в лесу́ темно́. Но́чью...
(xi) На́ши у́лицы широ́кие. Моско́вские...
(xii) Е́хать на по́езде удо́бно. Лете́ть на самолёте...
(xiii) У нас мно́го сомне́ний. У него́...
(xiv) Вам вре́дно пить вино́. Пить во́дку...

5. (a) With the words and phrases given in brackets make comparisons as in the Model. Wherever possible use the Genitive of comparison; otherwise use **чем**:

> *Model*: Э́та у́лица широ́кая (гла́вная у́лица).
> Э́та у́лица ши́ре гла́вной у́лицы.

(i) Э́та у́лица широ́кая (гла́вная у́лица).
(ii) Пирожки́ с гриба́ми вку́сные (пирожки́ с мя́сом).
(iii) Наш перево́дчик о́пытный (ваш).
(iv) Ста́рые больни́цы плохи́е (но́вые).
(v) Её брат высо́кий (она́).
(vi) Мы живём далеко́ от апте́ки (вы).

(vii) Мы разгова́риваем друг с дру́гом осторо́жно (де́ти).

(viii) Но́вая библиоте́ка хоро́шая (ста́рая).

(ix) Э́ти дома́ ни́зкие (те).

(x) Ста́рое зда́ние бли́зко от реки́ (совреме́нные).

(xi) Э́ти де́ти разгова́ривают есте́ственно (взро́слые).

(xii) Мини́стр объясня́ет э́то я́сно (замести́тель).

(xiii) У неё к э́тому крити́ческий подхо́д (у него́).

(xiv) Поэ́т опи́сывает чу́вства лири́чески (э́тот писа́тель).

(xv) Они́ отно́сятся к э́тому филосо́фски (я).

(b) Now form comparisons according to the following Model.

Model: Э́та у́лица ме́нее широ́кая, чем гла́вная.

(c) Omitting the last three of the above sentences, form comparisons with **всех** as in the following Model.

Model: Э́та у́лица ши́ре всех.

6. Translate into Russian:

(i) She began to work less than she should and plunged still deeper into her emotional experiences. Her yearning began to worry him and he began to treat her more seriously and more sensitively.

(ii) My native land is dearer to me than everything else in the world. There the fields are greener, the air cleaner. Our flowers are more beautiful, our wine is stronger, and our girls are gayer and lovelier than all others.

(iii) In my opinion, Tolstoy describes people better than Dostoyevsky.

(iv) Perhaps my acquaintances are no worse than his characters, but in the majority of cases they don't even attempt to be kinder or more attentive to people, and they are not ashamed of their weaknesses.

(v) I admit that the skill of our young writers is not very high yet, but they are creating new historical literature. They are more interested in the history of the Revolution than in the history of art.

(vi) The simpler the word, the more natural it is; and the more understandable it is, the clearer it will express the author's thought.

7. Answer in Russian the following questions on the text:

(i) Почему́ у Та́ни нет вре́мени разгова́ривать с подру́гой?

(ii) Её подру́га мно́го чита́ет?

(iii) Когда́ у Та́ни быва́ет вре́мя чита́ть кни́ги?

(iv) Та́ня всегда́ дочи́тывает кни́ги до конца́?

(v) Она́ всегда́ ра́но ложи́тся спать?

(vi) Каки́е кни́ги она́ предпочита́ет?

(vii) Та́ня увлека́ется детекти́вами?

(viii) Почему́ рома́н «Война́ и мир» ещё бо́льше понра́вился ей, когда́ она́ прочита́ла его́ второ́й раз?

(ix) Нра́вится ли Толсто́й подру́ге Та́ни?

(x) Что ей нра́вится в рома́нах Достое́вского?

(xi) Как опи́сывает Достое́вский жизнь и чу́вства челове́ка по мне́нию Та́ни?

(xii) Почему́ подру́га Та́ни лю́бит поэ́зию?

(xiii) Что вы́разил Пу́шкин в стиха́х, кото́рые она́ так лю́бит?

(xiv) Како́го вы мне́ния о про́зе и поэ́зии?

(xv) Согласны́ ли вы с после́дними мне́ниями Та́ни и её подру́ги о литерату́ре? Мо́жно ли сказа́ть то же са́мое о совреме́нной литерату́ре ва́шего наро́да?

LESSON 21 — УРÓК ДВÁДЦАТЬ ПÉРВЫЙ

Игрá в шáхматы

Ужé кóнчились шкóльные экзáмены и началúсь лéтние каникулы. У Владúмира Михáйловича Макáрова врéмя бóлее úли мéнее свобóдное. Э́то сáмое приятное врéмя гóда для негó, сáмое спокóйное. По крáйней мéре тепéрь по вечерáм он не дóлжен дýмать об урóках и слáбых ученикáх. Сáмое большóе удовóльствие для негó — э́то погулять по бульвáру. Бульвáр — э́то ширóкая аллéя, обычно посередúне ýлицы. Там растýт цветы и дерéвья. Недалекó от егó дóма нахóдится такóй бульвáр. Здесь мóжно подýмать, что ты нахóдишься в зелёном пáрке. В квартúре Владúмира Михáйловича лéтом дýшно, и, когдá он открывáет óкна, у сосéда грóмко игрáет рáдио úли прóигрыватель, úли ктó-то на дворé починяет мотоцúкл. Итáк, Владúмир Михáйлович чáсто прихóдит на бульвáр по вечерáм.

Сначáла он идёт за газéтой в ближáйший киóск, а éсли жáрко, он покупáет по дорóге морóженое úли пьёт из автомáта газирóванную вóду. Потóм он нахóдит свобóдное мéсто на скамéйке в тени дерéвьев и спокóйно читáет газéту. Бывáет, конéчно, что прямо пéред ним игрáют в мяч и шумят дéти, но для Владúмира Михáйловича дéтский крик сáмый обычный звук; он давнó привык к их грóмкому крúку, и емý дáже стрáнно, когдá онú не кричáт. Онú емý ничýть не мешáют, и тóлько éсли мяч подлетáет к немý, он поднимáет егó, спрáшивает, чей

250

это мяч, и, независимо от ответа, всегда бросает его самому маленькому мальчику или девочке. Потом он дочитывает газету и идёт дальше. Он считает себя самым добрым человеком.

С тех пор, как он бросил курить, его трубка пустая, но он часто держит её в руке или во рту. Он уже не думает о том, что он читал в газете, а любуется заходом солнца.

— Эй, Шерлок Холмс! — зовёт его вдруг и машет ему рукой человек, который сидит на скамейке на другой стороне аллеи. Владимир Михайлович узнаёт по голосу одного знакомого, которого он часто встречает здесь, автоматически смотрит на часы и делает вид, что колеблется. «Глупо», — думает он; он знает, что просидит полвечера с этим человеком, с которым он знаком, но о котором ничего не знает. «Кто он такой? — часто спрашивает он себя. — Простой рабочий? Министр сельского хозяйства? Может быть, это крупнейший физик? Или известнейший художник? А может опаснейший преступник? Чёрт его знает!»

Он здоровается с ним, выбирает самое чистое место на скамейке, снимает пиджак и готовится к жесточайшей борьбе. Дело в том, что они оба шахматисты и, хотя не из самых лучших, но и далеко не из худших; и, пока в полночь не выключат свет, здесь будет происходить самая сложная, самая увлекательная игра с самым интересным игроком, с самым тонким знатоком шахмат во всей Москве.

WORDS AND PHRASES

двадцать первый = twenty-first
игра в + *acc.* = game of
шахматы (*pl.*), *gen.* шахмат = chess
школьный экзамен = school exam
летний = summer (*adj.*)
более или менее свободный = more or less free

са́мый большо́й = the biggest, greatest, largest
удово́льствие = pleasure
бульва́р = boulevard
алле́я = avenue
зелёный = green
парк = park
ду́шный = stuffy
прои́грыватель (*masc.*) = record-player
двор = yard, court
на дворе́ = outside
починя́ть *or* чини́ть/починя́ть = to mend
мотоци́кл = motorcycle
ближа́йший кио́ск = the nearest kiosk, news-stand
жа́рко = hot
моро́женое = ice cream
из автома́та = from a vending machine
газиро́ванная вода́ = fizzy drink
скаме́йка = bench
тень (*fem.*) = shade, shadow
споко́йный = calm, peaceful
быва́ет = it happens
мяч = ball
шуме́ть/за- = to make a noise
   (шумлю́, шуми́шь)
де́тский крик = children's shouting
звук = sound
ничу́ть = not in the least
подлета́ть/подлете́ть к +*dat.* = to fly up to
чей э́то мяч? = whose ball is this?
незави́симый = independent
де́вочка = little girl
да́льше = further
с тех пор как = since, from the time when
тру́бка = pipe
захо́д со́лнца = sunset
маха́ть/махну́ть + *instr.* = to wave; swing, sweep
   (машу́, ма́шешь)
сторона́ = side

узнава́ть по го́лосу = to recognize by (his) voice
автомати́ческий = automatic
часы́ = watch, clock
колеба́ться/по- = to hesitate
  (**коле́блюсь, коле́блешься**)
просиде́ть полве́чера = to sit through half the evening
кто он тако́й? = who is he?
се́льское хозя́йство = agriculture
кру́пный фи́зик = important physicist
крупне́йший = most important
а мо́жет...? = or perhaps...?
престу́пник = criminal
здоро́ваться/по- = to greet, shake hands
  (**здоро́ваюсь, здоро́ваешься**)
снима́ть/снять = to take off (clothing)
пиджа́к = jacket
жесто́кая борьба́ = cruel struggle
де́ло в том, что = the fact is that
шахмати́ст = chess player
лу́чший = best
далеко́ не = far from
ху́дший = worst
в по́лночь = at midnight
свет = light
увлека́тельная игра́ = fascinating game
игро́к = player
то́нкий = subtle
знато́к = connoisseur

GRAMMAR—ГРАММА́ТИКА

1. The superlative degree of adjectives

There are two forms of the superlative of adjectives.
One is formed with **са́мый**:

са́мый интере́сный писа́тель   *the most interesting writer*

са́мая тру́дная рабо́та	*the most difficult work*
са́мое я́сное объясне́ние	*the clearest explanation*
мой са́мые но́вые носки́	*my newest socks*

Both **са́мый** and the adjective decline in the normal way; e.g.

кни́га о са́мом интере́сном писа́теле в Росси́и
a book about the most interesting writer in Russia.

This form may be used predicatively:

Э́та рабо́та са́мая тру́дная.   *This job is the most difficult.*

The second form of the superlative ends in **-ейший** (or **-айший** after **ж, ч, ш** or **щ**) and it is declinable:

интере́снейший рома́н   *a most interesting novel.*

This form is usually used as an intensifying adjective where no real comparison is being made, as in the above example and in the phrase

чисте́йший вздор   *the sheerest rubbish*

in which the rubbish in question is not being described as sheerer than other rubbish.

Sometimes, however, this second form may be used for a true superlative, as in **ближа́йший путь** *the nearest way*.

Note the following examples of this form of superlative:

глубо́кий — глубоча́йший; коро́ткий — кратча́й-
ший; кре́пкий — крепча́йший; лёгкий — легча́й-
ший; ма́ленький — мале́йший; стро́гий — строжа́й-
ший; то́нкий — тонча́йший.

The prefix **наи-** may be used to intensify the force of the superlative:

наисложне́йшая рабо́та   *most complicated work.*

The prefix **пре-** may be added to the positive to form a kind of superlative: **преста́рый** 'very old'. It may also be used to intensify a superlative: **престаре́йший** 'very, very old'.

These forms of the superlative may also be used predicatively.

2. Some exceptional comparatives and superlatives

Note the following. The first comparative given is the indeclinable predicative form; the second is the declinable form which may be used attributively or predicatively. Where more than one superlative is given the several forms are interchangeable unless indication to the contrary is shown:

Positive	Comparative	Superlative
хоро́ший *good*	лу́чше лу́чший	лу́чший са́мый лу́чший са́мый хоро́ший
плохо́й *bad*	ху́же ху́дший	ху́дший са́мый ху́дший са́мый плохо́й
большо́й *big*	бо́льше бо́льший	са́мый большо́й велича́йший
ма́ленький *little*	ме́ньше ме́ньший	са́мый ма́ленький мале́йший
высо́кий *high, tall*	вы́ше бо́лее высо́кий вы́сший (figurative)	са́мый высо́кий вы́сший (figurative) высоча́йший
ни́зкий *low*	ни́же бо́лее ни́зкий ни́зший (figurative)	са́мый ни́зкий ни́зший (figurative) нижа́йший

молодо́й *young*	моло́же (or младше) бо́лее молодо́й мла́дший брат *younger brother* мла́дший *junior*	са́мый молодо́й
ста́рый *old*	ста́рше старе́е (*of thing*) бо́лее ста́рый ста́рший брат *elder brother* ста́рший *senior*	са́мый ста́рый са́мый ста́рший (*of person*) старе́йший

3. The superlative of adverbs

The superlative of the adverb is expressed by the comparative followed by the Genitive of comparison **всего́** 'than everything' or **всех** 'than everybody', 'than all':

Он игра́ет в футбо́л лу́чше всего́.	*He plays football best (i.e. better than he plays anything else).*
Он игра́ет в футбо́л лу́чше всех.	*He plays football best (i.e. better than everyone else).*
Я люблю́ поэ́зию бо́льше всего́.	*I like poetry most (of all).*
Я люблю́ поэ́зию бо́льше всех.	*I like poetry most (i.e. more than anyone else does).*

4. The reflexive pronoun себя́

Себя́ is the reflexive pronoun. There is only one form for all genders in the singular and for the plural:

Nom.		None
Gen.		себя́
Dat.		себе́
Acc.		себя́
Inst.		собо́й, собо́ю
Prep.	(о)	себе́

Я спра́шиваю себя́.	*I ask myself.*
Она́ купи́ла себе́ но́вую шля́пу.	*She bought herself a new hat.*
Они́ привезли́ с собо́й все свои́ ве́щи.	*They brought all their things with them.*

The person(s) denoted by **себя́** must, of course, be the same person as the subject of the verb.

When the action is one which is normally reflexive, i.e. is normally done to the self, rather than to someone else, for example, 'to dress', then a reflexive verb ending in **-ся** is used instead of the separate pronoun **себя́**.

Она́ одева́лась.	*She was dressing.*

5. **Чей 'whose'**

Чей is an interrogative word meaning 'whose'. The masculine is **чей,** the feminine is **чья,** the neuter is **чьё,** and the plural is **чьи:**

Чей э́то слова́рь?	*Whose dictionary is this?*
Чья э́то газе́та?	*Whose newspaper is this?*
Чьё э́то пальто́?	*Whose coat is this?*
Чьи э́то фотока́рточки?	*Whose photographs are these?*

Notice that in the above construction the word **э́то** in the middle does not change.

Чей may be found used as a relative pronoun, but this usage in modern Russian is elevated or poetic:

челове́к, чьё и́мя изве́стно всем
a person whose name is known to all

The declension of **чей** is:

	Masc.	Fem.
Nom.	чей	чья
Gen.	чьего́	чьей
Dat.	чьему́	чьей
Acc.	чей/чьего́	чью

Instr.		чьим	чьей
Prep.	(o)	чьём	чьей

		Neut.	Pl.
Nom.		чьё	чьи
Gen.		чьего́	чьих
Dat.		чьему́	чьим
Acc.		чьё	чьи/чьих
Instr.		чьим	чьи́ми
Prep.	(o)	чьём	чьих

Thus:

Чью газе́ту вы чита́ете?

Whose paper are you reading?

6. Са́мый 'the very ...'

Са́мый by itself means 'the very ...':

на са́мом берегу́ реки́   *on the very bank of the river.*

Used with э́тот or тот же it means 'the same ...':

в том же са́мом ме́сте   *in the same place.*

EXERCISES—УПРАЖНЕ́НИЯ

1. (a) Form a Comparative phrase from the following adjectives and adverbs according to the Model:

Model: ни́зкий: всё ни́же и ни́же

ни́зкий; просто́й; дорого́й; кре́пкий; коро́ткий; чи́стый; стро́гий; лёгкий; сла́дкий; гро́мкий; по́здно; ра́но; глубоко́; ча́сто; мя́гко; пло́хо; гу́сто; бли́зко; ти́хо; хорошо́.

(b) Give the Positive degree of the following comparatives and then rewrite the phrases using са́мый and the appropriate adjective:

Model: вы́ше всех — высо́кий — са́мый
высо́кий

вы́ше всех; то́ньше всех; бога́че всех; деше́вле
всех; до́льше всех; тве́рже всех; ши́ре всех;
жа́рче всех.

2. (a) Rewrite the following adjectives using the Superlative degree ending in **-ейший** or **-айший:**

   (b) Choose 10 phrases and compose sentences with them:

   ску́чный рома́н; ста́рая часть; лёгкий сон;
   то́нкие образцы́; поле́зное сре́дство; ужа́сные
   престу́пники; стро́гий игро́к; высо́кие го́ры;
   ма́ленькое подозре́ние; увлека́тельная игра́;
   вку́сный ко́фе; бли́зкая парикма́херская; глубо́-
   кий интере́с; тру́дный экза́мен; коро́ткая доро́га;
   бога́тая страна́; по́лный беспоря́док; кре́пкая
   во́дка; ни́зкая скаме́йка.

3. (a) Note the usage of the following irregular Comparative forms and rewrite the sentences according to
the Model:

   Model: Э́тот поэ́т ху́же Маяко́вского.
   Маяко́вский лу́чше э́того поэ́та.

   Э́тот поэ́т ху́же Маяко́вского.
   Их план лу́чше на́шего.
   Э́то зда́ние ме́ньше но́вого.
   Она́ говори́т по-армя́нски ху́же, чем по-ру́сски.
   Он зна́ет фи́зику лу́чше, чем эконо́мику.
   Пе́тя протесту́ет ме́ньше Са́ши.
   Лю́да боле́ет бо́льше Ма́ши.
   Никола́й ста́рше Влади́мира.
   Ве́ра мла́дше Еле́ны.
   Моя́ кру́жка старе́е твое́й.

   (b) Rewrite the above sentences to convey the Superlative degree. Use всего́ or всех as appropriate, as
in the Model:

   Model: Э́тот поэ́т ху́же всех.

4. Translate into Russian:

- (i) He lives in the oldest area of the town.
- (ii) Volodya's mother is five years younger than his father.
- (iii) They return home with even more frightful ideas.
- (iv) There are no stronger wines in the foodstore today.
- (v) Sonya admitted this to her more understanding friends.
- (vi) They were cleverer than she and looked at life more realistically.
- (vii) Feeding (trans. 'to feed') the smallest children with a spoon is very difficult.
- (viii) Sometimes it seems to me that the dirtiest and stupidest children are ours, that there cannot be dirtier or stupider children in the whole world.
- (ix) He is more or less known amongst Moscow youth.
- (x) In the years of (his) youth, life was more complex and less normal, but it was more absorbing.

5. Using the following groups of words, compose questions according to the Model (watch the tenses):

> *Model*: шáхматы — он — принестú позавчерá
>
> Чьи шáхматы он принёс позавчерá?

- (i) шáхматы — он — принестú позавчерá.
- (ii) сын — он — махáть рукóй сейчáс.
- (iii) пóмощь — он — искáть послезáвтра.
- (iv) морóженое — он — съесть вчерá по ошúбке.
- (v) часы́ — он — чинúть весь день зáвтра.
- (vi) дочь — он — мúло улыбáться зáвтра.
- (vii) в ... сапогú — он — поéхать вчерá ýтром в пóле.
- (viii) с ... постéль — он — снять вчерá одеáло.
- (ix) с ... женá — он — тóлько что здорóваться.
- (x) о ... прóигрыватель — он — скóро забы́ть.
- (xi) без ... автомобúль — он — обходúться сегóдня.
- (xii) под ... костю́м — он — позавчерá найтú егó рубáшку.

6. Insert the correct form of себя and then translate into English:

По вечерам он возвращался к ... в комнату и, как он привык делать у ... на родине, сам готовил для ... что-нибудь простое на ужин. Он зарабатывал достаточно, но не позволял ... ничего лишнего. Он очень любил сына, никогда не думал о ..., а посылал сыну все лишние деньги. После ужина он обычно продолжал сидеть за столом и играл сам с ... в шахматы, или думал о сыне. Иногда он открывал рот, начинал сам с ... разговаривать, вспоминал, что сын уехал, и сам смеялся над своей слабостью.

7. Answer in Russian the following questions on the text:

   (i) Где работает Макаров, и чем он обычно занимается по вечерам?

  (ii) В какое время года он более или менее свободен, и почему?

 (iii) Что такое бульвар, и почему Макаров так любит проводить там летние вечера?

 (iv) Где он покупает газету, и что он ещё покупает, когда ему жарко?

  (v) Где стоят скамейки на бульваре, и можно ли там сидеть и спокойно читать или готовить уроки?

 (vi) Почему Макаров всегда бросает мяч самому маленькому мальчику или девочке?

 (vii) Почему Макаров берёт с собой трубку, когда он идёт гулять?

(viii) Как называет Макарова его знакомый, и почему?

 (ix) Как Макаров узнаёт своего знакомого и рад ли он его видеть?

  (x) Кем он может быть, и кто он действительно?

 (xi) Почему они часто проводят вечера вместе?

 (xii) Как проходят такие вечера?

LESSON 22 — УРО́К ДВА́ДЦАТЬ ВТОРО́Й

«А́нна Каре́нина»

Нача́ло восемна́дцатой главы́ пе́рвой ча́сти рома́на Л. Н. Толсто́го:

Вро́нский пошёл за конду́ктором в ваго́н и при вхо́де в отделе́ние остановился, что́бы дать доро́гу выходи́вшей да́ме. С привы́чным та́ктом све́тского челове́ка, по одному́ взгля́ду на вне́шность э́той да́мы, Вро́нский определи́л её принадле́жность к вы́сшему све́ту. Он извини́лся и пошёл бы́ло в ваго́н, но почу́вствовал необходи́мость ещё раз взгляну́ть на неё — не потому́, что она́ была́ о́чень краси́ва, не по тому́ изя́ществу и скро́мной гра́ции, кото́рые видны́ бы́ли во всей её фигу́ре, но потому́, что в выраже́нии мило́видного лица́, когда́ она́ прошла́ ми́мо его́, бы́ло что́-то осо́бенно ла́сковое и не́жное. Когда́ он огляну́лся, она́ то́же поверну́ла го́лову. Блестя́щие, каза́вшиеся тёмными от густы́х ресни́ц, се́рые глаза́ дружелю́бно, внима́тельно останови́лись на его́ лице́, как бу́дто она́ признава́ла его́, и то́тчас же перенесли́сь на подходи́вшую толпу́. В э́том коро́тком взгля́де Вро́нский успе́л заме́тить сде́ржанную оживлённость, кото́рая игра́ла в её лице́ и порха́ла ме́жду блестя́щими глаза́ми и чуть заме́тной улы́бкой, изгиба́вшею её румя́ные гу́бы. Как бу́дто избы́ток чего́-то так переполня́л её существо́, что ми́мо её во́ли выража́лся то в бле́ске взгля́да, то в улы́бке.

Она потушила умышленно свет в глазах, но он светился против её воли в чуть заметной улыбке.

Даже в этом маленьком отрывке сразу бросается в глаза отличающийся свежестью стиль этого писателя — писателя настоящего, хорошо знающего и любящего людей и чувствующего малейшие переживания, тревожащие человеческие сердца. Драматический подход, употребляемый Толстым в описании этой первой встречи Анны и Вронского, даёт возможность читателю видеть, как будто своими глазами, сцену, описываемую автором. Инстинктивные чувства, не анализируемые писателем, но замеченные читателем в открытом взгляде Анны, позднее начинают развиваться в богатой натуре, в проснувшемся сердце её. В этом романе, написанном сто лет назад и посвящённом проблеме счастья, занимавшей тогда самого Толстого, заинтересовавшийся читатель может заметить идеи, не лишённые значения и в наши дни.

(The following translation of the excerpt from Tolstoy is nearly word-for-word and may prove helpful in sorting out this example of a literary style. The same applies for the texts of Lessons 23 and 27.)

Vronsky went after the attendant into the carriage and at the entrance to the passenger compartment he stopped to make way for a lady who was going out. With the customary tact of as a man of society, with one glance at the appearance of this lady Vronsky defined her as belonging to the highest society. He apologized and was about to go into the carriage but felt a need to look at her once again — not because she was very beautiful, not on account of that refinement and modest grace which were visible in all her figure, but because in the expression of her comely face when she walked past him there had been something particularly kind and gentle. When he looked round she, too, turned her head. Her flashing grey eyes, which seemed dark from her thick eyelashes, paused amicably and attentively on his face as if she recognized him and at once transferred themselves to the approaching crowd. In this short glance Vronsky had time to notice the restrained vivacity which played in her face and flitted between her shining eyes and the scarcely noticeable smile which curved her flushed lips. As if an excess of something so overfilled her being that it expressed itself against her will now in the flash of her glance, now in her smile. She deliberately extinguished the light in her eyes, but it shone against her will in her just noticeable smile.

WORDS AND PHRASES

двадцать второй = twenty-second
глава = chapter
кондуктор = sleeping-car attendant (*modern Russian —* проводник)
вагон = carriage
при входе = on entering
отделение (*here*) = compartment
чтобы = in order to
дать дорогу = to give way
выходившая дама = the lady (who was) coming out
привычный такт = customary tact
светский человек = a person from society
по одному взгляду = at one glance
внешность (*fem.*) = (external) appearance
определять/определить = to determine
принадлёжность (*fem.*) = adherence
высший свет = highest society
извиняться/извиниться = to apologize
пошёл было = was about to go
необходимость (*fem.*) = necessity
ещё раз = once more
взглядывать/взглянуть = to glance
  (/взгляну, взглянешь)
изящество = elegance, refinement
грация = grace

миловидный = pretty
мимо его = past him (*modern Russian* — мимо него)
ласковый = tender
нежный = gentle
оглядываться/оглянуться = to look round
  (/оглянусь, оглянешься)
блестеть/блеснуть = to shine, glitter
ресница = eyelash
дружелюбный = amicable
внимательный = attentive
признавать/признать = to recognize, acknowledge
тотчас же = at once, at the same moment
переноситься/перенестись = to be transferred
взгляд = glance
сдерживать/сдержать = to hold back, withhold
оживлённость (*fem.*) = liveliness
порхать/порхнуть = to flit
чуть = scarcely
заметный = noticeable
изгибать/изогнуть = to curve
румяный = rosy, glowing
губа = lip
как будто = as if
избыток = excess
переполнять/переполнить = to fill to overflowing
существо = being
мимо её воли = against her will
блеск = brilliance
улыбка = smile
тушить/по- = to extinguish, dampen
умышленный = deliberate
светиться/за- = to shine
отрывок = excerpt
бросаться/броситься в глаза = to strike one
свежесть (*fem.*) = freshness
стиль (*masc.*) = style
малейший = least
тревожить/вс- = to disturb, alarm

драмати́ческий = dramatic
употребля́емый = used
описа́ние = description
инстинкти́вный = instinctive
анализи́ровать/про- = to analyse
чита́тель (*masc.*) = reader
бога́тая нату́ра = generous nature
просыпа́ться/просну́ться = to wake up
сто лет наза́д = a hundred years ago
посвяща́ть/посвяти́ть +*dat.* = to dedicate, devote to
сча́стье = happiness
лиша́ть/лиши́ть +*gen.* = to deprive of

GRAMMAR — ГРАММА́ТИКА

Participles

Russian participles are verbal adjectives which serve to identify, define, a person or thing as the one doing something or having something done to it, as, for example, in the phrase:

> челове́к, чита́ющий газе́ту, ...
> *the man reading* (i.e. *who is reading*) *the newspaper*

Чита́ющий is the Present Active Participle.
There are also Present Passive, Past Active and Past Passive Participles. The passive participles may be used to form the passive voice (see below).

1. The Present Active Participle

The Present Active Participle is formed by removing **-т** from the end of the third person plural, present tense, and adding **-щий, -щая, -щее, -щие.**

чита́ют	—	чита́ющий;
несу́т	—	несу́щий;
пи́шут	—	пи́шущий;
говоря́т	—	говоря́щий.

For First Conjugation verbs this participle has the same stress as the third person plural; for Second Conjugation verbs the stress is on the same syllable as in the Infinitive (except лю́бящий from люби́ть).

2. The Past Active Participle

The Past Active Participle is formed from the past tense by removing -л and adding -вший. This participle may be formed from either aspect:

читáвший, прочитáвший;
говори́вший, поговори́вший.

With verbs whose past tense does not end in -л add -ший to the past tense, masculine:

нести́:   нёс   —   нёсший;
везти́:   вёз   —   вёзший.

But note the following exceptions: идти́ — шéдший; произойти́ — происшéдший; вести́ — вéдший.

And: пáхнуть — пáхший *or* пáхнувший; возни́кнуть — возни́кший *or* возни́кнувший; прони́кнуть — прони́кший *or* прони́кнувший; but only исчéзнувший *and* привы́кший.

Reflexive participles always end in -ся, never -сь:

занимáющийся,   занимáющаяся

3. The Present Passive Participle

The Present Passive Participle is formed by adding the adjectival ending -ый to the first person plural of the present tense: читáемый, люби́мый, терпи́мый.

Note the following exceptions for verbs with the suffix -ва:

давáемый; продавáемый; признавáемый.

As a rule this Present Passive Participle is formed only from regular verbs of the First Conjugation and from some

Second Conjugation verbs, especially **носи́ть, вози́ть, води́ть** and their prefixed forms, e.g. **приноси́ть, увози́ть.** On the whole, irregular First Conjugation verbs and verbs of the Second Conjugation do not have this participle. Thus, there are no Present Passive Participles from **писа́ть, мыть, говори́ть, стро́ить** and many other verbs.

4. The Past Passive Participle

(a) First Conjugation

To form the Past Passive Participle of a regular First Conjugation verb remove **-л** from the past tense and add **-нный:**

читáл: чи́танный, прочи́танный;
писáл: пи́санный, напи́санный;
потеря́л: поте́рянный.

The stress is on the stem.

Note that the Past Passive Participles from **нести́, везти́, вести́** end in **-ённый: внесённый, привезённый, уведённый.** And the Past Passive Participle from **найти** 'to find' is **на́йденный.**

Past Passive Participles may be formed from either Aspect, but most of them are Perfective.

Some Past Passive Participles of the First Conjugation are formed with the suffix **-тый:**

бить — би́тый *hit, broken;*
вы́пить — вы́питый *drunk;*
взять — взя́тый *taken;*
греть — гре́тый *warmed;*
закры́ть — закры́тый *closed;*
мыть — мы́тый *washed*
откры́ть — откры́тый *opened;*
нача́ть — на́чатый *begun;*
оде́ть — оде́тый *dressed;*
поня́ть — по́нятый *understood;*
приня́ть — при́нятый *accepted;*

заня́ть — за́нятый *occupied*;
забы́ть — забы́тый *forgotten*;
изогну́ть — изо́гнутый *curved*.

(b) Second Conjugation

Remove from the past tense -ил, -ел and add -енный or -ённый. The suffix -енный is added when the verb is stressed on the stem in the second and third person of the present or Perfective future tense:

изучи́ть: изучу́, изу́чишь, изу́чит — изу́ченный.

The suffix -ённый is added when the verb is stressed on the ending throughout the present or Perfective future tense: **определи́ть,** опеределю́, определи́шь, определи́т — **определённый**.

Where there is a consonant change in the first person singular of these tenses, the same change occurs in the Past Passive Participle:

встре́тить: встре́чу, встре́тишь — **встре́ченный;**
удиви́ть: удивлю́, удиви́шь — **удивлённый**.

Note that (у)ви́денный is an exception.
Perfective verbs formed from **держа́ть** (Second Conjugation) have the Past Passive Participle in -анный: **сде́ржанный** 'restrained'.

5. The uses of participles

(a) Participles may replace relative clauses:

the man (who is) reading the newspaper ...
челове́к, чита́ющий газе́ту, ...

the woman (who is) speaking Russian ...
же́нщина, говоря́щая по-ру́сски, ...

the man (who was) reading the newspaper ...
челове́к, чита́вший газе́ту, ...

the man who read (and finished) the newspaper ..
челове́к, прочита́вший газе́ту, ...

*the newspaper (which is) being read by the
    student...*
газе́та, чита́емая студе́нтом, ...

*the newspaper (which was/has been) read by the
    student ...*
газе́та, прочи́танная студе́нтом, ...

In general, the present participles refer to actions
contemporaneous with the main verb and past
participles refer to actions prior to the main verb:

The man reading the paper does not hear anything.
Челове́к, чита́ющий газе́ту, ничего́ не слы́шит.

*The paper being read by the student is lying on the
    table.*
Газе́та, чита́емая студе́нтом, лежи́т на столе́.

*The man who was reading the paper has now gone
    away.*
Челове́к, чита́вший газе́ту, тепе́рь ушёл.

*The man who read (and finished) the paper has now
    gone away.*
Челове́к, прочита́вший газе́ту, тепе́рь ушёл.

The book read by the student is now lying on the table.
Кни́га, прочи́танная студе́нтом, тепе́рь лежи́т на
столе́.

It should be noted, however, that when the main
verb is in the past tense, the Imperfective Past
Active Participle is often used for an action which is
not prior to the main verb, but is contemporaneous
with it:

*The man reading the paper did not understand all he
    read.*
Челове́к, чита́вший газе́ту, не понима́л всего́,
что он чита́л.

In the above sentence the Past Active Participle
could be replaced by the Present Active Participle.

Participles may stand in front of the nouns they qualify:

Читавший газету человек теперь ушёл.

Вронский остановился, чтобы дать дорогу выходившей даме.

It will have been noticed that participles agree, like adjectives, with the nouns they qualify. They all have adjectival endings:

Masc. sg.	Fem. sg.
читающий	читающая
читаемый	читаемая
читавший	читавшая
прочитанный	прочитанная

Neut. sg.	Pl.
читающее	читающие
читаемое	читаемые
читавшее	читавшие
прочитанное	прочитанные

(b) Use of the short form of passive participles:

The short form of the Past Passive Participle (e.g. **прочитан,** прочитана, прочитано, прочитаны; **открыт,** открыта, открыто, открыты) is used with the appropriate form of **быть** to form the Passive Voice in the Perfective aspect:

The novel was written in Russian.
Роман был написан по-русски.

The book is written/has been written in Russian.
Книга написана по-русски.

The letter will be written in Russian.
Письмо будет написано по-русски.

The new library was opened in September.
Новая библиотека была открыта в сентябре.

The Imperfective passive participles are not often

used to form the passive voice, because the Imperfective passive is usually rendered by reflexive verbs:

> *A house was being built on the corner.*
> Дом стро́ился на углу́.

In fact, the passive voice is used much less in Russian than in English. Often what would be a passive construction in English is active in Russian, and it would be quite natural to render the above example by:

> Дом стро́или на углу́.

6. Adverbs formed from the Present Active Participle

Adverbs may be formed from the Present Active Participle by replacing the adjectival ending by **-e.** Thus:

понима́юще *understandingly*;   зна́юще *knowingly*;
блестя́ще   *brilliantly*.

7. Participles often become adjectivalized

This can be seen in the following examples:

пи́шущая маши́нка	*typewriter*
би́тая посу́да два ве́ка живёт	*cracked crocks last two centuries* or *creaking gates hang longest*

8. The particle бы́ло

The particle **бы́ло** may be used with a verb in the past tense to indicate that the action was intended, but was not carried out, or that it began, but was interrupted and not completed:

> Он пошёл бы́ло, да останови́лся.
> *He was about to go, but stopped.*
> *He set off, but stopped.*

EXERCISES — УПРАЖНЕНИЯ

1. From the following verbs form:

   (a) Present Active Participles;
   (b) Past Active Participles.

   играть; стучать; кашлять; пить; скучать; звонить; молиться; казаться; пытаться; стоять; светиться; хватать; пользоваться; лежать; хвастаться; знакомиться; разговаривать; выглядеть; висеть; петь; учиться; следовать; жаловаться; лететь; избегать; стыдиться; выходить; удивляться; приезжать.

2. Form Past Active Participles from the following verbs:

   идти; выйти; найти; произойти; принести; провести; переносить; перенестись; отнести; отвезти; увести; привыкнуть; запахнуть; проникнуть; исчезнуть; мочь; помочь; лечь; умереть; расти; увлечься.

3. Form Past Active Participles, both Imperfective and Perfective, from the following verbs. Where two distinct Perfectives are possible, give both:

   Model: дрожавший, задрожавший (дрогнувший)

   дрожать; брать; поступать; признаваться; блестеть; влиять; кашлять; подходить; извинять; порхать; засыпать; гореть; будить; связываться; превращаться; останавливаться; бояться; стонать; ложиться; надоедать; сохраняться; разрушаться; отличаться; кричать; протестовать; проникать; умирать; бегать; исчезать; оказываться.

4. (a) Rewrite the following phrases, using the appropriate participle (Present Active or Past Active):

   (i) молодёжь, которая хочет создать прекрасное будущее.

   (ii) храм, который хорошо сохранился.

   (iii) ребёнок, который дрожи́т от у́жаса.

   (iv) де́ти, кото́рые кре́пко спа́ли.

   (v) студе́нты, кото́рые у́чатся в ва́шем университете.

   (vi) больно́й, кото́рый жа́ловался на си́льные
бо́ли.

   (vii) цветы́, кото́рые хорошо́ па́хнут.

 (viii) та часть рома́на, кото́рая сле́дует за э́той.

   (ix) же́нщина, кото́рая прие́хала неда́вно из
Кана́ды.

   (x) да́ма, кото́рая всегда́ скуча́ет.

   (xi) инжене́р, кото́рый отвёз ва́шего предста-
ви́теля на ста́нцию.

   (xii) психо́лог, кото́рый ничему́ не удивля́ется.

 (xiii) де́вушка, кото́рая две неде́ли смотре́ла за
подру́гой.

 (xiv) поэ́т, кото́рый вчера́ прилете́л из Москвы́.

  (xv) учени́ца, кото́рая всего́ боя́лась.

 (xvi) де́вочка, кото́рая всегда́ буди́ла ба́бушку
о́чень ра́но.

 (xvii) пробле́мы, кото́рые возни́кли неда́вно.

(xviii) писа́тель, кото́рый давно́ у́мер.

 (xix) слу́чай, кото́рый произошёл вчера́.

  (xx) учи́тель, кото́рый принёс в шко́лу змею́.

(b) Now rewrite the sentences and precede each set of
four by:

   (i) Я уви́дел там …

  (ii) Я не нашёл …

 (iii) Я позвоню́ …

 (iv) Я говори́л неда́вно с …

  (v) Нам расска́зывали о …

5. (a) Form Present Passive Participles from the following verbs:

знать; терпе́ть; де́лать; вспомина́ть; люби́ть;
наблюда́ть; приноси́ть; обеща́ть, уводи́ть; вво-
зи́ть.

(b) Rephrase the following sentences using Present Passive Participles:

 (i) Я не зна́ю молодо́го челове́ка, кото́рого она́ лю́бит.

 (ii) Я нахожу́ хала́т под одея́лом, кото́рое поднима́ет Со́ня.

 (iii) Мы никогда́ не ви́дели рома́на, кото́рый ты чита́ешь.

 (iv) В проце́ссе, кото́рый мы наблюда́ем, мно́го интере́сного.

 (v) С у́жасом мы слу́шаем иде́и, кото́рые он объясня́ет.

 (vi) Мы разгова́риваем о промы́шленности, кото́рую усе́рдно развива́ют в на́шей стране́.

 (vii) Он услы́шал её го́лос за две́рью, кото́рую он закрыва́л.

 (viii) Напиши́ письмо́ това́рищу, кото́рого никто́ из нас не забыва́ет.

6. (a) Form Past Passive Participles from the following verbs:

закры́ть; вы́мыть; наде́ть; нача́ть; заня́ть; вы́пить; вы́писать; испуга́ть; сдержа́ть; рекомендова́ть; собра́ть; посла́ть; потеря́ть; найти́; провести́; отнести́; поноси́ть; заме́тить; посети́ть; купи́ть; реши́ть; заподо́зрить; вы́курить; зарази́ть; разбуди́ть.

(b) Now give the short forms of the participles, all genders.

7. Rewrite the following phrases using Past Passive Participles:

 (i) геро́й, кото́рого описа́ли в газе́те.
 (ii) в исто́рии, кото́рую давно́ забы́ли.
 (iii) това́рищу, кото́рого ты поздра́вила.
 (iv) без кни́ги, кото́рую она́ спря́тала.

(v) мать, кото́рую взволнова́ли письмо́м.

(vi) к слова́м, кото́рые вы услы́шали в теа́тре.

(vii) с врачо́м, кото́рого вы́звали по телефо́ну.

(viii) от сожале́ний, кото́рые он вы́разил вчера́.

(ix) на ве́чере, кото́рый устро́или в институ́те.

(x) студе́нтов, кото́рых э́то обеспоко́ило.

(xi) пе́ред челове́ком, кото́рого он задержа́л.

(xii) о маши́нах, кото́рые мы усоверше́нствовали.

(xiii) для конду́ктора, кото́рого заподо́зрили в
э́том.

(xiv) под ту́флями, кото́рые ты бро́сил на́ пол.

(xv) ребёнка, кото́рого вы́лечили э́тим лека́рством.

(xvi) де́тям, кото́рых всем обеспе́чили.

(xvii) о све́те, кото́рый потуши́ли ра́но.

(xviii) для поэ́та, кото́рого призна́ли знамени́тым.

8. (a) Rewrite the following sentences, using appropriate
participles:

(i) Я не люблю́ рук, кото́рые не помы́ли.

(ii) Вы слы́шали об инжене́ре, кото́рого неда́вно
посла́ли в Пари́ж?

(iii) Я не хочу́ грибо́в, кото́рые жа́рили в ма́сле.

(iv) Он ра́дуется сестре́, кото́рая успе́ла зае́хать
к нему́.

(v) Она́ ду́мала о стиха́х, кото́рые её интересова́ли.

(vi) Он любова́лся де́вушками, кото́рые гуля́ли
у мо́ря.

(vii) Не встреча́йся с э́тим челове́ком, кото́рого я
ненави́жу.

(viii) Я интересу́юсь судьбо́й наро́дов, кото́рые здесь
жи́ли в дре́вние времена́.

(ix) Она́ вспо́мнила о карти́не, кото́рая принад-
лежи́т бра́ту.

(x) Э́то хорошо́ удало́сь арти́сту, кото́рый игра́ет
геро́я.

(b) Change the verb in the following sentences from
active to passive in the appropriate tense:

Model: Ребёнка уже накормили.
Ребёнок уже накормлен.

(i) Ребёнка уже накормили.
(ii) Потом дверь широко открыли.
(iii) Его приняли в институт.
(iv) Скоро все забудут о ней.
(v) Вчера свет включили рано.
(vi) Тебя не заметят среди других.
(vii) Скоро Борю найдут.
(viii) Костюм до сих пор не починили.
(ix) Крестьянам обещали землю.
(x) Товарищи купят для него всё необходимое.

9. Translate into Russian (Use participles wherever possible):

(i) I did not see the letter which you received yesterday.

(ii) The boy was pleased with the money found in the street.

(iii) I don't like guides who mumble. They should all speak loudly and clearly.

(iv) The car won in the lottery by our neighbour turned out to be much better than ours.

(v) For Sonya, used to all possible domestic comforts, it was not easy to live in a small village with peasants who did not understand her well. After a year spent in this dull area she decided to take the children to their father who missed them greatly. Places were found for them on the helicopter flying into town on Saturday.

(vi) The man in charge of this department, who has distinguished himself by his good work and is considered a typical representative of our young people, is being sent for a month to Moscow.

(vii) The students entering and leaving the building were stopping in front of the open doors. Some talked about the vacations spent in the South, others about their plans for the future.

(viii) He finished the novel, which he began in the summer, eight months later. In it there were many psychological and philosophical ideas, developed by the author with his usual mastery, but we were more interested in the social ideas taken from the life of high society.

10. Answer in Russian the following questions on the text:

(i) Где встречаются в пе́рвый раз Вро́нский и А́нна?

(ii) При каки́х усло́виях А́нна впервы́е уви́дела его́?

(iii) Что мо́жно бы́ло определи́ть по вне́шности А́нны?

(iv) Почему́ э́то бы́ло так легко́ для Вро́нского?

(v) Он то́тчас же прошёл в ваго́н на своё ме́сто?

(vi) Почему́?

(vii) Опиши́те вне́шность, глаза́ и выраже́ние лица́ А́нны, когда́ она́ проходи́ла ми́мо Вро́нского.

(viii) Кто из них огляну́лся?

(ix) А́нна до́лго смотре́ла на Вро́нского?

(x) Что ему́ осо́бенно понра́вилось во взгля́де и в лице́ А́нны?

(xii) На что, по мне́нию Вро́нского, ука́зывала оживлённость А́нны?

(xiii) Как по-ва́шему, А́нна умы́шленно хоте́ла увле́чь Вро́нского?

LESSON 23 — УРО́К ДВА́ДЦАТЬ ТРЕ́ТИЙ

«Анна Каре́нина»

Отры́вок из четвёртой главы́ тре́тьей ча́сти рома́на:

На друго́е у́тро Константи́н Ле́вин встал ра́ньше обыкнове́нного, но хозя́йственные распоряже́ния задержа́ли его́, и когда́ он прие́хал на поко́с, косцы́ шли уже́ по второ́му ря́ду.

По ме́ре того́, как он подъезжа́л, ему́ открыва́лись ше́дшие друг за дру́гом растя́нутою верени́цей и разли́чно маха́вшие ко́сами мужики́, кто в кафта́нах, кто в одни́х руба́хах. Он насчита́л их со́рок два челове́ка. Они́ ме́дленно дви́гались по неро́вному ни́зу лу́га. Не́которых свои́х Ле́вин узна́л. Тут был стари́к Ерми́л в о́чень дли́нной бе́лой руба́хе, согну́вшись, маха́вший косо́й; тут был молодо́й ма́лый Ва́ська, бы́вший у Ле́вина в кучера́х, с разма́ха бра́вший ка́ждый ряд. Тут был и Тит, ма́ленький, ху́денький мужичо́к. Он, не сгиба́ясь, шёл передо́м, как бы игра́я косо́й, сре́зывая свой широ́кий ряд.

Ле́вин слез с ло́шади и, привяза́в её у доро́ги, соше́лся с Ти́том, кото́рый, доста́в из куста́ втору́ю косу́, по́дал её.

— Гото́ва, ба́рин; бре́ет, сама́ ко́сит, — сказа́л Тит, с улы́бкой снима́я ша́пку и подава́я ему́ косу́.

— Постара́юсь не отста́ть, — сказа́л Ле́вин, станови́сь за Ти́том и выжида́я вре́мени начина́ть.

Тит освободи́л ме́сто, и Ле́вин пошёл за ним. Трава́

была низкая, придорожная, и Лёвин, давно не косивший и смущённый обращёнными на себя взглядами, в первые минуты косил дурно, хотя и махал сильно.

Трава пошла мягче, и Лёвин, слушая, но не отвечая и стараясь косить как можно лучше, шёл за Титом. Они прошли шагов сто. Тит всё шёл, не останавливаясь, не выказывая ни малейшей усталости; но Лёвину уже страшно становилось, что он не выдержит: так он устал.

Тит шёл мах за махом, не останавливаясь и не уставая. Левин шёл за ним, стараясь не отставать, и ему становилось всё труднее и труднее: наступала минута, когда он чувствовал, у него не остаётся более сил, но в это время Тит останавливался и точил.

Не понимая, что это и откуда, в середине работы он вдруг испытал приятное ощущение холода по жарким вспотевшим плечам. Он взглянул на небо во время натачиванья косы. Набежала низкая тяжёлая туча, и шёл крупный дождь. Одни мужики пошли к кафтанам и надели их; другие, точно так же, как Лёвин, только радостно пожимали плечами под приятным освежением.

The next morning Konstantin Levin got up earlier than usual, but household arrangements delayed him and when he arrived at the haymaking the mowers were already going along their second row.

As he rode up there were revealed to him peasants who were walking one after the other in an extended line and swinging their scythes in various ways, some in kaftans, some in shirts only. He counted forty-two of them.

They were moving slowly along the uneven bottom end of the meadow. Some of his own (peasants) Levin recognized. Here was the old man Yermil in a very long white shirt, who was swinging his scythe, stooped. Here was the young fellow Vas'ka who had been in Levin's coachmen, taking each row with all his might. Here, too, was Titus, a small thin little peasant. He without stooping was walking ahead, as if playing with his scythe, cutting down his broad row.

Levin dismounted his horse and, having hitched it by the road, joined up with Titus who, having fetched from a bush a second scythe, held it out to him.

'It's ready, master; it shaves, it scythes by itself', said Titus, with a smile, taking off his hat and handing him the scythe.

'I'll try not to lag behind,' said Levin, going and standing behind Titus and waiting for the moment to begin.

Titus freed a space and Levin set off behind him. The grass was low growing on the verge of the road and Levin who had not scythed for a long time and who was embarrassed by the glances directed at him, mowed badly in the first minutes, although he was swinging hard.

The grass began to come softer and Levin, listening, but not answering and trying to scythe as well as possible, walked after Titus. They walked about a hundred paces. Titus kept on going without stopping, without showing the slightest tiredness; but Levin was already becoming frightened that he would not hold out: so tired was he.

Titus went on, swing after swing, not stopping and not tiring. Levin went after him trying not to lag behind, and it was becoming more and more difficult for him: there would come a moment when he felt he had no strength left, but then Titus would stop and sharpen his scythe.

Not realizing what it was and where it came from, in the middle of his work he suddenly felt a pleasant sensation of cold on his hot, sweating shoulders. He glanced up at the sky during the sharpening of his scythe. A low dark storm cloud had covered the sky and it was raining heavily. Some peasants had gone for their kaftans and put them on; others, exactly in the same way as Levin, just shook their shoulders cheerily under the refreshing shower.

WORDS AND PHRASES

двадцать третий = twenty-third
на другое утро = the next morning
хозяйственный = household
распоряжение = instruction, arrangements
покос = haymaking
косец = haymaker
по мере того, как = as, in proportion as
открываться/открыться = to be revealed
шедший = who was going
растягивать/растянуть = to stretch out, extend
вереница = line, file
различный = various
коса = scythe
мужик = peasant (*pre-revolutionary*)
кафтан = caftan
рубаха = shirt
насчитывать/насчитать = to count
сорок = forty
двигаться/двинуться = to move
неровный = uneven
низ = lower end
луг = meadow
некоторых своих он узнал = he recognized some of his
  own (peasants)
сгибаться/согнуться = to stoop
малый (*adj. used as a noun*) = fellow
бывший в кучерах = who was a coachman
с размаха = with all his might
мужичок (*diminutive of* мужик) = little peasant
передом = ahead
как бы = as if
срезывать/срезать = to mow
слезать/слезть с +gen. = to climb down from
  (/слезу, слезешь; *past* слез, слезла)
привязывать/привязать = to tie up
  (/привяжу, привяжешь)

сходи́ться/сойти́сь с +*instr.* = to meet up with
достава́ть/доста́ть = to get
  (доста́ю, достаёшь/доста́ну, доста́нешь)
куст = bush
подава́ть/пода́ть = to give, hand
  (подаю́, подаёшь/пода́м, пода́шь)
бри́ть/с- = to shave (*v.t.*)
  (бре́ю, бре́ешь)
коси́ть/с- = to scythe
  (кошу́, ко́сишь)
станови́ться/стать = to (go and) stand, take one's place
  (становлю́сь, стано́вишься/ста́ну, ста́нешь)
выжида́ть/вы́ждать +*gen.* = to wait
  (/вы́жду, вы́ждешь)
освобожда́ть/освободи́ть = to make free
  (/освобожу́, освободи́шь)
ни́зкий = low
придоро́жный = near the road
смуща́ть/смути́ть = to embarrass
  (/смущу́, смути́шь)
обраща́ть/обрати́ть = to direct
  (/обращу́, обрати́шь)
дурно́й = bad
трава́ пошла́ мя́гче = the grass began to get softer
выка́зывать/вы́казать = to manifest
  (/вы́кажу, вы́кажешь)
уста́лость (*fem.*) = fatigue
выде́рживать/вы́держать = to hold out
  (/вы́держу, вы́держишь)
мах = sweep, swing
наступа́ть/наступи́ть = to come (of time)
точи́ть/на- = to sharpen, whet
испы́тывать/испыта́ть = to experience
ощуще́ние =sensation
поте́ть/вс- = to sweat
плечо́, *pl.* пле́чи = shoulder
ната́чиванье = whetting
набега́ть/набежа́ть = to cover

ту́ча = storm cloud
шёл кру́пный дождь = it was raining heavily
ра́достный = joyful
пожима́ть/пожа́ть плеча́ми = to shrug one's shoulders
  (/пожму́, пожмёшь)
  (пожима́ть ру́ку = to shake hands)
освеже́ние = refreshing process

GRAMMAR—ГРАММА́ТИКА

1. Gerunds

Unlike participles, which do the work of relative clauses, gerunds are verbal adverbs and may be said to replace adverbial clauses which would be introduced by a conjunction, as, for example, in the sentence 'Reading the letter, she burst out laughing'. Here the phrase 'Reading the letter' could be replaced by 'While she was reading the letter', a clause introduced by the conjunction 'while'. Thus, in the phrase 'Reading the letter ...', the word 'reading' would be rendered in Russian by a gerund. In Russian the subject of a gerund must be the same as the subject of the main verb.

There are in Russian a present gerund and a past gerund. The past gerund may be formed from both Imperfective and Perfective verbs, but the Perfective past gerund is the more common.

(a) The present gerund

The present gerund may be formed from the third person plural of the present tense by removing the last two letters and adding **-я** (or **-а** if the rules of spelling do not allow **-я**):

чита́ют — чита́я; де́лают — де́лая;
интересу́ют — интересу́я;
несу́т — неся́; говоря́т — говоря́;
пла́чут — пла́ча.

Gerunds from reflexive verbs end in **-сь: занимаясь.**
The stress is the same as in the Infinitive, but note
сидя from **сидеть,** and **лёжа** from **лежать.**
Monosyllabic verbs such as **бить, пить,** and First
Conjugation verbs in which there is a consonant
change, e.g. **писать, пишу, пишешь,** rarely form
the present gerund.
The present gerund of **быть** is **будучи.**
The present gerund of verbs in **-авать** ends in
-авая: давать — **давая; уставать** — **уставая.**

(b) **The past gerund**

The past gerund may be formed from the past
tense by removing **-л** and adding **-в** (or **-вши,**
although this form is the less common):

> **читал** — **читав; прочитал** — **прочитав;**
> **говорил** — **говорив; поговорил** — **поговорив.**

The past gerund of reflexive verbs ends in **-вшись:**

> **одевшись; заинтересовавшись.**

Where the past tense does not end in **-л** add **-ши:**

> **нёсши; вёзши.**

But note, from **идти** — **шедши;** from **вести** —
ведши.
The prefixed Perfective verbs from **идти, нести,
везти, вести** have a past gerund ending in **-я:**

> **войти** — **войдя; прийти** — **придя;**
> **пройти** — **пройдя; пронести** — **пронеся;**
> **отвезти** — **отвезя; увести** — **уведя,** *etc.*

There is an alternative form in **-ши** (**пронёсши,
отвёзши, уведши**) but it is less common.

2. The use of gerunds

The present gerund describes action contemporaneous with the main verb. The main verb may be in any tense:

Читая письмо́, она́ засмея́лась.
Reading the letter, she burst out laughing.

Говоря́ э́то, он открыва́ет я́щик.
Saying this, he opens the box.

The past gerund describes action prior to the main verb:

Прочита́в письмо́, она́ засмея́лась.
Having read the letter, she burst out laughing.

Сказа́в э́то, он откро́ет я́щик.
Having said this, he will open the box.

Gerunds can have shades of meaning other than the purely temporal:

Не зна́я, что́ сказа́ть, он встал и вы́шел.
Not knowing what to say, he got up and went out.
(i.e. *Because he did not know...*)

Ничего́ не сказа́в, он встал и вы́шел.
Without saying anything, he got up and went out.

3. Conjunctions

Do not confuse prepositions and conjunctions. The words **по́сле, до, с** are prepositions and are followed by nouns in the Genitive case. To introduce an adverbial clause starting with 'after', 'before', 'since', 'until' and so on, you need conjunctions, which are:

after — **по́сле того́ как**

По́сле того́ как он прие́хал, он заболе́л.
After he had arrived, he fell ill.

before — **пре́жде чем** *or* **пе́ред тем как** *or* **до того́ как**

Пре́жде чем я получи́л его́ письмо́, я уже́ реши́л
пое́хать к нему́.
*Before I received his letter, I had already decided to go
to him.*

Note that when the subject of the two clauses is the
same these conjunctions may be followed by the infinitive:

Пре́жде чем посла́ть ему́ кни́гу, я прочита́л её.
Before sending him the book, I read it through.

since — **с тех пор как**

С тех пор как они́ уе́хали, я не зна́ю, что́ де́лать.
Since they went away, I do not know what to·do.

until — **пока́ ... не**

Подожди́, пока́ он не придёт.
Wait until he comes.

(**Не** may be omitted from this construction).

while—**пока́**

Пока́ он ел, он не хоте́л говори́ть.
While he was eating, he did not want to talk.

4. Кто... кто...

Note the use of **кто ... кто ...** for 'some ... others...'
in the text. There is a saying **Кто в лес, кто по дрова́.**
which means 'Some (went) into the forest, others to get
firewood' and is used to imply that people are not
working together, but are pulling in different directions.

EXERCISES—УПРАЖНЕ́НИЯ

1. (a) Give the present gerund of the following verbs:
замеча́ть; изуча́ть; проси́ть; включа́ть; стоя́ть;
продава́ть; сиде́ть; подходи́ть; предлага́ть; обсуж-
да́ть; интересова́ть; стро́ить; занима́ться; слы́шать;

уставать; брить; становиться; смущать; точить; потеть.

(b) Give the past gerund (Imperfective) of the above verbs.

(c) Give the past gerund (Perfective) of the above verbs.

2. Replace the gerunds in the following sentences by making suitable clauses, as in the Model. Wherever possible, use conjunctions other than **когда**.

> *Model*: Написав письмо, он пошёл на почту.
>
> После того как он написал письмо, он пошёл на почту.

   (i) Написав письмо, он пошёл на почту.

  (ii) Подъезжая к городу, мы заметили, что некоторые дома горят.

 (iii) Подойдя к дому, он постучал в дверь.

 (iv) Он ничего не делал, не зная, что ему делать.

  (v) Идя по лугу, я нашёл косу.

 (vi) Сначала я ничего не видел, но, согнувшись, я увидел синий цветок.

 (vii) Сидя на траве, он заснул.

(viii) Он бросил газету на пол, прочитав её.

 (ix) Уставая, он работал всё медленнее.

  (x) Устав, она стала двигаться медленнее.

 (xi) Думая, что она спит, я тихо вышел из комнаты.

 (xii) Он косил быстрее, стараясь не отставать.

(xiii) Зная все правила, вы не будете делать ошибок.

(xiv) Он очень обрадовался, достав типичную русскую рубаху.

3. (a) Replace the underlined clauses by gerund constructions:

   (i) <u>Так как она заболела</u>, она не пришла на урок.

  (ii) <u>Если вы это хорошо выучите</u>, вы будете хорошо знать русскую грамматику.

(iii) По ме́ре того́ как он сходи́лся с косца́ми, <u>он испы́тывал всё бо́льшее нетерпе́ние.</u>

(iv) По́сле того́ как она́ наде́ла ша́пку, де́вочка увиде́ла, что уже́ сия́ет со́лнце.

(v) Когда́ Ле́вин прие́хал на поко́с, <u>он слез с ло́шади.</u>

(vi) Так как он знал э́тих францу́зов, он подошёл к ним.

(vii) В то вре́мя когда́ он точи́л косу́, он взгляну́л на не́бо.

(viii) С тех пор как она́ бро́сила кури́ть, она́ чу́вствует себя́ гора́здо лу́чше.

(ix) По́сле того́ как он нашёл себе́ удо́бную ска́ме́йку, он снял пиджа́к.

(x) Как раз в ту мину́ту когда́ он стал на коле́ни пе́ред крова́тью, он по́днял глаза́ и заме́тил Ва́ську.

(xi) Пока́ я бу́ду в Тамбо́ве, я бу́ду мно́го рабо́тать.

(xii) Когда́ он привя́зывал ло́шадь, он уви́дел чёрную ту́чу.

(b) Rephrase the following sentences in such a way as to replace the underlined words by gerund constructions:

(i) Он отве́тил ей, но <u>не встал со сту́ла.</u>

(ii) Он стоя́л <u>и не дви́гался,</u> и дыша́л как мо́жно ти́ше.

(iii) Он проспа́л всю ночь <u>и не просну́лся.</u>

(iv) <u>Он не вы́держал тяжёлой рабо́ты</u> и заболе́л.

(v) <u>Он не остана́вливался и не поднима́л глаз,</u> когда́ он шёл по по́лю и коси́л.

(vi) По воскресе́ньям он сиди́т до́ма <u>и не бре́ется.</u>

(vii) Он ничу́ть не смути́лся и посмотре́л на неё не́жным взгля́дом.

(viii) Он не испы́тывал ни мале́йшего удовлетворе́ния и ел уста́ло и ме́дленно.

(ix) Е́сли он не побре́ется, он не пойдёт на бульва́р.

(x) Он вы́шел из ваго́на, но не извини́лся и не сказа́л ни сло́ва.

4. Answer the following questions, first in the affirmative, then in the negative:

(i) В перепо́лненном ваго́не всегда́ ду́шно?

(ii) Нам бу́дет тепло́ на дворе́?

(iii) Вам ста́ло веселе́е, когда́ прие́хали да́мы?

(iv) Им бы́ло жа́рко, когда́ они́ коси́ли на лугу́?

(v) Ему́ ста́нет хо́лодно, когда́ он вспоте́ет?

(vi) Вам не хо́лодно в одно́й руба́хе?

(vii) Мне бы́ло поле́зно порабо́тать с крестья́нами?

(viii) Ей ста́нет стра́шно, е́сли мы поту́шим свет?

(ix) Тебе́ бу́дет интере́сно наблюда́ть, как он ко́сит траву́?

(x) Им ста́ло прия́тно, когда́ набежа́ли ту́чи?

5. Translate into Russian (using gerunds whenever possible):

(i) Having finished their work, the peasants were resting in the shade of the trees.

(ii) As I approached the school, I noticed that the boys were waving their caps.

(iii) Slowly, but without stopping, the bus moved along the uneven road.

(iv) When I was trying to understand the fourth chapter of the textbook, somebody outside was mending a car and in the dining room a record-player was playing.

(v) Having taken off his jacket and trousers he is about to go to bed.

(vi) Listening to the music, I was thinking of the blue sea, the boat and the first lesson in our book.

(vii) When I enter the institute, I shall start to study zoology.

(viii) When he arrived in Suzdal', John for the first time saw a real Russian winter.

(ix) Having drunk the coffee, Volodya got up and switched on the radio.

(x) Having worked out a contract with the deputy minister in Kiev, Peter Norris flew to Yerevan. Since then he has visited many Soviet cities and soon he will return home.

6. Answer in Russian the following questions on the text:

(i) Почему́ Лёвин прие́хал на поко́с по́здно?

(ii) Кака́я карти́на открыва́лась ему́, по ме́ре того́ как он подъезжа́л к лу́гу?

(iii) Ско́лько там бы́ло мужико́в?

(iv) Опиши́те Ерми́ла, Ва́ську и Ти́та!

(v) Как коси́л Тит?

(vi) Что до́лжен был сде́лать Лёвин, пре́жде чем он мог нача́ть коси́ть?

(vii) Где лежа́ла коса́?

(viii) Почему́ Лёвин в пе́рвые мину́ты коси́л ду́рно?

(ix) За кем пошёл Лёвин?

(x) Он разгова́ривал с Ти́том?

(xi) Ско́лько шаго́в они́ прошли́ на пе́рвом приёме?

(xii) Почему́ Лёвину станови́лось стра́шно?

(xiii) Почему́ Лёвин вдруг испыта́л прия́тное ощуще́ние?

(xiv) Что сде́лали мужики́, по́сле того́ как пошёл дождь?

LESSON 24 — УРОК ДВАДЦАТЬ ЧЕТВЁРТЫЙ

Конца не видно

Завтра Питер Норрис покидает Советский Союз, закончив свои дела. Завтра он опять будет сидеть в удобном кресле огромного реактивного лайнера, летящего с невероятной скоростью на высоте почти десяти километров, и ему принесут обед симпатичные блондинки-стюардессы. За последние недели он привык к такому образу жизни, но на этот раз он сядет в самолёт не с обычным беспокойством, продолжающимся всю дорогу, а с чувством большого облегчения. Ведь завтра он летит домой, к своей семье. Через несколько часов он уже будет у себя дома.

Об этом думает Норрис, уже не слыша длинную речь, которую произносит товарищ Захаров на официальном обеде, отмечающем завершение визита группы иностранных бизнесменов.

— Итак, — говорит Захаров, — мы считаем, что международная торговля является самым надёжным, самым необходимым способом развития мирных отношений между нашими народами. В Советском Союзе за последние десять лет...

«Хватит, — думает Норрис про себя. — Когда он наконец сядет?»

Во время своего пребывания в СССР Норрис успел увидеть собственными глазами всё, что хотел, а это удаётся не каждому. Он подписал контракт, узнал о возможности выставки новых машин в Москве и пригласил советских инженеров к себе в Манчестер. Многие из его мнений о Советском Союзе изменились. «Нечего там смотреть, — говорили ему сотрудники перед его отъездом. — А если есть, то тебе не покажут». Конечно, на много вопросов он не получил ответа. Нечему удивляться: у каждой страны есть свои секреты. Текстильные машины не то, что ядерная физика, из них не сделаешь бомбу, но каждый имеет право скрывать, что хочет. В общем Норрис доволен результатами поездки.

— Мы надеемся, — всё ещё говорит Захаров, — что в результате вашего визита ваши фирмы и организации согласятся с нами в том, что коммерческие контакты с Советским Союзом принесут пользу и нам, и вам.

«Успею ли я завтра на самолёт? — думает Норрис. — Скоро ли он перестанет повторять одно и то же?» Сегодня в магазинах Норрис покупал сувениры и подарки для жены, сына и дочери: он купил банку икры, маленький электрический самовар, пластинки русских народных песен, деревянные игрушки. Он жалел только, что с ним нет жены. С каждого аэропорта он посылал ей открытки, получал от неё письма, но ему самому некогда было писать. Без неё ему было трудно найти даже самые необходимые вещи: некого было спросить, где платок, где галстук. Не с кем было поговорить о своих личных впечатлениях.

— ... и мы надеемся, что вы приедете к нам в гости ещё раз, уже не по делам, а по собственному желанию, — заканчивает свою речь тов. Захаров. — Желаю вам счастливого пути, здоровья и успехов в работе. («И спокойной ночи», — думает Норрис.)

— А теперь, — прибавляет Захаров, садясь, — я попрошу господина Питера Норриса высказать мнение наших гостей о пользе таких визитов.

Норрис не ожидал этого, и ему нечего было сказать и некогда подумать.

— Я очень рад, — начинает он автоматически, —

име́ть возмо́жность официа́льно поблагодари́ть за всё на́ших до́брых хозя́ев и осо́бенно уважа́емого това́рища Заха́рова. Во мно́гом мы обя́заны ли́чно ему́. Благодаря́ ему́ на́ша пое́здка оказа́лась тако́й уда́чной, не говоря́ уже́ о том, что все мы без исключе́ния провели́ вре́мя так прия́тно. («Наде́юсь, — ду́мает Заха́ров, — что он не собира́ется говори́ть всю ночь. Когда́ же мы ля́жем спать? Не́когда бу́дет отдохну́ть, а самолёт вылета́ет ра́но».)

— ... а э́то напо́мнило мне оди́н анекдо́т, — продол-жа́ет Но́ррис два́дцать мину́т спустя́.

«Хва́тит, — ду́мает про себя́ Заха́ров. — Когда́ он наконе́ц ся́дет?»

WORDS AND PHRASES

два́дцать четвёртый = twenty-fourth
конца́ не ви́дно = there is no end in sight
покида́ть/поки́нуть = to leave, quit
зака́нчивать/зако́нчить = to finish, finish off
кре́сло, *gen.pl.* **кре́сел** = armchair
огро́мный реакти́вный ла́йнер = huge jet-liner
невероя́тный = improbable
высота́ = height, altitude
де́сять киломе́тров = ten kilometres
блонди́нка-стюарде́сса = blonde stewardess, air hostess
о́браз жи́зни = way of life
сади́ться/сесть = to sit down
    (**сажу́сь, сади́шься/ся́ду, ся́дешь;** *past* **сел, се́ла**)
беспоко́йство = anxiety
облегче́ние = relief
речь (*fem.*) = speech
произноси́ть/произнести́ = to pronounce
отмеча́ть/отме́тить = to mark
    (**/отме́чу, отме́тишь**)
заверше́ние = completion, culmination
визи́т = visit

междунаро́дный = international
надёжный спо́соб = reliable method
разви́тие = development
ми́рные отноше́ния = peaceful relations
ду́мать про себя́ = to think to oneself
пребыва́ние = stay
подпи́сывать/подписа́ть = to sign
вы́ставка = exhibition
приглаша́ть/пригласи́ть = to invite
   (/приглашу́, пригласи́шь)
изменя́ться/измени́ться = to change (*v.i.*)
не́чего смотре́ть (г *as* в [v]) = there is nothing to see
пе́ред отъе́здом = before (his) departure
вопро́с = question
не́чему удивля́ться = there is nothing to be surprised at
секре́т = secret
я́дерная бо́мба = nuclear bomb
име́ть пра́во = to have the right
скрыва́ть/скрыть = to conceal
   (/скро́ю, скро́ешь)
в о́бщем = in general
результа́т = result
наде́яться/по- = to hope
организа́ция = organization
комме́рческий конта́кт = commercial contact
по́льза = benefit, profit
перестава́ть/переста́ть = to stop, cease
   (перестаю́, перестаёшь/переста́ну, переста́нешь)
повторя́ть/повтори́ть = to repeat
одно́ и то́ же = one and the same thing
сувени́р = souvenir
сын, *pl.* сыновья́, *gen.* сынове́й = son
ба́нка икры́ = pot of caviar
самова́р = samovar
пласти́нка наро́дных пе́сен = record of folk songs
деревя́нный = wooden
жале́ть/по- = to regret; pity
аэропо́рт = airport

посыла́ть/посла́ть = to send
 (/пошлю́, пошлёшь)
откры́тка = postcard
ему́ не́когда писа́ть = he has no time to write, there is no time for him to write
не́кого бы́ло спроси́ть = there was no one to ask
плато́к = handkerchief
га́лстук = tie
не́ с кем гозори́ть = there is no one to talk to
впечатле́ние = impression
прие́хать в го́сти = to visit
жела́ние = desire, wish
счастли́вого пути́! = bon voyage!
успе́х = success
споко́йной но́чи = good night
прибавля́ть/приба́вить = to add
 (/приба́влю, приба́вишь)
господи́н = Mr (*of westerners*)
выска́зывать/вы́сказать = to express (*in words*)
гость (*masc.*) = guest
ожида́ть + *acc.* or *gen.* = to expect
благодари́ть/по- = to thank
хозя́ин, *pl.* хозя́ева, *gen.* хозя́ев = host
уважа́емый = respected
обя́занный = obliged
уда́чный = successful
не говоря́ уже́ о том, что = not to mention the fact that
исключе́ние = exception
вылета́ть/вы́лететь = to depart
напомина́ть/напо́мнить = to remind
анекдо́т = joke, story
два́дцать мину́т спустя́ = twenty minutes later

GRAMMAR—ГРАММА́ТИКА

1. Не́кто, не́что

Не́кто means 'somebody', **не́что** means 'something'.
Не́кто is used only in the Nominative case and it corresponds to **кто́-то**; **не́что** is used in the Nominative and Accusative and it corresponds to **что́-то**.

Не́кто пришёл.
Somebody has come.

В э́том бы́ло не́что стра́нное.
There was something strange in it.

Не́кто and **не́что** are not negative.

2. Не́кого, не́чего

Не́кого, не́чего, however, and other cases apart from the Nominative *are* negative. They are used as follows:

Не́кого ви́деть.
There is nobody to see.

Мне не́кому писа́ть.
There is nobody for me to write to.
I have no one to write to.

Не́ с кем идти́.
There is no one to go with.

Ему́ не́ о ком беспоко́иться.
There is nobody for him to worry about.

Нам не́чего де́лать.
There is nothing for us to do.

Не́чему удивля́ться.
There is nothing to be surprised at.

Не́чем писа́ть.
There is nothing to write with.

Нам не́ о чём говори́ть.
There is nothing for us to talk about.

Note that when these words are used with prepositions they split and the preposition comes after **не**.

Note the Accusative of 'nothing' in the following example:

Ему́ не́ на что наде́яться.
There is nothing for him to hope for.

The past tense of this construction is formed with **бы́ло** and the future with **бу́дет**.

Не́кого бы́ло ви́деть.
There was no one to see.

Не́ о чём бу́дет говори́ть.
There will be nothing to talk about.

Не́чего sometimes has the meaning of 'there is no need to …' or 'there is no point in …':

Не́чего теря́ть вре́мя.
There is no point in wasting time.

3. Не́где, не́куда, не́когда

These words have a similar usage:

Мне не́где сесть.
There is nowhere for me to sit.

Не́куда бы́ло идти́.
There was nowhere to go.

Не́когда бу́дет чита́ть рома́ны.
There will be no time for reading novels.

Не́когда, however, may have a positive meaning, 'once, at one time':

Здесь не́когда был лес.
Once there was forest here.

4. Ложи́ться/лечь, сади́ться/сесть, станови́ться/стать

Ложи́ться 'to lie down' has the present tense: **ложу́сь, ложи́шься, ложи́тся, … ложа́тся.**

Its Perfective is **лечь**; Perfective future **ля́гу, ля́жешь, ля́жет**, ... **ля́гут**; and past tense **лёг, легла́, легло́, легли́.**

Imperative: **ляг! ля́гте!**

Сади́ться 'to sit down' has the present tense: **сажу́сь, сади́шься**, сади́тся, ... садя́тся.

Its Perfective is **сесть**; Perfective future **ся́ду, ся́дешь**, сядет, ... ся́дут; and past tense **сел, се́ла, се́ло, се́ли.**

Imperative: сядь! ся́дьте!

Станови́ться 'to take up one's stand' has the present tense **становлю́сь, стано́вишься**...

Its Perfective is **стать**; Perfective future **ста́ну, ста́нешь**, ста́нет, ... ста́нут; its past tense is regular.

Imperative: стань! ста́ньте!

These verbs refer to *taking up a position* lying, sitting, standing, and are often used with a preposition followed by the Accusative case:

ложи́ться на крова́ть	*to lie down on the bed*
сади́ться в кре́сло	*to sit down in an armchair*
станови́ться в о́чередь	*to take a stand in the queue*

EXERCISES — УПРАЖНÉНИЯ

1. (a) Insert the correct form of **не́чего, не́чему** etc. ('nothing'), where necessary with a preposition:

    (i) Тебе́ ... занима́ться.

    (ii) Здесь ... боя́ться.

    (iii) Вам ... жале́ть.

    (iv) На э́той вы́ставке ... любова́ться.

    (v) Ей ... скрыва́ть.

    (vi) Тепе́рь нам ... наде́яться.

    (vii) Здесь ... удивля́ться.

    (viii) Ло́шадь ... привяза́ть.

    (ix) В магази́нах ... купи́ть.

    (x) Тебе́ ... беспоко́иться тепе́рь.

    (xi) Ему́ ... нести́ пласти́нки.

    (xii) Ребёнку ... увлекаться.
    (xiii) В кухне ... сидеть.
    (xiv) Там ... сесть.
(b) Now put your sentences into the future tense.
(c) Now put your sentences into the past tense.

2. (a) Insert the correct form of **некого**, where necessary with a preposition:

    (i) Нам ... показать эти пластинки.
    (ii) Ей ... идти на концерт.
    (iii) Вам ... ожидать сегодня.
    (iv) Им ... беспокоиться теперь.
    (v) Мне ... пожаловаться на них.
    (vi) Вам ... бояться.
    (vii) Ему ... обсуждать эту проблему.
    (viii) Нам ... пригласить на ужин.
    (ix) Ей ... посылать подарки.
    (x) Ей даже ... поздороваться здесь.
    (xi) И скучно, и грустно, и ... руку подать.

(b) Now put your sentences into the future tense.
(c) Now put your sentences into the past tense.

3. Translate into English:

    (i) В море воды много, а нам в лодке пить нечего.
    (ii) Я должен позвонить в министерство; мне некогда играть в шахматы.
    (iii) Всё было закрыто; негде было купить необходимые вещи, не к кому было пойти за помощью.
    (iv) Везде шумят дети, играя в мяч, и негде сесть и спокойно подумать о серьёзных международных вопросах.
    (v) Мне не с кем было поговорить о своих переживаниях, некому было высказать свои подозрения, и не с кем было обсудить свои сомнения.
    (vi) Их не за что благодарить; они для нас ничего не сделали, нам ничем не помогли.
    (vii) У неё нет ни мужа, ни детей; ей некому посылать

открытки, некому покупать подарки и игрушки; ей не за кем смотреть.

(viii) Здесь я умираю со скуки: мне некуда пойти; мне нечего делать; я лежу на кровати и слушаю пластинки глупых народных песен.

(ix) Нечему радоваться; наш контракт принесёт нам мало пользы.

4. Insert **некуда, негде, нечего** or **некого** as appropriate, in the correct form and where necessary with a preposition:

(i) Он ничем не мог помочь хозяину, так как ему просто ... было помочь ему.

(ii) В этом селе нет ни кафе, ни клуба, и вечером ... пойти веселиться.

(iii) У него не будет никаких тайн от жены, и поэтому ему ... будет от неё скрывать.

(iv) Ждать было больше ..., так как все уже пришли и сели на свои места.

(v) Здесь нет ни одного кресла, и нам ... даже посидеть и отдохнуть.

(vi) Она никого здесь ещё не знает, и ей ... пойти в гости, ... поговорить или посмеяться.

(vii) Все магазины уже закрыты, и нам ... достать молока.

(viii) Мы забыли пригласить Василия, так что ... теперь ожидать его.

(ix) Сейчас ... напомнить о контракте, так как все уже ушли домой.

(x) Мы уже поговорили обо всех знакомых, и нам ... больше разговаривать и ... делать.

5. Translate into Russian:

I am glad I have this opportunity to say that in the opinion of our whole group, the contract which we have just signed will not just benefit our firm and your organization, but will also help to create good conditions for the development of peaceful relations between our countries. Thanks to international trade, useful contacts already exist between people in the West and in the socialist countries, but perhaps personal contacts are more important than commercial ones.

We now have many friends in the Soviet Union, and we understand better the opinions and feelings of Soviet people. We have seen a lot in the Soviet Union. We only regret that there was no time for us to visit some of your interesting old cities, museums and galleries of which we have heard so much. But we shall certainly come to the Soviet Union again, and, of course, we hope that you will come to our country some time and have a look at our factories.

Our visit has been successful and very enjoyable. For this we must thank especially your director and, of course, our interpreter.

And now I shall ask my colleagues to rise and raise their glasses. Aleksey Petrovich, friends, we drink to your health.

6. Answer in Russian the following questions on the text:

(i) Что де́лает Но́ррис за́втра?

(ii) С каки́м чу́вством он обы́чно сади́тся на самолёт?

(iii) Почему́ Но́ррис не слы́шит всю речь Заха́рова?

(iv) Что отмеча́ет обе́д, на кото́ром Заха́ров произно́сит речь?

(v) О чём говори́т в свое́й ре́чи Заха́ров?

(vi) Почему́ Но́ррис дово́лен результа́тами свое́й пое́здки?

(vii) Что ду́мали сотру́дники Но́рриса о его́ пое́здке, и бы́ли ли они́ пра́вы?

(viii) На каки́е результа́ты наде́ется Заха́ров?

(ix) Что Но́ррис покупа́л в магази́нах?

(x) О чём он жале́л, и почему́?

(xi) Он ча́сто писа́л жене́?

(xii) На что надеется Захаров, и чего он желает бизнесменам?

(xiii) Чем последние слова Захарова смутили Норриса?

(xiv) За что именно Норрис благодарит Захарова?

(xv) О чём думает в это время Захаров?

(xvi) Любит ли Захаров английские анекдоты?

LESSON 25 — УРÓК ДВÁДЦАТЬ ПЯ́ТЫЙ

Урóк истóрии

— Бáба! Посмотрú, чтó я принёс!

— Что э́то такóе? Ах, э́то ры́бка. Не кладú её на стол. Положú её на тарéлку, а тарéлку постáвь на окнó. Это ты её поймáл?

— Я. Пáпа мне помогáл. Мы вмéсте ловúли ры́бу, но я поймáл пéрвый.

— Смотрú! А тепéрь идú умóйся! Ты гря́зный, как поросёнок. А где ты остáвил у́дочку?

— Я постáвил её в у́гол за двéрью, ря́дом со щёткой. Я всегдá стáвлю её тудá.

— Ну! Ты пря́мо молодéц, Сáшенька! Покажú ру́чки. Хорошó, сядь, ку́шай су́пик! Хлеб берú сам!

— А что на вторóе? Ры́бку бу́дем есть?

— Нет, онá слúшком мáленькая. Лу́чше отдáй её кóшке, пускáй онá съест. А ты бу́дешь есть яйцó.

— Не хочу́. Я ужé трéтий день ем я́йца. Я хочу́ сосúски с картóшкой. Сосúски — сáмое вку́сное.

— Сосúсок нет. Éсли не съешь яйцó, не полу́чишь слáдкого!

— А что на слáдкое? Компóт?

— Не скажу́. Ты ешь! Éсли ты бу́дешь плóхо ку́шать, тебя́ не прúмут в шкóлу. Ты всё ещё бу́дешь ходúть в дéтский сад, когдá все остальны́е дéти бу́дут учúться в пéрвом клáссе.

— Отку́да ты знáешь?

— Я всё зна́ю. Я гора́здо ста́рше тебя́.

— И ско́лько тебе́ лет?

— Не скажу́! Я ста́рая-преста́рая. Я родила́сь дав-ны́м-давно́, в ты́сяча девятьсо́т четы́рнадцатом году́. Я ро-дила́сь под Кали́нином, то есть под го́родом, кото́рый тепе́рь называ́ется Кали́нином, а ра́ньше его́ называ́ли Тве́рью.

— А почему́ он тепе́рь называ́ется Кали́нином?

— Потому́ что това́рищ Кали́нин роди́лся недалеко́ от Тве́ри. В го́роде не хоте́ли забы́ть э́ту связь с това́-рищем Кали́ниным, и поэ́тому перемени́ли назва́ние. То же са́мое произошло́ с други́ми города́ми: с Ки́ровом, Фру́нзе и Го́рьким, наприме́р. Их назва́ния свя́заны с геро́ями револю́ции Ки́ровым, Фру́нзе и с писа́телем Макси́мом Го́рьким. На́ша страна́ называ́ется Сове́тским Сою́зом, а до револю́ции её называ́ли Росси́ей.

— А что тако́е револю́ция?

— Револю́ция — э́то когда́ наро́д прогоня́ет плохо́е прави́тельство. До револю́ции у нас был царь, и при царе́ мы жи́ли о́чень бе́дно. А в ты́сяча девятьсо́т сем-на́дцатом году́ Ле́нин верну́лся из-за грани́цы и устро́ил револю́цию. Ты зна́ешь, кто тако́й Ле́нин?

— Зна́ю. Э́то тот дя́дя, кото́рому поста́вили па́мятник в па́рке. Нам расска́зывали о нём в де́тском саду́. А в ре-волю́цию бы́ло о́чень стра́шно? Что случи́лось с царём?

— Я была́ ещё де́вочкой, но я по́мню, что са́мое стра́ш-ное бы́ло по́сле револю́ции. Начала́сь война́, и враги́ — англича́не, че́хи, япо́нцы и не́которые ру́сские, так на-зыва́емые бе́лые, — хоте́ли верну́ть царя́. На́ши не хоте́ли э́того и уби́ли царя́.

— Ой, бе́дный царь! Мо́жет быть, он убежа́л?

— Нет, не ду́маю. Но все мы о́чень страда́ли в то вре́мя. Все ожида́ли, что жизнь ста́нет ле́гче, но в пе́р-вые го́ды нам бы́ло о́чень тру́дно. Ко́нчилась война́, но есть бы́ло не́чего, все голода́ли, и де́ти пла́кали от го́лода. В двадца́тые го́ды перестра́ивали фа́брики, кото́рые бы́ли разру́шены бе́лыми, а в тридца́тые го́ды мы на́чали стро́-ить но́вые заво́ды, кана́лы, желе́зные доро́ги, электроста́нции. Сове́тский Сою́з постепе́нно станови́лся бога́той и счастли́вой страно́й. Но при Ста́лине опя́ть бы́ло плохо́е прави́тельство. В три́дцать седьмо́м году́ арестова́ли мно́гих хоро́ших люде́й. Моего́ па́пу арестова́ли, посади́ли в тюрьму́, и мы его́ бо́льше не ви́дели.

— Как не ви́дели? Куда́ он исче́з?

— Он сиде́л в тюрьме́, а пото́м был где́-то в ла́гере, до́лжен был тяжело́ рабо́тать и там, должно́ быть, у́мер.

— Почему́ его́ арестова́ли? Что он сде́лал?

— Ничего́ он не сде́лал. Он был журнали́стом, да́же чле́ном па́ртии. Бы́ло мно́го таки́х слу́чаев, но при но́вом прави́тельстве всё это призна́ли оши́бкой. А в сороково́м году́ я вы́шла за́муж за твоего́ де́душку.

— За де́душку Серге́я, кото́рый поги́б на фро́нте?

— Да, в со́рок пе́рвом году́ начала́сь война́ с не́мцами, и он пошёл в а́рмию. Мой муж служи́л солда́том на фро́нте, а два́дцать восьмо́го ма́я со́рок тре́тьего го́да он был уби́т.

— Ба́ба, почему́ ты пла́чешь?

— Ничего́, Са́шенька! Ничего́, ми́лый. Всё в поря́дке. Я про́сто так...

WORDS AND PHRASES

два́дцать пя́тый = twenty-fifth
ры́бка (*diminutive of* ры́ба) = little fish
класть/положи́ть = to put, lay
   (кладу́, кладёшь; *past* клал, кла́ла/положу́, поло́жишь)
таре́лка = plate
поста́вь на окно́! = put it on the window-sill
лови́ть/пойма́ть = to catch
э́то ты её пойма́л? = was it you who caught it?
па́па = dad
лови́ть ры́бу = to fish
я пойма́л пе́рвый = I caught one first
смотри́! = my word!

умыва́ться/умы́ться = to wash one's hands and face
(/умо́юсь, умо́ешься)
поросёнок, *pl.* порося́та, *gen.* порося́т = piglet
у́дочка = fishing-rod
щётка = brush, broom
ты пря́мо молоде́ц = you *are* a good boy
ру́чка (*diminutive of* рука́) = hand
су́пик (*diminutive of* суп) = soup
бери́! (*imperative of* брать) = take
второ́е = main course
отда́й её ко́шке = give it to the cat
яйцо́, *pl.* я́йца, *gen.* яи́ц = egg
я уже́ тре́тий день ем яйцо́ = it is the third day running
I have had egg
соси́ска = sausage
компо́т = stewed, bottled or canned fruit
ку́шать/с- = to eat
принима́ть/приня́ть = to take; accept
(/приму́, при́мешь)
остальны́е = remaining, others
ста́рше тебя́ = older than you
ста́рая-преста́рая = very, very old
роди́ться (*Impf. and Pf.*) = to be born
называ́ть/назва́ть + *acc.* + *nom.* or *instr.* = to call
(/назову́, назовёшь)
переменя́ть/перемени́ть = to change
назва́ние = name, title
свя́занный = connected
прогоня́ть/прогна́ть = to drive out
прави́тельство = government
царь (*masc.*) = tsar
в ты́сяча девятьсо́т семна́дцатом году́ = in 1917
дя́дя (masc.) = uncle; man (*colloq.*)
стра́шно = frightening
чех = Czech (*fem.* че́шка, *adj.* че́шский)
япо́нец = Japanese (*fem.* япо́нка, *adj.* япо́нский)
так называ́емый = so-called
возвраща́ть/верну́ть = to bring back

убива́ть/уби́ть = to kill
  (/убью́, убьёшь)
убега́ть/убежа́ть = to run away, escape
страда́ть/по- = to suffer
голода́ть/по- = to starve
го́лод = hunger
в двадца́тые го́ды = in the twenties
перестра́ивать/перестро́ить = to rebuild
разруша́ть/разру́шить = to destroy
кана́л = canal
постепе́нно = gradually
счастли́вый = happy
арестова́ть (*Pf. and Impf.*) = to arrest
посади́ть в тюрьму́ = to put in prison
сажа́ть *or* сади́ть/посади́ть = to put, seat
ла́герь (*masc.*) = camp, concentration camp
выполня́ть/вы́полнить = to carry out
журнали́ст = journalist
член па́ртии = member of the party
слу́чай = case; chance
в сороково́м году́ = in 1940
выходи́ть/вы́йти за́муж за + *acc.* = to marry (*when subject
  is a woman*)
де́душка (masc.) = grandfather
погиба́ть/поги́бнуть = to perish
  (/*past* поги́б, поги́бла)
он поги́б на фро́нте = he was killed at the front
пойти́ в а́рмию = to join the army
служи́ть/про- = to serve
солда́т, *gen. pl.* солда́т = soldier
два́дцать восьмо́го ма́я = on the twenty-eighth of May
всё в поря́дке = it's all right
я про́сто так = it's just me

GRAMMAR—ГРАММА́ТИКА

1. Verbs for 'to put'

'To put (standing)', 'to stand' in Russian is ста́вить/поста́вить (present tense ста́влю, ста́вишь...).

> Он поста́вил у́дочку в у́гол.
> *He put his fishing- rod in the corner.*

Note that ста́вить is used with таре́лки 'plates', and for 'putting on' gramophone records.

'To put (lying)', 'to lay' is класть/положи́ть.
The present tense of класть is кладу́, кладёшь, кладёт, ... кладу́т.
The past tense is клал, кла́ла, кла́ло, кла́ли.
There is a change of stress in the Perfective future: положу́, поло́жишь ...

> Она́ положи́ла ры́бку на таре́лку.
> *She put the fish on the plate.*

'To put (sitting)', 'to set' is сажа́ть (*or* сади́ть)/посади́ть.
The present tense of сади́ть is сажу́, са́дишь etc.

Note:

> Его́ посади́ли в тюрьму́.
> *They put him in prison.*

This verb is also used for 'to set' plants.

2. Пуска́й, пусть

What may be called the third-person Imperative — 'let him, her, them, it ...' — is introduced by пуска́й or пусть, which are interchangeable, although пуска́й may be the more colloquial.
If the Imperfective is required, пуска́й or пусть is followed by the present tense:

> Пусть она́ говори́т.
> *Let her talk.*

If the Perfective is required, the Perfective future is used:

Пусть она́ ска́жет, что́ она́ хо́чет.
Let her say what she wants.

Пусть бу́дет так 'Let it be so' is exceptional in that it uses the Imperfective future.

3. Есть and ку́шать

Есть is the usual verb for 'to eat'. Ку́шай(-те)! — the Imperative of ку́шать 'to eat' — may be used in addressing children; or in addressing adults, in which it is more genteel than ешь(-те)!

4. Verbs in -ня́ть

Note the Perfective future and Perfective past tenses of the following verbs:

Занима́ть/заня́ть 'to occupy'
Pf. fut.   займу́, займёшь, займёт, . . . займу́т.
Pf. past   за́нял, заняла́, за́няло, за́няли.

Поднима́ть/подня́ть 'to raise, lift'
Pf. fut.   подниму́, подни́мешь, подни́мет, . . .
            подни́мут.
Pf. past   по́днял, подняла́, по́дняло, по́дняли.

Понима́ть/поня́ть 'to understand'
Pf. fut.   пойму́, поймёшь, поймёт, . . . пойму́т.
Pf. past   по́нял, поняла́, по́няло, по́няли.

Принима́ть/приня́ть 'to take, accept'
Pf. fut.   приму́, при́мешь, при́мет, . . . при́мут.
Pf. past   при́нял, приняла́, при́няло, при́няли.

Снима́ть/снять 'to take off'
Pf. fut.   сниму́, сни́мешь, сни́мет, . . . сни́мут.
Pf. past   снял, сняла́, сня́ло, сня́ли.

But note вынима́ть/вы́нуть 'to take out' — Pf. fut. вы́ну, вы́нешь, вы́нет, . . . вы́нут; past вы́нул.

5. Declension of surnames

The declension of surnames ending in **-ов** and **-ин** differs from the declension of normal nouns:

		Masc.	Fem.	Pl.
Nom.		Ивано́в	Ивано́ва	Ивано́вы
Gen.		Ивано́ва	Ивано́вой	Ивано́вых
Dat.		Ивано́ву	Ивано́вой	Ивано́вым
Acc.		Ивано́ва	Ивано́ву	Ивано́вых
Instr.		Ивано́вым	Ивано́вой	Ивано́выми
Prep.	(об)	Ивано́ве	Ивано́вой	Ивано́вых

		Masc.	Fem.	Pl.
Nom.		Пу́шкин	Пу́шкина	Пу́шкины
Gen.		Пу́шкина	Пу́шкиной	Пу́шкиных
Dat.		Пу́шкину	Пу́шкиной	Пу́шкиным
Acc.		Пу́шкина	Пу́шкину	Пу́шкиных
Instr.		Пу́шкиным	Пу́шкиной	Пу́шкиными
Prep.	(о)	Пу́шкине	Пу́шкиной	Пу́шкиных

Towns named after people with such surnames are declined like normal nouns, so that the Instrumental case of the city of Kalinin is **Кали́нином** (not **Кали́ниным**).

Surnames which are adjectives in form, such as **Го́рький** and **Толсто́й,** decline like normal adjectives; and so too do places named after them, for example, the city of **Го́рький**.

Some surnames, especially those of foreign origin, do not decline, e.g. **Фру́нзе**.

6. Numerals and dates

100	сто;	100th	со́тый;
200	две́сти;	200th	двухсо́тый;
300	три́ста;	300th	трёхсо́тый;
400	четы́реста;	400th	четырёхсо́тый;
500	пятьсо́т;	500th	пятисо́тый;
600	шестьсо́т;	600th	шестисо́тый;

700 семьсо́т;	700th	семисо́тый;
800 восемьсо́т;	800th	восьмисо́тый;
900 девятьсо́т;	900th	девятисо́тый;
1,000 ты́сяча;	1,000th	ты́сячный.

To express in Russian the year 1917, one says, in effect, 'the one thousand nine hundred and seventeenth year':

ты́сяча девятьсо́т семна́дцатый год

Only the last number is an ordinal.

To say 'in 1917', use в and the Prepositional case:

в ты́сяча девятьсо́т семна́дцатом году́

Similarly,

the year 1939 ты́сяча девятьсо́т три́дцать девя́тый год
in 1939   в ты́сяча девятьсо́т три́дцать девя́том году́

To say 'in October 1917' or 'in September 1939', Russian puts the year into the Genitive case:

в октябре́ ты́сяча девятьсо́т семна́дцатого го́да
в сентябре́ ты́сяча девятьсо́т три́дцать девя́того го́да

The date in the month is expressed by the ordinal numeral in the neuter (**числó** 'number, date' is understood).

пе́рвое ма́я   *the first of May*
два́дцать тре́тье ию́ля   *the twenty-third of July*

But 'on the first of May' etc. requires the ordinal numeral in the Genitive:

пе́рвого ма́я   *on the first of May*

Thus, a complete date is, for example:

деся́того октября́, ты́сяча девятьсо́т три́дцать девя́того го́да
on the tenth of October 1939

EXERCISES — УПРАЖНЕНИЯ

1. (a) Insert the correct form of **класть, сажа́ть** or **ста́вить** in the present tense:

    (i) Я ... у́дочку за дверь.

    (ii) Ба́бушка ... руба́шку в шкаф.

    (iii) Они́ ... газе́ты на́ пол.

    (iv) Та́ня ... таре́лку с карто́шкой на стол.

    (v) Но́ррис ... жену́ на коле́ни.

    (vi) Мы ... посу́ду в шкаф.

    (vii) Крестья́не ... грибы́ в корзи́нки.

    (viii) Мы ... но́вое кре́сло в столо́вую.

    (ix) Ба́бушка ... Са́шу в кре́сло.

    (x) На кре́сло ма́льчик ... ры́бку.

  (b) Now put your sentences into the Perfective future tense.

  (c) Now put your sentences into the Perfective past tense.

  (d) Using **лежа́ть, сиде́ть** or **стоя́ть** with the information in your answers to (c), say where each thing or person is, as in the Model.

    Model: У́дочка стои́т за две́рью.

2. Choosing the correct form and aspect, insert **ложи́ться, сади́ться, станови́ться, класть, сажа́ть** *or* **ста́вить**:

  (a) (i) Са́шенька, не ... на дива́н в сапога́х!

      (ii) ... спать пора́ньше!

      (iii) ... в кре́сло и отдохни́ немно́жко!

      (iv) Не ... в о́чередь за ры́бой! Мы обойдёмся сего́дня без ры́бы.

      (v) Я хочу́ вас сфотографи́ровать. ... пе́ред па́мятником и ... Ма́шу на пле́чи!

      (vi) Не ... за стол с гря́зными рука́ми, и не ... у́дочку под стол! ... её в у́гол!

  (b) Серге́й ... на авто́бус и пое́хал в клуб. У вхо́да стоя́ла о́чередь. Серге́й подошёл и то́же ... в о́чередь. За ним ... всё бо́льше и бо́льше люде́й, но, наконе́ц, две́ри откры́лись, и все вошли́ в вестибю́ль. Серге́й пло́хо ви́дит и обы́чно ... в пе́рвый ряд. Сего́дня в пе́рвом ряду́ не́ было ме́ста, и ему́ пришло́сь ... в пя́тый ряд. Ря́дом с ним ... молода́я же́нщина и ... ма́ленького ма́льчика к себе́ на коле́ни, потому́ что он не хоте́л ... на стул.

Пласти́нки всё ещё лежа́ли на шкафу́, куда́ их Макси́м ..., когда́ он привёз их из Ки́рова. Макси́м ... на стул, доста́л пласти́нки со шка́фа и ... их на дива́н. Он ... свою́ люби́мую пласти́нку и ... за стол. Жена́ пе́ред ним ... таре́лку с соси́сками. На другу́ю таре́лку она́ ... хлеб с ма́слом и то́же ... к столу́. Она́ всегда́ ... спать по́здно, но вчера́ она́ пло́хо себя́ чу́вствовала и ... спать в де́вять часо́в ве́чера.

(c) Translate (a) and (b) into English.

3. Complete each of the sentences given below with each of the following dates:

14/I/1970;   21/II/1972;   25/III/1958;   30/IV/1940;
12/V/1969;   27/VI/1896;   22/VII/1787; 28/VIII/1935;
24/IX/1823; 26/X/1744;   19/XI/1961;   23/XII/1891.

  (i) Сего́дня ...
 (ii) Они́ пригласи́ли их на ...
(iii) Э́то произошло́ ...
 (iv) Всё бы́ло зако́нчено к ...
  (v) Они́ прие́хали в Москву́ ме́жду ... и концо́м сле́дующего ме́сяца.
 (vi) Напо́мните ему́ о ...

4. Translate into English:

 (i) Пусть он пря́чется в свое́й ко́мнате, как медве́дь в берло́ге; мне всё равно́.
(ii) Пусть он поста́вит свои́ ве́щи в столо́вую и ся́дет за стол.

(iii) Не приня́в лека́рства, он поста́вил буты́лку под крова́ть, где лежа́ли ту́фли, и лёг спать, не раздева́ясь.

(iv) У нас в А́нглии в сороковы́е го́ды измени́ли систе́му образова́ния.

(v) Толсто́й роди́лся девя́того сентября́, ты́сяча восемьсо́т два́дцать восьмо́го го́да, а у́мер в ты́сяча девятьсо́т деся́том году́.

(vi) Достое́вский роди́лся оди́ннадцатого ноября́, ты́сяча восемьсо́т два́дцать пе́рвого го́да, а у́мер в феврале́ во́семьдесят пе́рвого го́да.

(vii) Револю́ция произошла́ в ты́сяча девятьсо́т семна́дцатом году́.

(viii) Во вре́мя войны́ ме́жду кра́сными и бе́лыми бы́ли разру́шены обще́ственные зда́ния, жилы́е дома́ и заво́ды, и бы́ли уби́ты ты́сячи люде́й. Э́то бы́ло стра́шное вре́мя.

(ix) В со́рок пе́рвом году́ не́мцы за́няли за́падную часть Сове́тского Сою́за.

(x) Пусть они́ жа́луются на существу́ющее положе́ние. На́ше прави́тельство принима́ет все ну́жные ме́ры, и ско́ро они́ призна́ют, что на́ша страна́ постепе́нно стано́вится бога́той.

5. Translate into Russian:

(i) Put the chair by the window and sit her on it.

(ii) Let them wait a bit. They have come too soon and we shall still be in time for the train, even if we do leave the house after one o'clock.

(iii) She took everything out of the basket, put the can of milk and the bottle of vodka on the first shelf, and the fish on the second.

(iv) Today is the ninth of May; tomorrow will be the tenth.

(v) Norris arrived in the Soviet Union in June and left on the fifteenth of July.

(vi) When Lenin arrived in Russia, Nicholas the Second was no longer tsar.

(vii) Lenin often discussed these problems with Kalinin and with Stalin.

(viii) This village is situated between Moscow and Kalinin.

(ix) From the Ivanovs I went first to the Zakharovs and then to the Kozins.

(x) Between him and the Pushkins there was some (kind of) connexion.

(xi) At the beginning of the war he was well acquainted with Makarov and Shatalova.

6. Answer in Russian the following questions on the text:

(i) Что Саша принёс домой?

(ii) Что он сделал с тарелкой?

(iii) Что лежало на тарелке?

(iv) Кто поймал рыбку?

(v) Где обычно стоит удочка, и откуда вы это знаете?

(vi) Что Саша должен сделать, прежде чем он может сесть за стол.

(vii) Кто будет есть рыбу, и почему?

(viii) Из чего состоит сегодня обед?

(ix) Почему Саша не хочет есть яйцо?

(x) Чем грозит ему бабушка, и говорит ли она ему правду?

(xi) Бабушка родилась до Революции?

(xii) Как назывался город, в котором она родилась?

(xiii) Почему в СССР переменили названия многих городов?

(xiv) Что произошло в России в 1917 году?

(xv) Что сделали красные с царём?

(xvi) На что надеялся Саша?

(xvii) Что происходило в первые годы после Революции?

(xviii) Что нужно было построить в новом государстве?

(xix) Что рассказывает бабушка о тридцатых годах?

(xx) Кто был её папа, и что с ним случилось?

(xxi) Расскажите, почему бабушка плачет.

LESSON 26 — УРОК ДВАДЦАТЬ ШЕСТОЙ

Глупый разговор

Дзинь! Дз-з-з-инь!

Таня поднимает телефонную трубку.

— Слушаю, — говорит она.

— Алло! Таня, это ты? Соня говорит.

— Привет! Я думала, ты уже на даче.

— Нет ещё, но поехали вместе на дачу! В городе так душно.

— Да там нечего делать: некуда сходить, даже не с кем поговорить, кроме тебя. Там ужасно скучно.

— Почему? У нас там речка, можно купаться. Поехали!

— Да, речка хорошая, но вода слишком холодная, чтобы купаться. И не стоит ехать туда специально, чтобы купаться: здесь в городе отличные бассейны.

— Ну, тогда будем ходить за грибами...

— Не выдумывай, Сонечка. Там у вас нет никаких грибов.

— Что ты! Грибы всегда бывают после дождя. И ягоды будут.

— Какие там ягоды?! Ни одной ягодки там не найдёшь. Земляника уже давно кончилась, а для малины ещё рано. Надо пройти километров пятнадцать лесом, чтобы найти хорошие места для смородины.

— Ну, тогда будем просто лежать на солнце и загорать.

— Да нет, это не интересно. Надоела мне твоя примитивная деревенская жизнь. Я лучше останусь в городе. Здесь веселее.

— А что ты будешь делать здесь одна? Здесь уже никого нет. Борис уехал на лето на Урал, Володя поехал к себе домой в Ленинград, даже Владимир Михайлович поехал на юг отдыхать. С кем ты будешь время проводить, спрашивается?

— Я? Ни с кем... Не надо мне никаких друзей. Лучше не зависеть ни от каких друзей.

— Ну да! Сомневаюсь, что ты проживёшь тут больше недели без всякой компании.

— А я не сомневаюсь. Я никогда ни в чём не сомневаюсь. В этом вся разница между нами.

— Может быть... Я всё-таки считаю гораздо интереснее, ни в чём не быть уверенной. Разве приятно тебе всё знать? Останешься без мечты, без надежды, без ничего. А ты уверена, например, что знаешь, за кого выйдешь замуж?

— Уверена. Это очень просто. Я ни за кого не выйду. Ни за что! Мужчины все одинаковы.

— Сомневаюсь. А вдруг ты встретишь какого-нибудь парня, с которым ты во всём будешь согласна.

— Как ты отлично знаешь, бедная моя Сонечка, я никогда ни с кем ни в чём не была согласна — и не буду!

— Пусть так! Но это не исключает возможности любви. Неужели ты никогда ни в кого не влюбишься?

— Слушай! Перестань говорить глупости!

— Хорошо, но если ты ни с кем не соглашаешься, это значит, что ты ни к какой философской школе не принадлежишь, ни в какую политическую партию не собираешься вступить? Ты меня слушаешь?

Но Таня уже положила трубку.

WORDS AND PHRASES

дзинь = brr-brr
поднима́ть телефо́нную тру́бку = to pick up the phone
да́ча = dacha, summer cottage
пое́хали! = let's go!
ре́чка (*diminutive of* река́) = river, stream
купа́ться/ис- = to bathe
что́бы = to, in order to
бассе́йн = swimming pool
выду́мывать/вы́думать = to invent, make up
я́года = berry, berries
я́годка (*diminutive of* я́года) = berry
земляни́ка = wild strawberry, -ies
мали́на = raspberry, -ies
проходи́ть/пройти́ = to go
ле́сом = through the forest
сморо́дина = currant(s)
на со́лнце = in the sun
загора́ть = to sunbathe /загоре́ть = to become sunburnt
да нет = n-n-no
примити́вный = primitive
дереве́нский = country
уезжа́ть/уе́хать = to leave
на Ура́л = to the Urals
спра́шивается? = may one ask?
ни с кем = not with anyone, with no one
не на́до мне друзе́й = I don't need friends
сомнева́ться в + *prep.* = to doubt
   (сомнева́юсь, сомнева́ешься)
прожи́ть (*Pf.*) = to live through
без вся́кой компа́нии = without any company
уве́ренный = sure, certain, confident
мечта́ = daydream, fancy
наде́жда = hope
все одина́ковые = (they) are all the same
па́рень (*masc.*), *gen.* па́рня = lad
пусть так = that may be so

любо́вь (*fem.*), *gen.* любви́ = love
влюбля́ться/влюби́ться = to fall for
  (/влюблю́сь, влю́бишься)
глу́пость (*fem.*) = nonsense
филосо́фская шко́ла = school of philosophy, thought
полити́ческий = political
вступа́ть/вступи́ть в па́ртию = to join the party
  (/вступлю́, всту́пишь)
положи́ть тру́бку = to put down the phone, ring off

GRAMMAR—ГРАММА́ТИКА

1. Ничто́, никто́, никако́й used with prepositions

When forms of **ничто́, никто́, никако́й** have to be used with prepositions, they split so that the preposition comes after the **ни:**

Она́ ни на что́ не смо́трит.
She is not looking at anything.

Он ни к кому́ не отно́сится хорошо́.
He does not treat anyone kindly.

Я ни о чём не беспоко́юсь.
I am not worried about anything.

Они́ ни с кем не согласи́лись.
They did not agree with anybody.

Она́ не поступа́ет ни в како́й университе́т.
She is not going to any university.

But there are some exceptions to the use of **ничто́.** Note:

Из ничего́ не вы́йдет ничего́.
You cannot get something out of nothing.

Он преврати́лся в ничто́.
He became a nonentity.

2. Declension of один 'one'

Один declines and agrees in gender, case and, surprisingly, in number with the noun it qualifies.

	Masc.	Fem.
Nom.	один	одна́
Gen.	одного́	одно́й
Dat.	одному́	одно́й
Acc.	один/одного́	одну́
Instr.	одни́м	одно́й(-о́ю)
Prep.	(об) одно́м	одно́й

	Neut.	Pl.
Nom.	одно́	одни́
Gen.	одного́	одни́х
Dat.	одному́	одни́м
Acc.	одно́	одни́/одни́х
Instr.	одни́м	одни́ми
Prep.	(об) одно́м	одни́х

The plural form is used with nouns like часы́ 'clock, watch', which have no singular form:

одни́ часы́   *one clock/watch*

Thus:

Ты не найдёшь ни одно́й я́годки.
You will not find a single berry.

Я встре́тил там то́лько одного́ студе́нта.
I met there only one student.

Ма́ша купи́ла всё э́то в одно́м магази́не.
Masha bought all this in one shop.

Note that один etc. may be used for 'alone':

Я оста́нусь здесь один.
I shall be left here alone.

Что она́ смо́жет сде́лать одна́?
What will she be able to do by herself?

Они́ бы́ли на да́че одни́.
They were alone at the dacha.

3. Что́бы

This lesson contains examples of the use of **что́бы** with the Infinitive:

Не сто́ит е́хать туда́ специа́льно, что́бы купа́ться.
It is not worth going there specially in order to bathe.

Note the following use:

Он не смо́жет перевести́ э́того без того́, что́бы не сде́лать оши́бок.
He will not manage to translate this without making mistakes.

4. Выходи́ть/вы́йти за́муж 'to get married'

Выходи́ть/вы́йти за́муж is only used for women subjects:

Она́ вы́шла за́муж за Петра́.	
(за + Acc.)	*She married Peter.*
Она́ за́мужем за Петро́м.	
(за + Inst.)	*She is married to Peter.*

For men subjects **жени́ться на** and the Prepositional case is used:

Он жени́лся на учи́тельнице.	*He married a teacher.*
Он жена́т на учи́тельнице.	*He is married to a teacher.*

But for a couple getting married:

Они́ жени́лись.   *They got married.*

Жени́ться is either Imperfective or Perfective. There is also a Perfective verb **пожени́ться**, which is used for a couple getting married.

EXERCISES—УПРАЖНЕ́НИЯ

1. Replace the forms of **э́тот** with the appropriate form of **ничто́**:

   (i) Я в э́том не уве́рен.
   (ii) Мы э́тим не занима́емся.
   (iii) Ты э́того не понима́ешь.
   (iv) Она́ за э́то не поблагодари́ла нас.
   (v) Они́ в э́том не призна́лись.
   (vi) Вы к э́тому не привы́кли.
   (vii) Я не сомнева́юсь в э́том.
   (viii) Он над э́тим не хо́чет размышля́ть.
   (ix) Он от э́того не заболе́ет.
   (x) Она́ с э́тим не соглаша́лась.

2. Replace the forms of **я, меня́** etc. with the appropriate form of **никто́**:

   (i) Я в нём не уве́рен.
   (ii) Она́ не понима́ет меня́.
   (iii) Она́ в меня́ не влюблена́.
   (iv) Они́ со мной не согла́сны.
   (v) Э́та да́ча мне не принадлежи́т.
   (vi) Э́то на меня́ не произвело́ си́льного впечатле́ния.
   (vii) Они́ от меня́ не зави́сят.
   (viii) Я зна́ю, что Бори́с обо мне не беспоко́ится.
   (ix) Та́ня за мной не бу́дет бе́гать.
   (x) Она́ ко мне не зайдёт.

3. Replace the forms of э́тот with the appropriate form of **никако́й**:

   (i) Они́ не принадлежа́т к э́той гру́ппе.
   (ii) Та́ня не живёт на э́той да́че.
   (iii) Не нра́вится мне э́та дереве́нская жизнь.
   (iv) Он не поступа́ет в э́тот институ́т.
   (v) Я не получа́ю пи́сем от э́тих мужчи́н.
   (vi) В э́том бассе́йне я не хочу́ купа́ться.
   (vii) Наш самолёт не бу́дет лете́ть над э́тими гора́ми.

(viii) Она́ никогда́ не влю́бится в э́того скро́много
па́рня.

(ix) Я не бу́ду покупа́ть пода́рков для э́тих сотру́д-
ников.

(x) Писа́тель не бойтся э́того кри́тика.

4. Insert in the appropriate form **никто́, ничто́, не́кого**
or **не́чего**:

(i) Она́ не собира́лась ... за ... выходи́ть за́муж.

(ii) В дере́вне ему́ ... бу́дет де́лать.

(iii) Её дя́дя ... к ... не хо́дит в го́сти.

(iv) Нам ... на ... жа́рить грибы́.

(v) Солда́ты бра́ли всё и нас ... за ... не благода-
ри́ли.

(vi) Так как Бори́с уе́хал на Ура́л, ей ... с ... бы́ло
е́хать на да́чу.

(vii) Она́ ... с ... не хоте́ла поговори́ть.

5. Translate into Russian:

(i) We decided to spend a day in the forest. We intended to fish in the river and collect mushrooms and
berries, but we did not collect anything. Instead, we
bathed all day and lay on the bank sunbathing.

(ii) For children summer is the best season of the year,
but winter is not good (*trans.* useful) for anybody.
Vladimir Mikhailovich hates winter because then
there is nobody to play chess with on the boulevard.
He never plays chess with anybody in the winter.

(iii) During the war he did not serve on any front, and
after 1945 he did not write anything for any newspa-
pers or journals, although at that time he was a journalist. He has not tried to find work in any factories
or attempted to enter any institute. He is not interested in anything. He is not even interested in me. I
don't know why I married him.

6. Answer in Russian the following questions on the text:

   (i) Кто звонит кому?

  (ii) Что нужно сделать, когда звонит телефон?

 (iii) Соня говорит с дачи?

  (iv) Почему Соня хочет ехать на дачу?

   (v) Что ей на это возражает Таня?

  (vi) Почему Таня не хочет купаться в речке?

 (vii) Где она предпочитает купаться, и почему?

(viii) Что можно собирать в деревне в это время года?

  (ix) Где их друзья?

   (x) Жалеет ли Таня, что их нет?

  (xi) В чём главная разница между Соней и Таней?

 (xii) Соня любит всё знать?

(xiii) Почему Таня уверена, что она не выйдет замуж?

(xiv) Что ей на это возражает Соня?

 (xv) Почему Соня думает, что Таня не собирается вступить в партию?

(xvi) Кто, по-вашему, говорит глупости, Соня или Таня?

LESSON 27 — УРО́К ДВА́ДЦАТЬ СЕДЬМО́Й

Ф. М. Достое́вский

Из второ́й главы́ пе́рвой ча́сти «Запи́сок из подпо́лья»:

«Я, наприме́р, ужа́сно самолюби́в. Я мни́телен и обидчив, как горбу́н и́ли ка́рлик, но, пра́во быва́ли со мно́ю таки́е мину́ты, что е́сли б случи́лось, что мне бы да́ли пощёчину, то, мо́жет быть, я был бы да́же и э́тому рад. Говорю́ серьёзно: наве́рно, я бы суме́л отыска́ть и тут своего́ ро́да наслажде́ние, разуме́ется, наслажде́ние отча́яния, но в отча́янии-то и быва́ют са́мые жгу́чие наслажде́ния, осо́бенно когда́ уж о́чень си́льно сознаёшь безвы́ходность своего́ положе́ния. Гла́вное же, как ни раски́дывай, а всё-таки выхо́дит, что всегда́ я пе́рвый во всём винова́т выхожу́ и, что́ всего́ оби́днее, без вины́ винова́т и, так сказа́ть, по зако́нам приро́ды. Потому́, во-пе́рвых, винова́т, что я умне́е всех, кото́рые меня́ окружа́ют. (Я постоя́нно счита́л себя́ умне́е всех, кото́рые меня́ окружа́ют, и иногда́, пове́рите ли, да́же э́того со́вестился. По кра́йней ме́ре я всю жизнь смотре́л ка́к-то в сто́рону и никогда́ не мог смотре́ть лю́дям пря́мо в глаза́.) Потому́, наконе́ц, винова́т, что е́сли б и бы́ло во мне великоду́шие, то бы́ло бы то́лько мне же му́ки бо́льше от созна́ния всей его́ бесполе́зности. Я ведь, наве́рно, ничего́ бы не суме́л сде́лать из моего́ великоду́шия: ни прости́ть, потому́ что оби́дчик, мо́жет, уда́рил меня́ по зако́нам приро́ды, а зако́нов приро́ды нельзя́ прощать; ни забыть, потому что хоть и законы природы, а всё-таки обидно. Наконец, если б даже я захотел быть вовсе не великодушным, а напротив, пожелал бы отмстить обидчику, то я и отмстить ни в чём никому бы не мог, потому что, наверно, не решился бы что-нибудь сделать, если бы даже и мог. Отчего не решился бы?»

Достоевский обращает наше внимание на глубоко скрытые стороны человеческой души. В романе «Братья Карамазовы» сам чёрт, которого Иван Карамазов видит во сне, объясняет причину своего существования:

«Я, например, прямо и просто требую себе уничтожения. Нет, живи, говорят, потому что без тебя ничего не будет. Если бы на земле было всё благоразумно, то ничего бы и не произошло. Без тебя не будет никаких происшествий, а надо, чтобы были происшествия. Вот и служу, чтобы были происшествия, и творю неразумное по приказу. Люди принимают всю эту комедию за нечто серьёзное, даже при всём своём бесспорном уме. В этом их и трагедия. Ну и страдают, конечно, но... всё ж зато живут, живут реально, не фантастически; ибо страдание-то и есть жизнь. Без страдания какое было бы в ней удовольствие — всё обратилось бы в один бесконечный молебен: оно свято, но скучновато. Ну а я?... Я отдал бы всю эту надзвёздную жизнь, все чины и почести за то только, чтобы воплотиться в душу семипудовой купчихи и Богу свечки ставить.»

From Chapter 2 of the first part of *Notes from Underground*:

I am, for example, terribly vain. I am mistrustful and touchy like a hunchback or a dwarf, but to be sure there have been for me such moments that, if it had occurred that someone had given me a slap in the face, then perhaps I would even have been glad of it. I say in all seriousness: probably I would have been able to find here, too, an enjoyment of a sort, of course an enjoyment of desperation, but in despair, too, there are the most burning raptures, particularly when you realize very powerfully the hopelessness of your position. The main thing, however you look at it, but all the same it comes out that I am first to emerge guilty in everything and, what is most hurtful of all, guilty without fault and, so to speak, according to the laws of nature. Firstly I am guilty because I am more intelligent than all who surround me. (I constantly considered myself more intelligent than everyone who surrounded me, and sometimes, can you believe it, was even ashamed of this. At least all my life I used to look to one side somehow and was never able to look people straight in the eyes.) And guilty finally because, if there had been any magnanimity in me, then for me there would have been more torment from the recognition of all its uselessness. For I would probably not have been able to do anything out of my magnanimity: neither to forgive, because the man who had insulted me perhaps had struck me according to the laws of nature and one has no right to forgive the laws of nature; nor to forget about it because, although they may be the laws of nature, it is nevertheless insulting. Finally, if I had even wanted not to be magnanimous at all, but on the contrary had desired to take revenge on my insulter, I would not even then have been able to take revenge on anyone for anything because probably I would not have resolved to do anything even if I had been able to. Why would I not have resolved?

From *The Brothers Karamazov*:

I, for example, directly and simply demand for myself annihilation. 'No, you live', they say, 'because without you there will be nothing. If everything were all right on earth, then nothing would occur. Without you there will be no occurrences, but it is necessary that there should be occurrences.' And here I am, serving in order that there should be occurrences and creating the irrational to order. People accept all this comedy as something serious, even

taking into account their indisputable intelligence. In
this is their tragedy. Well, they suffer, of course, but ...
all the same they do live, they live in reality, not in fantasy;
for suffering is life. Without suffering what pleasure would
there be in it — everything would be turned into one endless
service of thanksgiving: it is holy, but rather boring. And
I ? I would give all this supra-celestial life, all my ranks and
honours just to be embodied in the soul of a seven-pood
merchant's wife and put little candles up to God.

WORDS AND PHRASES

«Записки из подполья» = *Notes from Underground*
самолюбивый = vain
мнительный = mistrustful
обидчивый = touchy
горбун = hunchback
карлик = dwarf
право = it is true
б *or* бы *subjunctive particle*
если б случилось = if it were to happen, if it should happen
пощёчина = slap in the face
я был бы этому рад = I would be glad of it
и *emphatic particle*
суметь *Pf. of* уметь = to be able
отыскивать/отыскать = to seek out, find
    (/отыщу, отыщешь)
и тут = here too
своего рода = of its kind
наслаждение = enjoyment
отчаяние = despair
жгучий burning
уж *emphatic particle*
сознавать/сознать = to recognize
    (сознаю, сознаёшь/сознаю, сознаешь)
безвыходность (*fem.*) = hopelessness
положение = position, situation

как ни = however, no matter how
как ни раскидывай = however you consider it
выхо́дит = it emerges
винова́т (винова́та; винова́ты) во всём = guilty of
  everything, all (my) fault
что всего́ оби́днее = what is most hurtful
вина́ = guilt
так сказа́ть = so to say
окружа́ть/окружи́ть = to surround
постоя́нно = constantly
пове́рите ли = would you believe it
со́веститься/по- +*gen.* = to be ashamed of
как-то в сто́рону = somehow to one side
смотре́ть лю́дям в глаза́ = to look people in the eyes
великоду́шие = magnanimity
бо́льше му́ки = more torment
созна́ние = recognition, admission
бесполе́зность (*fem.*) = uselessness
проща́ть/прости́ть = to forgive
  (прощу́, прости́шь)
оби́дчик = offender
ударя́ть/уда́рить = to strike
хоть и зако́ны приро́ды = although they may be the
  laws of nature
оби́дный = offensive
во́все не великоду́шный = not generous at all
напро́тив = opposite
мстить/от-, ото- = to take revenge
  (мщу, мстишь)
реша́ться/реши́ться = to resolve
отчего́ = why
обраща́ть внима́ние на + *acc.* = to turn (one's, someone's)
  attention to
«Бра́тья Карама́зовы» = *The Brothers Karamazov*
ви́деть во сне = to dream of
причи́на = reason
существова́ние = existence
уничтоже́ние = destruction

на земле = on earth
благоразумный = reasonable, sensible
происшествие = occurrence, incident
надо, чтобы были = it is necessary that there should be
творить/со- = to create
неразумный = irrational
по приказу = to order, by order
нечто = something
бесспорный ум = indisputable intelligence
реальный = real
фантастический = fantastic
ибо = for
страдание = suffering
-то *emphatic particle*
обращаться/обратиться в + *acc.* = to be transformed into
молебен = service of thanksgiving, intercession
святой = sacred
скучноватый = rather dull
надзвёздный = celestial
чин = rank
почесть (*fem.*) = honour
воплощаться/воплотиться = to be incarnated
семипудовая купчиха = seven-pood (250 *lb.*, 114 *kg.*)
    merchant's wife
свечка (*diminutive* of свеча) = candle

GRAMMAR — ГРАММА́ТИКА

1. Formation of the Subjunctive mood

The Subjunctive in Russian is very easy to form. It consists of the particle бы used with the form of the past tense of the verb. Although it may be formed from either Aspect, there are no other tenses of the Subjunctive in Russian. The Subjunctive of писать is, therefore, я/ты/он писа́л бы; я/ты/она́ писа́ла бы; мы/вы/ они́ писа́ли бы; and of говори́ть is я/ты/он говори́л бы etc. The Subjunctive of the Perfective **написа́ть** is **я написа́л бы** etc.

2. Uses of the Subjunctive

(a) in hypothetical conditions:

> Е́сли бы я э́то знал, я ничего́ не сказа́л бы.
> *If I had known that, I should not have said anything.*

> Он не реши́лся бы что́-нибудь сде́лать, е́сли бы да́же и мог.
> *He would not have made up his mind to do anything, even if he could.*

Remember that the Subjunctive is not required if the condition is a real possibility.

> Е́сли он придёт, скажи́ ему́.
> *If he comes, tell him.*

Note:

> Е́сли бы не он, я упа́л бы.
> *If it had not been for him, I should have fallen.*

(b) after **что́бы**:

We have already met **что́бы** followed by the Infinitive:

> Я не хочу́ е́хать туда́ специа́льно, что́бы купа́ться.
> *I do not want to go there specially in order to bathe.*

But where the subject of the verb which follows 'in order to', or 'so that' is different from that of the main verb, then the Subjunctive is used. This means that что́бы is followed by the form of the past tense, the **бы** being contained in **что́бы**:

> Я э́то сказа́л, что́бы он знал моё мне́ние.
> *I said it so that he should know my opinion.*

(c) after verbs of *wanting*, *wishing*, *suggesting*, *demanding*, where the subject of the verb is different:

Мы хотим, чтобы вы это прочитали.
We want you to read this.

Они предложили, чтобы он поехал в Киев.
They suggested that he should go to Kiev.

Я требую, чтобы они ушли.
I demand that they go away.

(d) after verbs of *commanding*, the Subjunctive may be used:

Он приказал, чтобы я поехал в Киев.
He ordered that I should go to Kiev.

Compare:

Он приказал мне поехать в Киев.
He ordered me to go to Kiev.

Мне сказали, чтобы я поехал в Киев.
They told me to go to Kiev.

(e) after verbs of *fearing* **чтобы** + **не** may be used:

Боюсь, чтобы он не уехал.
I am afraid that he might go away.
(or Боюсь, как бы он не уехал)

(f) after such negative words and phrases as **невозможно, невероятно, не может быть,** чтобы must be used:

Невозможно, чтобы он пришёл.
It is impossible that he should come.

Невероятно, чтобы они это сделали.
It is inconceivable that they should do this.

The Subjunctive may also be used after verbs of *thinking* in the negative.

(g) in generalizing clauses:

The Subjunctive is used in generalizing clauses as follows:

Кто бы ни пришёл, я не открою дверь.
Whosoever should come I shall not open the door.

Кого бы он ни видел, он всегда скрывался.
Whomsoever he saw, he always hid.

Что бы он ни сказал, я не соглашусь с ним.
Whatever he says, I shall not agree with him.

Куда бы она ни пошла, она не найдёт места.
Wherever she goes, she will not find a place.

Such clauses may be rendered without the Subjunctive, the appropriate Indicative tense being used instead:

Кто ни придёт, я не открою дверь.
Whoever comes, I will not open the door.

Что они ни делали, она никогда не соглашалась.
Whatever they did, she never agreed.

(h) **чтобы** is often used in expressing *hopes* or *wishes* or commands as follows:

Чтобы этого больше не было!
Let there be no more of that!
or *Don't let it happen again!*

3. Note the following uses of **бы**:

Только бы она была здесь!
If only she were here!

Хоть бы мы успели на поезд!
(or хоть бы нам успеть ...)
If only we catch the train!

Вы бы лучше сказали ему.
You had better tell him.

Ещё бы!
I should just think so!

Давно бы так!
And about time too!

4. Note that бы and чтобы have alternative forms б and чтоб:

Если б я это знал, я б ничего не сказал.
If I had known that, I should not have said anything.

Чтоб этого больше не было!
Don't let it happen again!

5. Use of the Imperative form instead of the Subjunctive

In conditional and generalizing clauses the Imperative form may be used instead of the Subjunctive:

Скажи я ему это, он бы не поверил.
If I were to tell him that, he wouldn't believe it.

Что ему ни говори, он всегда всему верит.
Whatever they tell him, he always believes everything.

EXERCISES—УПРАЖНЕНИЯ

1. In the following sentences change the present or future tense to the conditional Subjunctive:

(i) Если ночь будет тёплой, мы будем спать под открытым небом.

(ii) Если я не встречу её, я ничего не узнаю о них.

(iii) Если она ему не нужна, я возьму эту свечку.

(iv) Если он извинится, она всё простит ему.

(v) Если у нас будет время, мы зайдём к тебе утром.

(vi) Я помогу ему, если он расскажет мне об этом.

(vii) Если у неё есть билеты, мы пойдём в театр.

(viii) Если он оглянется, он увидит её улыбку.

(ix) Если ты оставишь их у меня, я успею прочитать эти стихи сегодня вечером.

(x) Если её взгляд не перенесётся на толпу, она заметит его оживлённость.

(xi) Если он не потеряет сознание, мы сможем обойтись без врача.

(xii) Éсли мне не помешáют дéти, я кóнчу рабóту за одúн день.

2. (a) Complete the following sentences with subordinate clauses beginning with **éсли бы:**

    (i) Волóдя бы не заболéл, ...
    (ii) Онú успéли бы на лéкцию, ...
    (iii) У негó бы ничегó не болéло, ...
    (iv) Онá бы решúлась на э́то, ...
    (v) Вы не прúняли бы меня́ за поэ́та, ...
    (vi) Мы бы вас не беспокóили, ...
    (vii) Онá всё сдéлала бы горáздо прóще, ...
    (viii) Онú не простúли бы вам э́того, ...

(b) Compose suitable main clauses to complete the following sentences:

    (i) Éсли бы Джон не простудúлся, ...
    (ii) Éсли бы мы беспокóились, ...
    (iii) Éсли бы ему́ нé было сты́дно, ...
    (iv) Éсли бы ей бы́ло восемнáдцать лет, ...
    (v) Éсли бы он не курúл так мнóго, ...
    (vi) Éсли бы вы хотéли посмотрéть Парúж, ...
    (vii) Éсли бы с ним произошёл такóй слу́чай, ...
    (viii) Éсли бы я был на вáшем мéсте, ...

3. Rewrite the following sentences changing the Imperative or future tense to the Subjunctive according to the Model:

    Model: Что ему́ ни говорú, он всегдá всему́ вéрит.
        Что бы ему́ ни говорúли, он всегдá всему́ вéрит.

  (i) Что ему́ ни говорú, он всегдá всему́ вéрит.
  (ii) Как егó ни заставля́й, он не бу́дет никому́ служúть.
  (iii) Как ты ни раскúдывай, а всё же выхóдит, что он виновáт.
  (iv) Что я ни сдéлай, мне всё прощáют.

(v) Где вы ни ищите, вы не отыщете на земле
полного великодушия.

(vi) Кому он ни отомстит, ему всё же будет обидно.

(vii) На что они ни решатся, это будет лучше бесконечных сомнений.

(viii) Когда она ни сознает свою вину, она придёт
в отчаяние.

(ix) Куда (ты) ни посмотри, везде существуют
жадность и хитрость.

(x) Где она ни будет, она не сможет забыть его
любовь.

4. Rephrase the following sentences by replacing the
Infinitive with **чтобы** and the Subjunctive:

(i) Я советую тебе сходить к Анне сегодня.

(ii) Мы советовали бы вам взять сына с собой.

(iii) Я просил бы вас поговорить с ним.

(iv) Мы просим Джона не лететь туда на вертолёте.

(v) Я приказал Вронскому тотчас же извиниться.

(vi) Мы приказываем вам отыскать обидчика.

5. Each of the sentences below indicates a situation to be
changed. Using **Я хочу, чтобы ...** form sentences
according to the Model.

Model: Здесь ничего нет.
Я хочу, чтобы здесь всё было.

(i) Здесь ничего нет.

(ii) В классе темно.

(iii) Работа сделана плохо.

(iv) Ты опять много куришь.

(v) Письмо ещё не написано.

(vi) За год построено мало жилых домов.

6. Using **чтобы,** link each pair of statements as in the
Model.

Model: Им надо было помочь; они встретятся опять.
Им надо было помочь, чтобы они
встретились опять.

(i) Его послáли на Кавкáз; он бýдет занимáться живописью.

(ii) Они отошли как мóжно дáльше; им никтó не бýдет мешáть.

(iii) Нельзя́ бы́ло егó так пугáть; он нáчал боя́ться смéрти.

(iv) Всё возмóжное бýдет сдéлано; эффекти́вность вы́сших учéбных заведéний бýдет повы́шена.

7. Replace **что** by **чтóбы** and change the verb in the subordinate clause accordingly. Translate both versions into English and compare the meanings:

(i) Врач говори́т, что Джон принимáет лекáрство.

(ii) Вéра передалá, что брáтья привезýт всё необходи́мое.

(iii) Инженéр напи́шет, что они́ купи́ли нóвые маши́ны.

(iv) Они́ разговáривали так ти́хо, что никтó не слы́шал, о чём они́ говоря́т.

(v) Онá готóвила так, что все бы́ли довóльны.

(vi) Студéнтам даю́т такóй текст, что они́ мóгут с ним спрáвиться.

8. Translate into English:

(i) Э́то, я вам скажý, преинтерéсная фигýра.

(ii) Пирожки́, съéденные ýтром, помогли́ емý обойти́сь без обéда.

(iii) Без кáрты мы не нашли́ бы дорóгу чéрез гóры.

(iv) Посмотрéл бы я, как он с э́тим спрáвится!

(v) Мать бои́тся, чтóбы он не простуди́лся.

(vi) Не мóжет быть, чтóбы э́то былá настоя́щая любóвь.

(vii) Я не дýмаю, чтóбы он óчень страдáл от э́того.

(viii) Я зайдý за тобóй в семь часóв. Чтоб ты былá готóва к э́тому врéмени!

(ix) Чтоб ноги́ егó бóльше здесь нé было!

(x) Не желáю я покоря́ться ни судьбé, ни лю́дям, ни стáрым закóнам.

(xi) Вся неде́ля была́ обращена́ в оди́н до́лгий пра́здник. Бы́ло приготовлено — нава́рено и нажа́рено, привезено́ и принесено́ — мно́го вку́сного. Дом был осо́бенно чист, сад осо́бенно краси́в, и да́же во́здух каза́лся осо́бенно све́жим.

9. Translate into Russian:

(i) We are discussing the system of higher education in the USSR and also problems in the lower classes of our schools.

(ii) Her face expressed the deepest despair.

(iii) Gorky showed that of all the forms of art, drama has the strongest influence on people.

(iv) Whom do you consider the most important of modern Soviet poets?

(v) Life in Siberia can be rather dull and the climate there is severe, but the day is near when even there it will be pleasant and easy to live.

(vi) The parcel has been sent, the letter has been written, and now she could sit for two hours with a most interesting book.

(vii) The suit bought recently abroad proved too small for her.

(viii) Pavlov used to say that scholarship demands of a man his whole life, and even if we had two lives, they would not be sufficient.

(ix) If we had had enough time, we should have found all three volumes.

(x) If you could get by without it, I should like to take your dictionary for three days.

(xi) You ought to make his acquaintance.

(xii) Let everything be prepared for them!

(xiii) May I never see or hear anything like it again!

(xiv) In the summer she liked the children to get up early.

LESSON 28 — УРОК ДВАДЦАТЬ ВОСЬМОЙ

Итоги

Москва, 17/VII-197... г.

Дорогой Генри!

Пишу́ тебе́ в после́дний раз, так как ско́ро, два́дцать восьмо́го ию́ля, я отправля́юсь домо́й теплохо́дом из Ленингра́да. Снача́ла я хоте́л лете́ть самолётом, но у меня́ оста́лось сли́шком ма́ло де́нег и оказа́лось мно́го багажа́ — четы́ре больши́х чемода́на, — и э́то уже́ по́сле того́, как я отпра́вил домо́й по по́чте о́коло пятидесяти книг (с пятью́десятью почто́выми ма́рками — це́лая колле́кция). Вот почему́ мне пришло́сь измени́ть пла́ны. По́ездка на теплохо́де занима́ет пять су́ток, в то вре́мя как по́ездом че́рез Варша́ву и Берли́н я мог бы е́хать в дво́е с полови́ной су́ток, но в по́езде ску́чно. На самолёте, коне́чно, быстре́е: полёт занима́ет всего́ четы́ре с полови́ной часа́. Интере́сно, как ты реши́л е́хать?

Ты, наве́рное, хоте́л бы узна́ть о мои́х достиже́ниях в э́том году́. Здесь, как ты зна́ешь, о́чень увлека́ются стати́стикой. Я цити́рую:

«Байка́л — глубоча́йшее о́зеро ми́ра. В Байка́ле бо́льше воды́, чем во всём Балти́йском мо́ре, и в 92 ра́за бо́льше, чем в Азо́вском мо́ре».

Ита́к, вот, пожа́луйста, не́которые ци́фры, относя́щиеся к моему́ пребыва́нию в Москве́: я был на двух спекта́клях в Большо́м теа́тре — на одно́м бале́те и на одно́й о́пере; я побыва́л в девяти́ други́х теа́трах, был на трёх симфонических концертах и раз двадцать-двадцать пять ходил в кино. Я посетил две мощных электростанции и три отличных колхоза. Я даже присутствовал на каких-нибудь десяти-пятнадцати лекциях и на каких-нибудь тридцати-сорока уроках русского языка, не помню точно. Я познакомился с двумя-тремя девушками и с несколькими парнями. Я не сфотографировал ни одного моста, ни одного танка, ни одной ракеты, так как это официально запрещено. Тысяча пятьсот девяносто четыре раза я поднялся по лестнице к себе на седьмой этаж, потому что лифт не работал (— шучу, конечно: это случилось только раз триста, четыреста . . .).

Но о результатах нельзя судить по одним голым цифрам: цифры иногда обманывают. Итак, вот самые главные факты: я теперь чувствую, что более или менее свободно говорю по-русски; я знаю, как пользоваться городским транспортом и как обращаться с продавщицами — словом, за этот год я перестал быть беспомощным ребёнком в Советском Союзе. Кроме того, я узнал много нового и познакомился с десятками студентов. Мы с ними далеко не всегда соглашались, но хотя я много спорил, я почти ни с кем не ссорился. Мы обсуждали со всех сторон сотни тем: международное положение, недостатки всех политических систем, форму и содержание произведений сотен писателей, художников и композиторов, качество советских и зарубежных автомашин, фотоаппаратов, магнитофонов, авторучек и вин, и конечно же, время от времени говорили о девушках. Философствовать ночью — русская привычка. Не раз мы сидели до полуночи, иногда до пяти часов утра, что не только заставляло меня говорить по-русски, но и помогло понять массу незнакомых мне фактов о советской жизни. Теперь я считаю себя большим специалистом во всех областях советской действительности и, когда приеду, я напишу новый учебник русского языка, основанный на моих впечатлениях и на том, что останется у меня в памяти об искренней дружбе с моими близкими друзьями.

Я стра́шно соску́чился по до́му, но всё равно́ ка́к-то гру́стно бу́дет уезжа́ть.

До ско́рой встре́чи,
Джон

WORDS AND PHRASES

ито́г = sum, total, result
в после́дний раз = for the last time
отправля́ться/отпра́виться = to set off
(/отпра́влюсь, отпра́вишься)
теплохо́д = ship, motor ship
бага́ж = luggage
чемода́н = suitcase
отправля́ть/отпра́вить = to send off, dispatch
о́коло пятидесяти = about fifty
почто́вая ма́рка = (postage) stamp
колле́кция = collection
изменя́ть/измени́ть = to change, alter
су́тки (pl.), gen. су́ток = a day, period of 24 hours
в то вре́мя как = while, whereas
че́рез Варша́ву = via Warsaw
дво́е + gen. pl. = two of
всего́ четы́ре = four in all
интере́сно = I wonder
ты хоте́л бы = you would like
достиже́ние = achievement
стати́стика = statistics
цити́ровать/про- = to quote
Байка́л = Lake Baikal
о́зеро = lake
Балти́йское мо́ре = the Baltic
в девяно́сто два ра́за бо́льше = 92 times more
Азо́вское мо́ре = the Sea of Azov
Большо́й теа́тр = Bolshoi Theatre
бале́т = ballet
о́пера = opera

побыва́ть (*Pf.*) = to be, visit
мо́щный = powerful
колхо́з = collective farm
прису́тствовать = to be present
  (прису́тствую, прису́тствуешь)
каки́е-нибудь де́сять ле́кций = some ten lectures
мост = bridge
танк = tank
раке́та = rocket
запреща́ть/запрети́ть = to forbid
  (/запрещу́, запрети́шь)
пятьсо́т = five hundred
поднима́ться/подня́ться = to climb
  (/подниму́сь, подни́мешься; past подня́лся, подняла́сь)
ле́стница = stairs
лифт = lift
шути́ть/по- = to joke
  (шучу́, шу́тишь)
три́ста, четы́реста = three hundred, four hundred
обма́нывать/обману́ть = to deceive
  (/обману́, обма́нешь)
факт = fact
обраща́ться/обрати́ться с +*instr.* = to address
  (/обращу́сь, обрати́шься)
сло́вом = in a word
беспо́мощный = helpless
кро́ме того́ = besides which, besides that
деся́ток = ten of
деся́тки = dozens
спо́рить/по- = to argue
ссо́риться/по- = to quarrel
со́тня = (about) a hundred
те́ма = theme, subject
недоста́ток = fault, failing
фо́рма и содержа́ние = form and content
произведе́ние = work (of art)
компози́тор = composer
ка́чество = quality

зарубе́жный = foreign
магнитофо́н = tape recorder
авторучка = pen, ball-point
филосо́фствовать/по- = to philosophize, argue
  (филосо́фствую, филосо́фствуешь)
привы́чка = habit, custom
заставля́ть/заста́вить = to force, compel
  (/заста́влю, заста́вишь)
ма́сса = mass
специали́ст = specialist
действи́тельность (fem.) = reality
осно́вывать/основа́ть = to base, found
па́мять (fem.) = memory
и́скренний = sincere
дру́жба = friendship
гру́стный = sad

GRAMMAR—ГРАММА́ТИКА

1. Declension of numerals

Russian numerals decline. The declension of **оди́н** is
given in Lesson 26.

Declension of **два/две, три, четы́ре**

Nom.	два/две	три	четы́ре
Gen.	двух	трёх	четырёх
Dat.	двум	трём	четырём
Acc.	Like the Nominative or Genitive		
Instr.	двумя́	тремя́	четырьмя́
Prep. (о)	двух	трёх	четырёх

Declension of numerals in **-ь** and **-десят**

Nom.	пять	во́семь	пятьдеся́т
Gen.	пяти́	восьми́	пяти́десяти
Dat.	пяти́	восьми́	пяти́десяти
Acc.	пять	во́семь	пятьдеся́т

| Instr. | пятью́ | восемью́ | пятью́десятью |
| Prep. (о) | пяти́ | восьми́ | пяти́десяти |

Like пять are declined шесть — два́дцать, and три́дцать. Like пятьдеся́т are declined шестьдеся́т — во́семьдесят.

Declension of со́рок 'forty', девяно́сто 'ninety', сто 'hundred'

Nom.	со́рок	девяно́сто	сто
Gen.	сорока́	девяно́ста	ста
Dat.	сорока́	девяно́ста	ста
Acc.	со́рок	девяно́сто	сто
Instr.	сорока́	девяно́ста	ста
Prep. (о)	сорока́	девяно́ста	ста

Declension of две́сти '200', три́ста '300', четы́реста '400'

Nom.	две́сти	три́ста	четы́реста
Gen.	двухсо́т	трёхсо́т	четырёхсо́т
Dat.	двумста́м	трёмста́м	четырёмста́м
Acc.	две́сти	три́ста	четы́реста
Instr.	двумя́ста́ми	тремя́ста́ми	четырьмя́ста́ми
Prep. (о)	двухста́х	трёхста́х	четырёхста́х

(′ = secondary stress)

Declension of пятьсо́т '500'

Nom.	пятьсо́т
Gen.	пятисо́т
Dat.	пятиста́м
Acc.	пятьсо́т
Instr.	пятьюста́ми
Prep. (о)	пятиста́х

Like пятьсо́т are declined шестьсо́т, семьсо́т, восемьсо́т, девятьсо́т.

Деся́ток 'ten' and миллио́н 'million' are masculine nouns and decline accordingly. Ты́сяча 'thousand'

and сотня 'a hundred' are feminine nouns and decline accordingly, except that тысяча has an alternative form for the Instrumental, either тысячей or тысячью. Compound numerals, e.g. двадцать два decline all parts: двадцати двух, двадцати двум etc.

2. Use of numerals

We have already met a few numerals and know that:

(a) один agrees with the noun it qualifies in gender and case.

(b) два, три, четыре and compounds of them, e.g. двадцать два, are followed by the noun in the Genitive singular.

(c) numbers from пять upwards are followed by the noun in the Genitive plural (with the exception of compounds of два etc.).

But (b) and (c) only apply when the numeral is the subject, when it is in the nominative case. When the numeral is required in one of the oblique cases, i.e. the Genitive, Dative, Instrumental or Prepositional, then both numeral and noun go into that case, the noun in the plural:

Gen.	от двух студентов	*from two students*
	из пяти городов	*from five towns*
Dat.	к трём домам	*towards three houses*
	к шести башням	*towards the six towers*
Instr.	с двадцатью тремя	*with twenty-three*
	англичанами	*Englishmen*
Prep.	на тридцати трёх	*at thirty-three lectures*
	лекциях	

When the numeral is required in the Accusative case, there is not much difficulty, provided that the object is inanimate. Два, три, четыре are followed by the Genitive singular and пять upwards by the Genitive plural. In other words, the construction is the same as in (b) and (c) above.

But when the object is animate, complications arise: with **два, три, четы́ре** the Accusative is like the Genitive; with **пять** upwards the construction is the same as it would be for the numeral as subject. The strange thing is, however, that in this instance '**пять** upwards' includes the compounds of **два, три, четы́ре.**

Thus:

Inanimate

Я уви́дел два до́ма.	*I saw two houses.*
Я уви́дел пять домо́в.	*I saw five houses.*
Я уви́дел два́дцать два до́ма.	*I saw twenty-two houses.*
Я уви́дел три́дцать пять домо́в.	*I saw thirty-five houses.*

Animate

Я уви́дел двух студе́нтов.	*I saw two students.*
Я уви́дел пять студе́нтов.	*I saw five students.*
Я уви́дел два́дцать два студе́нта.	*I saw twenty-two students.*
Я уви́дел три́дцать пять студе́нтов.	*I saw thirty-five students.*

'I saw twenty-one students' is Я уви́дел два́дцать одного́ студе́нта.

3. Adjectives with numerals

After **два, три, четы́ре** the adjective may be either in the Nominative plural or in the Genitive plural, the latter being the more common, except with feminine nouns:

два но́вых студе́нта
две но́вые студе́нтки   *two new students*

After the oblique cases, **двух, трём** etc., the adjective is in the same case:

к трём ста́рым дома́м *towards the three old houses*

After **пять** etc. the adjective is in the Genitive plural, and with the oblique cases, **пяти́** etc. the adjective goes into the appropriate case:

на пяти́ больши́х стола́х *on five big tables*
с двадцатью́ но́выми студе́нтами *with twenty new students*

4. Collective numerals

The collective numerals **дво́е** 'two', **тро́е** 'three', **че́тверо** 'four', are mostly used with nouns like **часы́** 'clock, watch', which have no singular form and so cannot be used with **два, три, четы́ре** which require the Genitive singular. **Дво́е** etc. take the Genitive plural:

дво́е часо́в *two clocks*
тро́е су́ток *three days (and nights)*

Unfortunately, the collective numerals do not combine with **два́дцать** etc., and so it is impossible to say in Russian 'twenty-two watches', unless you cheat and say **два́дцать две па́ры часо́в.** (The same is true of **оди́н,** the plural form of 'one', so that 'thirty-one clocks' is **три́дцать одна́ па́ра часо́в.**) Of course, in the oblique cases the problem resolves itself, because the Genitive singular is not required, and the appropriate form of **два, три, четы́ре** can be used:

о двадцати́ двух часа́х *about twenty-two watches*

Collective numerals exist for the other numbers up to ten:

пя́теро	*five*	во́сьмеро	*eight*
ше́стеро	*six*	де́вятеро	*nine*
се́меро	*seven*	де́сятеро	*ten*

The collective numerals are often used with pronouns, with nouns denoting male persons and with the nouns **де́ти** 'children' and **ли́ца** 'people':

мы двóе	*we two*
их бы́ло пя́теро	*there were five of them*
у них шéстеро детéй	*they have six children*
трóе в однóй лóдке	*three men in a boat*

5. Óба/óбе 'both'

Óба 'both' is used with masculine and neuter nouns; óбе is used with feminine nouns. The construction with óба/óбе is the same as with два/две.

Declension of óба/óбе:

Nom.	óба	óбе	
Gen.	обóих	обéих	Óба студéнта бы́ли там.
Dat.	обóим	обéим	*Both students were there.*
Acc. Like Nom. or Gen.			Я поговорúл с обéими
Instr.	обóими	обéими	сёстрами.
Prep. (об) обóих		обéих	*I spoke to both sisters.*

6. Полторá/полторы́ 'one and a half'

Полторá is used with masculine and neuter nouns; полторы́ is used with feminine nouns.
Declension полторá рубля́ '1½ roubles' and полторы́ буты́лки '1½ bottles':

Nom.	полторá рубля́	полторы́ буты́лки
Gen.	полу́тора рублéй	полу́тора буты́лок
Dat.	полу́тора рубля́м	полу́тора буты́лкам
Acc.	полторá рубля́	полторы́ буты́лки
Instr.	полу́тора рубля́ми	полу́тора буты́лками
Prep. (о) полу́тора рубля́х		полу́тора буты́лках

7. Declension of пóлдень 'midday' and пóлночь 'midnight':

Nom.	пóлдень	пóлночь
Gen.	полу́дня	полу́ночи
Dat.	полу́дню	полу́ночи
Acc.	пóлдень	пóлночь
Instr.	полу́днем	полу́ночью
Prep. (о) полу́дне		полу́ночи

In the oblique cases пóлдня, пóлночи etc. are possible.

8. **Fractions**

'A half' is **половина,** 'a third' is **треть** and 'a quarter' is **четверть,** all feminine nouns; '$2\frac{1}{2}$ roubles' is **два с половиной рубля.**

Other fractions are expressed by the feminine form of the ordinal numeral: **пятая** 'a fifth', **шестая** 'a sixth' etc. '$\frac{3}{8}$' is **три восьмых.**

9. **Declension of скóлько 'how many'**

Скóлько has declined forms for the oblique cases:

Gen.	скóльких
Dat.	скóльким
Instr.	скóлькими
Prep. (o)	скóльких

Like **скóлько** are declined **нéсколько** 'several' and **стóлько** 'so many'.

10. **Agreement of verb and numeral subject**

When the subject is a numeral or some such word as **мнóго** 'many', **нéсколько** 'several', **большинствó** 'majority' the verb may be either plural or singular (neuter in the past tense). There are no firm rules as to which form of the verb is preferable, but it is probably true to say that the singular is preferred if the subject is viewed as a unit or group, and the plural if it is viewed as several individuals:

Нéсколько студéнтов ужé уéхали домóй.
Several students have already gone home.

В кóмнате собралóсь двáдцать студéнтов.
Twenty students had gathered in the room

The compounds of **одúн** have the verb in the singular:

Трúдцать одúн студéнт приéхал.
Thirty-one students arrived.

Два, три, четы́ре usually have the verb in the plural.

11. Expressions of time

в пять минут третьего   *at five past two*
без пяти минут три   *at five to three*
к десяти мунутам второго   *by ten past one*

— Папа уехал в гости. Домой его принесут часам к двенадцати.

EXERCISES—УПРАЖНЕ́НИЯ

1. (a) Read the following numbers in Russian, and write them out:

   3; 17; 24; 38; 45; 82; 105; 254; 769; 811; 1,235.

   (b) With each of the above numbers in the Genitive case form a phrase with **из** as in the Model.

   Model: из трёх сёл

   (c) With each number in the Dative case form a phrase with **к** as in the Model.

   Model: к трём сёлам

   (d) With each number in the Instrumental case form a phrase with **над** as in the Model.

   Model: над тремя́ сёлами

   (e) With each number in the Prepositional case form a a phrase with **в** as in the Model.

   Model: в трёх сёлах

2. Say in Russian 'I met — 3 Englishmen ... 6 directors .. 15 women ... 24 girls ... 31 Germans ... 44 Frenchmen.'

3. Complete the sentences (a) and (b) with the times given below:

   (a) Он бу́дет в колхо́зе в ...
   (b) Он прие́дет в колхо́з к ...

   twenty-five past nine; ten past four; eighteen minutes past seven; twenty past two; five past six; nine minutes past one.
   5.45; 8.35; 3.40; 1.50; 6.37; 11.55.

4. Write out in full:

   (i) На э́тот теплохо́д нет уже́ ни (1) биле́та.
   (ii) Идти́ на ста́нцию с (4) чемода́нами нелегко́.
   (iii) Э́то о́зеро нахо́дится ме́жду (2) знамени́тыми гора́ми.

(iv) Эти рыбы встречаются только в (2—3) морях.

(v) Она должна купить молоко для всех своих (14) кошек, всем (14) должна дать мяса или рыбы.

(vi) Исключили (4) присутствующих из партии.

(vii) В Варшаву прилетело (70) специалистов из каких-нибудь (40) колхозов.

(viii) Теплоход проходит под (10) мостами.

(ix) Этот самолёт пролетит над (38) крупными городами.

(x) Этот магнитофон принадлежит (2) братьям.

(xi) Журналисты отправились на озеро Байкал с (5) новейшими фотоаппаратами.

(xii) О наших достижениях написали в (11) зарубежных газетах.

5. Translate into Russian:

(i) Two small motor vessels were moving slowly along the river. I should say that on them were travelling at least three hundred people.

(ii) We shall set off for home on Thursday. We have not yet decided whether to go by train or plane. The journey takes three days if you go by train, and that would be rather boring, but my wife has been ill and she is frightened to fly.

(iii) I am tired. I simply cannot sit up till midnight or three in the morning philosophizing with your Russian friends.

(iv) Hundreds of tourists visit the Soviet Union every year. They look round dozens of museums, galleries and cathedrals, but what do they know about Soviet reality?

(v) Their group consisted of three Germans, six Japanese and fifteen Americans. They bought five Russian cameras, eight excellent tape recorders and fifty fountain pens. Everything was of very good quality.

(vi) The composer himself will be present at all six symphony concerts.

6. Answer in Russian the following questions on the text:

   (i) Какóго числá Джон отправля́ется домóй?

  (ii) Скóлько книг он отпрáвил домóй?

 (iii) Скóлько мáрок емý пришлóсь купи́ть?

  (iv) Почемý он не хóчет éхать пóездом?

   (v) По какóму маршрýту емý пришлóсь бы éхать пóездом?

  (vi) Скóлько врéмени занимáет полёт?

 (vii) Что вы знáете об óзере Байкáле?

(viii) На скóльких лéкциях и урóках рýсского языкá он присýтствовал?

  (ix) Во скóльких теáтрах он побывáл?

   (x) Джон всё ещё чýвствует себя́ простым тури́стом в Москвé?

  (xi) О чём он спóрил с совéтскими друзья́ми?

 (xii) Почемý он тепéрь так хорошó говори́т по-рýсски?

(xiii) Что он собирáется написáть, когдá он вернётся домóй?

 (xiv) Как бы вы себя́ чýвствовали на мéсте Джóна?

KEY TO THE MAIN ENGLISH—RUSSIAN TRANSLATION EXERCISES

The Key gives a *recommended* translation to each English—Russian translation exercise. It is often possible, of course, to translate a given sentence from English into Russian in several different ways, and the version given here may not be the only correct one, although in some places possible alternatives have been indicated.

'Your' has been translated by ты, тебя etc., except where the context makes вы, вас etc. preferable. It would be possible, however, to use вы, вас instead of ты, тебя in most instances.

УРÓК 1

Упр. 9.

Тамáра на концéрте. Музыкáнты игрáют тихо. Онá не слýшает: онá дýмает о Борúсе. Онá не знáет, где он и чтó он дéлает. Он на стадиóне? Нет, тепéрь он в клýбе. Он ужé не дýмает о мáтче: он дýмает о Тамáре.

УРÓК 2

Упр. 6.

Дорогáя Тамáра!

Ты спрáшиваешь, почемý Джон ничегó не пúшет о Москвé. Ты забывáешь, что мы ужé знáем Москвý, и что он не турúст. Москвá типúчный большóй гóрод, а

355

Джон думает только об университете. Вот почему он пишет только о работе.

Ты пишешь о музыке, и (мне) всё это очень интересно. Теперь я понимаю, почему ты изучаешь музыку в университете. Борис ещё не понимает. Он знает, что ты играешь на скрипке и спрашивает, почему ты в университете, а не в оркестре.

До свидания, моя дорогая,
Твой Генри.

УРОК 4

Упр. 12.

   (i) Два магазина и две кассирши; три студента и три книги; четыре письма и четыре копейки.

 (ii) Я стою в очереди на почте и вижу на стене карту России.

(iii) Я иду в магазин, где продают мебель для кухни.

(iv) Мой сосед мрачно говорит, что в гастрономе нет ни колбасы, ни сыра.

 (v) Виктор видит цену на банке молока и платит в кассу двадцать четыре копейки.

(vi) Мы хотим план города для туриста, так как он не хочет идти в центр города без плана Москвы.

УРОК 6

Упр. 9

(a) (i) Приятно слышать такие новости.

   (ii) Оркестр играет слишком громко.

 (iii) Эта река течёт очень быстро.

 (iv) Сегодня утром всё очень чисто.

  (v) Как они мрачны сегодня!

 (vi) Для девушки очень важно уметь хорошо готовить.

(b) Сегодня я готовлю обед для Алексея. Я не умею варить. Вот почему я только жарю омлет. Алексей просит меня включить для него радио. Я иду в комнату, начинаю слушать новости и забываю об обеде. А в кухне горит омлет. Я бегу в кухню. Алексей тоже бежит в кухню и видит, что на полу текут вода и молоко. Мы опять начинаем жарить омлет, и теперь мы жарим его вместе.

После обеда мы едем на автобусе на берег моря. Мы долго сидим на берегу моря и молчим. Как я люблю тёплые вечера у моря!

УРОК 7

Упр. 9.

(i) Где ещё существуют красивые и добрые женщины?

(ii) Выражение красоты является душой поэзии.

(iii) Это и является разницей между мастерством и искусством.

(iv) Мы пьём кофе с молоком или чай с лимоном, и едим хлеб с маслом и с колбасой.

УРОК 8

Упр. 10.

(i) Не говори его сестре, что это значит.

(ii) По сравнению с тобой она современный человек.

(iii) К началу лета мы хотим быть в Москве.

(iv) Я не разрешаю ему так говорить со мной.

(v) Не просите у неё помощи. Она не хочет даже говорить с вами.

(vi) Этот человек спрашивает, что вам угодно (что вы хотите).

(vii) Мне кажется, что наш инженер начинает привыкать к жизни в Ленинграде.

(viii) Редактору всё равно, что пишут о нём на Западе.

(ix) Что же ей носить, если ей не нравятся лондонские моды?

(x) Их отец живёт с ними, но он не мешает им веселиться.

(xi) Что ему́ де́лать о́сенью?

(xii) Мать сове́тует нам одева́ться прили́чно.

УРО́К 9

Упр. 8.

(i) Я чита́л(а) кни́гу весь день.

(ii) Я уже́ прочита́л(а) твоё письмо́.

(iii) Она́ написа́ла письмо́ сего́дня у́тром.

(iv) Он о́чень уста́л сего́дня.

(v) Они́ уже́ всё вы́учили.

(vi) Она́ ничего́ не е́ла сего́дня.

(vii) Он закры́л окно́.

(viii) Они́ устро́или в клу́бе конце́рт.

(ix) Она́ ча́сто носи́ла ста́рое си́нее (голубо́е) пла́тье.

(x) Здесь продава́ли грибы́.

(xi) Что ты де́лал(а) всё ле́то?

(xii) Он гуля́л по у́лице, когда́ я уви́дел(а) его́.

УРО́К 11

Упр. 7.

(i) Весно́й мы ча́сто е́здим (хо́дим) в дере́вню.

(ii) Он идёт в го́род.

(iii) Он шёл по у́лице, когда́ он уви́дел милиционе́ра.

(iv) Ле́том мы ча́сто бу́дем ходи́ть (е́здить) в лес.

(v) Ве́чером мы идём на конце́рт.

(vi) Ры́бы не хо́дят.

(vii) В де́вять часо́в она́ шла в шко́лу.

(viii) В четы́ре часа́ мы бу́дем идти́ по доро́ге.

(ix) Спортсме́ны хо́дят бы́стро.

(x) По́сле уро́ка мы всегда́ шли в клуб и слу́шали там ра́дио.

(xi) Ты шёл (шла) к це́нтру, когда́ я уви́дел(а) тебя́ из окна́ авто́буса.

(xii) Де́ти не лю́бят ходи́ть ме́дленно.

(xiii) По́сле уро́ка я всегда́ бу́ду идти́ домо́й с Та́ней.

(xiv) В шко́лу они́ всегда́ бу́дут идти́ че́рез Ботани́ческий сад.

УРОК 13

Упр. 4.

(i) Что случилось? Почему ты вдруг уезжа́ешь в Ленингра́д?

(ii) Я нашёл (нашла́) там рабо́ту и хочу́ перее́хать туда́ до конца́ го́да.

(iii) Когда́ ты вы́едешь за́ город (из го́рода), посмотри́ в окно́ и ты уви́дишь, что ты проезжа́ешь ми́мо дере́вни, где мы жи́ли ле́том.

(iv) Когда́ автомоби́ль отъе́хал от до́ма, Никола́й вспо́мнил, что он забы́л биле́ты.

(v) Мы реши́ли зае́хать к тёте Ле́не. Она́ живёт недалеко́ от го́рода. Э́то типи́чная ру́сская дере́вня, и мы ча́сто е́здим туда́ ле́том. Когда́ мы уезжа́ли и́з дому, пошёл дождь и ста́ло совсе́м темно́, так что мы должны́ бы́ли е́хать ме́дленно. Наконе́ц мы дое́хали до дере́вни. Мы подъезжа́ли к до́му тёти Ле́ны, когда́ мы заме́тили автомоби́ль. Когда́ мы останови́лись, тётя Ле́на вы́шла из до́ма с милиционе́ром, и они́ уе́хали вме́сте на автомоби́ле.

УРОК 14

Упр. 6.

(i) За́втра я переезжа́ю во Влади́мир. Мою́ ме́бель перевезу́т за́втра у́тром.

(ii) Чем э́то па́хнет в ку́хне? Э́то со́ус. Сего́дня наш обе́д состои́т из инде́йки в со́усе с гарни́ром, пу́динга и ко́фе.

(iii) Я вошёл (вошла́) в дом и уви́дел(а) Воло́дю. Он выноси́л из ко́мнаты моё ра́дио.

(iv) Понра́вилась ли тебе́ пое́здка в Су́здаль? Что ты привёз (привезла́) отту́да?

(v) Посы́лка не придёт к его́ дню рожде́ния. Мо́жет быть она́ придёт до конца́ неде́ли.

(vi) В магази́н вошёл ма́льчик. Он нёс пальто́.

(vii) Где ты был (была)? Я отвозил(а) учительницу (учителя) в школу на автомобиле.

(viii) Где Соня? Я отвёз (отвезла) её на вокзал (станцию), и она поехала на день к Тане.

УРОК 15

Упр. 10.

(i) Мы подъезжаем к турецкой границе.

(ii) Он прячется за последним большим деревом.

(iii) Карта висит над большой картиной зимнего вечера.

(iv) На Кавказе нас часто угощали сладким виноградным соком.

(v) Он прилетит в Минск на понедельник и вторник.

(vi) Я буду работать всю среду и весь четверг, потому что в пятницу я лечу на три недели на Украйну.

(vii) Первую неделю я буду жить в большой гостинице в Киеве, но на вторую неделю я собираюсь поехать (полететь) на Чёрное море, а оттуда на южный Кавказ.

(viii) Мой гид посоветовал мне посетить Кавказ и познакомиться с типичной жизнью, с местной историей и с национальной культурой южного Кавказа.

(ix) Я давно хотел(а) прервать деловую поездку, освободиться на неделю от бесконечной официальной деятельности, и подышать свежим горным воздухом.

(x) Как я буду радоваться каждой утренней прогулке, каждому тёплому дню, всей южной красоте Армении, — без работы и без моего строгого гида! С каким сожалением я буду смотреть на красивые горные хребты в последний вечер в армянской столице, и знать, что завтра я должен (должна) буду возвратиться в Москву.

УРОК 16

Упр. 7.

Что касается некоторых вещей, — качественных магазинов, ресторанов, последних мод и красивых новых зданий, — то Советский Союз всё ещё отстаёт от многих других стран. Даже в Москве, где есть много многоэтажных жилых домов, большинство новых улиц и площадей неинтересны(е). Там есть достаточно дешёвых и практичных зданий, но они не интересуют ни иностранцев, ни советских туристов.

Но строительство красивых городов требует не только умных идей и бесконечных усилий, а также и больших средств. Сначала эти средства пошли на разные учебные заведения. После революции нужно (надо) было научить грамоте и молодых и старых. Из безграмотных крестьян нужно было сделать рабочих; из рабочих нужно было сделать учёных.

Даже после войны, после смерти Сталина, не было необходимых средств для искусства, для музеев и галерей. Нужно было решить много социальных и экономических проблем. Только тогда мог народ требовать красивых зданий для своих городов и деревень.

УРОК 17

Упр. 7.

(i) Там не будет никого, кроме моих братьев.

(ii) Рано или поздно дети являются источником радости для родителей.

(iii) После зимних каникул мой брат поступит в институт.

(iv) Кто-то пришёл к тебе. Он хочет рассказать тебе что-то.

(v) Соня всегда чем-то недовольна.

(vi) У моего знакомого пять сыновей.

(vii) Не пой(те) этих громких современных песен!

(viii) Мне совсем не нравится цвет её волос.

(ix) Сколько раз я тебе говорил(а), что полезно иметь хороших друзей и соседей!

(x) Если кто-нибудь придёт, не покупай(те) ничего.

УРОК 18

Упр. 8.

(i) Я не советую вам покупать детям эти дешёвые железные игрушки.

(ii) Не стоит тратить деньги на лотерейные билеты; вы не выиграете никаких автомобилей.

(iii) Даже если ты выиграешь автомобиль, ты не сможешь поехать на нём в Сибирь.

(iv) Весной на некоторых дорогах делается Бог знает что; они превращаются в настоящие болота.

(v) Как раз перед войной он потерял все зубы, и ему было очень трудно научиться есть без зубов.

(vi) Ему часто приходится прибегать к разным хитростям, но ему обычно удаётся избежать (своих) коллег и провести вечер с милыми и интересными людьми.

(vii) В древние времена люди молились многим разным богам, а иногда даже чёрту, но теперь большинство советских людей вообще никому не молится.

(viii) Внук сидит у бабушки на коленях и слушает сказки о древних временах.

УРОК 19

Упр. 11.

(i) Есть ли в Сибири всё ещё настоящие медведи?

(ii) Сколько градусов мороза было у вас в декабре?

(iii) В тот день он прибежал сказать мне, что у него — сын.

(iv) Я давно́ на́чал(а) скуча́ть по до́му. Я умира́ю от ску́ки здесь!

(v) Пожа́луйста, сбе́гай и вы́зови врача́ для на́шего пожило́го сосе́да, потому́ что он вчера́ простуди́лся. Он ка́шлял и стона́л всю ночь. Осторо́жно, не зарази́сь от него́!

(vi) У тебя́ норма́льная температу́ра. Ты совсе́м не бо́лен.

(vii) Я угощу́ тебя́ кре́пким вино́м. Пожа́луйста, оста́вь немно́жко во́дки для Воло́ди. Ты зна́ешь, что он лю́бит вы́пить рю́мочку во́дки пе́ред сном.

(viii) Не беспоко́йся, я куплю́ ещё одну́ буты́лку по доро́ге домо́й.

(ix) Я избега́ю пить во́дку с той но́чи, когда́ я вы́пил немно́жко по́сле каки́х-то табле́ток, и моему́ това́рищу пришло́сь вызыва́ть (вы́звать) ско́рую по́мощь. Дава́й лу́чше вы́пьем рю́мку вина́ за здоро́вье (на́шего) сосе́да.

УРО́К 20

Упр. 6.

(i) Она́ ста́ла рабо́тать ме́ньше, чем она́ должна́ была́, и ещё глу́бже погрузи́лась в свои́ душе́вные пережива́ния. Её тоска́ начала́ беспоко́ить его́, и он стал относи́ться к ней серьёзнее и бо́лее чу́тко.

(ii) Ро́дина мне доро́же всего́ в ми́ре. Там поля́ зелене́е и во́здух чи́ще. На́ши цветы́ краси́вее, на́ше вино́ кре́пче, и на́ши де́вушки веселе́е и прекра́снее всех други́х.

(iii) По-мо́ему Толсто́й опи́сывает люде́й лу́чше, чем Достое́вский.

(iv) Мо́жет быть мой знако́мые не ху́же его́ геро́ев, но в большинстве́ слу́чаев они́ да́же не пыта́ются быть бо́лее до́брыми и́ли внима́тельными к лю́дям, и они́ не стыдя́тся свои́х сла́бостей.

(v) Я признаю́сь, что мастерство́ на́ших молоды́х

писа́телей ещё не о́чень высоко́, но зато́ они́ созда́ют но́вую истори́ческую литерату́ру. Они́ бо́льше интересу́ются исто́рией Револю́ции, чем исто́рией иску́сства.

(vi) Чем про́ще сло́во, тем оно́ бо́лее есте́ственно (есте́ственнее), и чем оно́ поня́тнее, темясне́е оно́ вы́разит мысль а́втора.

УРО́К 21

Упр. 4.

(i) Он живёт в са́мой ста́рой ча́сти го́рода.

(ii) Мать Воло́ди на пять лет моло́же (мла́дше) его́ отца́.

(iii) Они́ возвраща́ются домо́й с ещё бо́лее ужа́сными иде́ями.

(iv) В гастроно́ме нет сего́дня бо́лее кре́пких вин.

(v) Со́ня призна́лась в э́том свои́м бо́лее понима́ющим (чу́тким) друзья́м.

(vi) Они́ бы́ли умне́е её и смотре́ли на жизнь бо́лее реалисти́чески.

(vii) Са́мых ма́леньких дете́й о́чень тру́дно корми́ть ло́жкой.

(viii) Иногда́ мне ка́жется, что са́мые гря́зные и са́мые глу́пые де́ти — на́ши, что во всём ми́ре не мо́жет быть бо́лее гря́зных и бо́лее глу́пых дете́й (дете́й грязне́е и глупе́е на́ших).

(ix) Он бо́лее и́ли ме́нее изве́стен среди́ моско́вской молодёжи.

(x) В го́ды его́ ю́ности жизнь была́ бо́лее сло́жной и ме́нее норма́льной, но зато́ она́ была́ бо́лее увлека́тельной.

УРО́К 22

Упр. 9.

(i) Я не ви́дел(а) письма́, полу́ченного тобо́й вчера́.

(ii) Ма́льчик обра́довался (or Imperf.) на́йденным на у́лице деньга́м.

(iii) Я не люблю бормочущих гидов. Они все должны говорить громко и ясно.

(iv) Автомобиль, выигранный соседом в лотерею, оказался гораздо лучше нашего.

(v) Соне, привыкшей ко всем возможным домашним удобствам, нелегко было жить в маленькой деревне с плохо понимающими её крестьянами. После года, проведённого в этом скучном районе, она решила отвезти детей к очень соскучившемуся по ним отцу. Для них нашли места на вертолёте, летящем в город в субботу.

(vi) Заведующего этим отделением, отличившегося хорошей работой и считающегося типичным представителем нашей молодёжи, посылают на месяц в Москву.

(vii) Входящие и выходящие из здания студенты останавливались перед открытыми дверями. Одни рассказывали о проведённых на юге каникулах, другие о своих планах на будущее.

(viii) Роман, начатый летом, он кончил через восемь месяцев. В нём было много психологических и философских идей, развитых автором с привычным для него мастерством; но нас больше интересовали социальные идеи, взятые из жизни высшего света.

УРОК 23

Упр. 5.

(i) Кончив работу, крестьяне отдыхали в тени деревьев.

(ii) Подходя к школе, я заметил, что мальчики махали шапками.

(iii) Медленно, но не останавливаясь, автобус двигался по неровной дороге.

(iv) Когда я пытался (пыталась) понять четвёртую главу учебника, кто-то на дворе починял автомобиль, а в столовой играл проигрыватель.

   (v) Сняв пиджа́к и брю́ки, он собира́ется ложи́ться спать.

  (vi) Слу́шая му́зыку, я ду́мал(а) о си́нем мо́ре, о ло́дке и о пе́рвом уро́ке в на́шей кни́ге.

 (vii) Поступи́в в институ́т, я начну́ изуча́ть зооло́гию.

(viii) Прие́хав в Су́здаль, Джон в пе́рвый раз уви́дел настоя́щую ру́сскую зи́му.

  (ix) Вы́пив ко́фе, Воло́дя встал и включи́л ра́дио.

   (x) Разрабо́тав контра́кт с замести́телем мини́стра в Ки́еве, Пи́тер Но́ррис полете́л в Ерева́н. С тех пор он посети́л мно́го сове́тских городо́в, и ско́ро он вернётся (возврати́тся) домо́й.

УРО́К 24

Упр. 5.

Я рад, что я име́ю возмо́жность сказа́ть, что по мне́нию всей на́шей гру́ппы, то́лько что подпи́санный на́ми контра́кт (контра́кт, кото́рый мы то́лько что подписа́ли), не то́лько принесёт по́льзу на́шей фи́рме и ва́шей организа́ции, но та́кже помо́жет созда́ть хоро́шие усло́вия для разви́тия ми́рных отноше́ний ме́жду на́шими стра́нами. Благодаря́ междунаро́дной торго́вле, ме́жду людьми́ на За́паде и в социалисти́ческих стра́нах уже́ существу́ют поле́зные свя́зи (конта́кты), но быть мо́жет ли́чные конта́кты важне́е комме́рческих.

У нас тепе́рь мно́го друзе́й в Сове́тском Сою́зе, и мы лу́чше понима́ем мне́ния и чу́вства сове́тских люде́й. Мы мно́го уви́дели в Сове́тском Сою́зе. Мы то́лько жале́ем, что у нас не́ было вре́мени посети́ть не́которые из ва́ших интере́сных ста́рых городо́в, музе́ев и галере́й, о кото́рых мы так мно́го слы́шали. Но мы обяза́тельно прие́дем в Сове́тский Сою́з ещё раз, и, коне́чно, мы наде́емся, что когда́-нибудь вы прие́дете к нам (в на́шу страну́) и посмо́трите на́ши фа́брики.

Наш визи́т был уда́чным и о́чень прия́тным. За э́то мы осо́бенно должны́ поблагодари́ть ва́шего дире́к-

тора и, конéчно, нáшего перевóдчика (нáшу перевóд-
чицу).

А тепéрь я попрошý мойх коллéг встать и поднять
рюмки. Алексéй Петрóвич, дорогúе товáрищи, мы
пьём за вáше здорóвье.

УРÓК 25

Упр. 5.

   (i) Постáвь стул к окнý и посадú её на негó.

  (ii) Пусть онú немнóго подождýт. Онú пришлú
слúшком рáно, и мы всё ещё успéем на пóезд,
дáже éсли мы вýедем úз дому пóсле чáса.

 (iii) Онá вýнула всё из корзúнки, постáвила бáнку
молокá и бутýлку вóдки на пéрвую пóлку, а
рыбу положúла на вторýю.

 (iv) Сегóдня девятое мáя; зáвтра бýдет десятое.

  (v) Нóррис приéхал в Совéтский Союз в июне, а (и)
уéхал пятнáдцатого июля.

 (vi) Когдá Лéнин прибыл в Россúю, Николáй (Вторóй) ужé нé был царём.

 (vii) Лéнин чáсто обсуждáл эти проблéмы с Калúни-
ным и со Стáлиным.

(viii) Эта дерéвня нахóдится мéжду Москвóй и Калú-
нином.

 (ix) От Ивáновых я сначáла пошёл (пошлá) к Захá-
ровым, а потóм к Кóзиным.

  (x) Мéжду ним и Пýшкиными былá какáя-то связь.

 (xi) В начáле войны он был хорошó знакóм с Макá-
ровым и с Шатáловой.

УРÓК 26

Упр. 5.

   (i) Мы решúли провестú день в лесý. Мы собирáлись
ловúть рыбу в рéчке и собирáть грибы и ягоды,
но мы ничегó не собирáли. Вмéсто этого мы весь
день купáлись, (и) лежáли на берегý и загорáли
(загорáя).

(ii) Для детей лето — самое лучшее время года, но зима не полезна ни для кого. Владимир Михайлович ненавидит зиму, потому что тогда ему не с кем играть в шахматы на бульваре. Он никогда ни с кем не играет в шахматы зимой.

(iii) Во время войны он не служил ни на каком фронте, а после тысяча девятьсот сорок пятого года он ничего не писал ни для каких газет и журналов, хотя он в то время был журналистом. Он ни на каких фабриках не старался найти работу и не пытался поступить ни в какой институт. Он ничем не интересуется. Он не интересуется даже мной. Я не знаю, почему я вышла за него замуж.

УРОК 27

Упр. 9.

(i) Мы обсуждаем систему высшего образования в СССР, а (и) также проблемы в низших классах наших школ.

(ii) Её лицо выражало глубочайшее отчаяние.

(iii) Горький указывал на то, что из всех форм искусства наиболее сильно влияет на людей драма.

(iv) Кого вы считаете наиболее важным из современных советских поэтов?

(v) Жизнь в Сибири может быть довольно скучной и климат там суровый, но близок день, когда даже там жить будет приятно и легко.

(vi) Посылка была отправлена, письмо (было) написано и теперь она могла сидеть два часа с интереснейшей книгой.

(vii) Недавно купленный за границей костюм оказался слишком мал для неё.

(viii) Павлов говорил, что наука требует от человека всей его жизни, и даже если бы у нас было две жизни, то и их не хватило бы.

(ix) Если бы у нас хватило времени, мы бы нашли все три тома.

(x) Если бы ты мог(ла) обойтись без него, я хотел(а) бы взять твой словарь на три дня.

(xi) Вам следовало бы с ним познакомиться.

(xii) Чтоб всё было для них приготовлено!

(xiii) Чтоб я никогда больше ничего такого не видел(а) и не слышал(а)!

(xiv) Летом она любила, чтобы дети вставали рано.

УРОК 28

Упр. 5.

(i) Два маленьких теплохода медленно двигались по реке. Я бы сказал(а), что на них ехало по крайней мере триста человек.

(ii) Мы поедем домой в четверг. Мы ещё не решили, ехать ли нам поездом или лететь на самолёте. Поездка занимает три дня, если ты едешь поездом, и это было бы скучновато, но (моя) жена была больна и бойтся лететь.

(iii) Я устал(а). Я просто не в состоянии (не могу) сидеть до полуночи или до трёх часов ночи (утра), философствуя (и философствовать) с твоими русскими друзьями.

(iv) Каждый год сотни туристов посещают Советский Союз. Они осматривают десятки музеев, галерей и соборов, но что они знают о советской действительности?!

(v) Их группа состояла из трёх немцев, шести японцев и пятнадцати американцев. Они купили пять русских фотоаппаратов, восемь отличных магнитофонов и пятьдесят авторучек. Всё было очень хорошего качества.

(vi) Сам композитор будет присутствовать на всех шести симфонических концертах.

ENGLISH—RUSSIAN VOCABULARY

(Words required in the main English—Russian translation exercises. N.B. Only the Imperfective aspect of verbs is given.)

A

about *pr.* о
abroad *adv.* за границей; за границу
absorbing *adj.* увлекательный
acquaint *v.t.* знакомить
  to get/become ~ed знакомиться
  to be ~ed with быть знакомым с
acquaintance *n.* знакомый
across *pr.* через
activity *n.* деятельность
admit *v.t.* признаваться
advise *v.t.* советовать
after *pr.* после
again *adv.* снова, ещё раз
ago *adv.* тому назад
  long ~ давно
aim *n.* цель
air *n.* воздух
all *pro.* всё
  adj. весь
  at ~ совсем

along *pr.* по
already *adv.* уже
also *adv.* тоже, также
although *conj.* хотя
always *adv.* всегда
ambulance *n.* машина скорой помощи, скорая помощь
American *n.* американец, американка
  adj. американский
among, amongst *pr.* среди
ancient *adj.* древний
and *conj.* и; а
another *adj.* & *pro.* другой, ещё один
any *adj.* какой-нибудь
anybody, anyone *pro.* кто-нибудь
anything *pro.* что-нибудь
approach *v.t.* подходить к, подъезжать к
area *n.* район
Armenia *n.* Армения

Armenian *adj.* армянский
arrange *v.t.* устраивать
arrive *v.i.* приходить, приез-
    жать, прибывать
art *n.* искусство
as *conj.* так как
    adv. так
ashamed to feel/to be ~ of
    стыдиться (*gen.*)

ask *v.* спрашивать; просить
at *pr.* в, на
attempt *v.i.* пытаться
attentive *adj.* внимательный
aunt *n.* тётя
author *n.* автор; писатель
autumn *n.* осень
avoid *v.t.* избегать (*gen.*)

B

bank *n.* берег
basket *n.* корзинка
bathe *v.i.* купаться
be *v.i.* быть; *imper.* будь(те)
bear *n.* медведь
beautiful *adj.* красивый
beauty *n.* красота
because *conj.* потому что
become *v.i.* становиться
bed *n.* кровать, постель
    to go to ~ идти/ложиться
    спать
bedroom *n.* спальня
before *pr.* до; перед
    conj. прежде чем
begin *v.t.* & *i.* начинать(ся)
beginning *n.* начало
behind *pr.* за
benefit *v.t.* приносить пользу
    + *dat.*
berry *n.* ягода, ягодка
best *adj.* лучший, самый
    лучший
better *adj.* лучший
between *pr.* между
big *adj.* большой, крупный
birthday *n.* день рождения
bit *n.* кусочек, кусок
    a ~ немного; немножко

black *adj.* чёрный
block *n.*
    ~ of flats жилой дом
blue *adj.* синий, голубой
boat *n.* лодка
bog *n.* болото
book *n.* книга
border *n.* граница
boredom *n.* скука
boring *adj.* скучный, неинте-
    ресный
botanical *adj.* ботанический
both *adv.*
    ... and ... и... и ...
bottle *n.* бутылка
boy *n.* мальчик
bread *n.* хлеб
breathe *v. i.* дышать
bring *v.t.* привозить, при-
    носить
brother *n.* брат
building *n.* здание,   строй-
    тельство
burn *v.i.* гореть
bus *n.* автобус
business *n.* дело
    adj. деловой
but *conj.* но, а
    pr. кроме

butter *n.* ма́сло
buy *v. t.* покупа́ть

by *pr.* у, ря́дом с (*place*)
к (*time*)

C

call *v. t.* звать, вызыва́ть
n. to pay a ~ on заходи́ть к,
заезжа́ть к, посеща́ть
camera *n.* фотоаппара́т
can *n.* ба́нка
can *v.* мочь
cap *n.* ша́пка
capital *n.* столи́ца
car *n.* маши́на, автомоби́ль
care
I don't ~ мне всё равно́
careful *adj.* осторо́жный
carry *v.t.* носи́ть, нести́
case *n.* слу́чай
cash-desk *n.* ка́сса
cashier *n.* касси́р, касси́рша
catch *v.t.* (*illness*) заража́ться
(*fish*) лови́ть
cathedral *n.* собо́р
Caucasus *n.* Кавка́з
ceaseless *adj.* беспреста́нный,
бесконе́чный
centre *n.* центр
certainly *adv.* несомне́нно,
обяза́тельно
chair *n.* стул
chapter *n.* глава́
character *n.* геро́й
charge
to be in ~ of заве́довать
(*instr.*)
cheap *adj.* дешёвый
cheerful *adj.* весёлый
cheese *n.* сыр
chess *n.* ша́хматы
child *n.* ребёнок

children *n.* де́ти
city *n.* го́род
class *n.* класс
clean *adj.* чи́стый
clear *adj.* я́сный
clever *adj.* у́мный
climate *n.* кли́мат
club *n.* клуб
coat *n.* пальто́, пиджа́к
cold *adj.* холо́дный
n. to catch ~ простужа́ться
colleague *n.* сотру́дник, колле́га
collect *v.t.* собира́ть
colour *n.* цвет
come *v. i.* приходи́ть, приез-
жа́ть
~ running прибега́ть
~ by air прилета́ть
~ out выходи́ть, выезжа́ть
comfort *n.* удо́бство
commercial *adj.* комме́рческий
compare
~d with/in comparison with
по сравне́нию с
complex *adj.*, complicated *adj.*
сло́жный
composer *n.* компози́тор
condition *n.* усло́вие
connexion *n.* связь
consider *v. t.* счита́ть
consist
~ of состоя́ть из
contact *n.* конта́кт
contract *n.* контра́кт
cook *v. t. & i.* гото́вить,
вари́ть

copeck *n.* копейка
cough *v. i.* кашлять
country *n.* страна, деревня
course *n.* of ~ конечно

craft *n.* мастерство
create *v. t.* создавать
culture *n.* культура

D

dark *adj.* тёмный
  it is ~ темно
day *n.* день; сутки
dear *adj.* дорогой
death *n.* смерть
December *n.* декабрь
decently *adv.* прилично
decide *v. t. & i.* решать
deed *n.* дело
deep *adj.* глубокий
degree *n.* градус
demand *v. t.* требовать (*gen.*)
department *n.* отдел
deputy *n.* заместитель
describe *v. t.* описывать
despair *n.* отчаяние
develop *v. t.* развивать
development *n.* развитие
devil *n.* чёрт
dictionary *n.* словарь
die *v. i.* умирать
difference *n.* разница
different *adj.* разный
difficult *adj.* трудный

dining room *n.* столовая
dinner *n.* обед
director *n.* директор
dirty *adj.* грязный
discuss *v. t.* обсуждать
dissatisfied *adj.* недовольный;
  -лен, -льна
distinguish ~ oneself отличаться
do *v. t.* делать
  what is he to ~? что ему
  делать?
doctor *n.* врач
domestic *adj.* домашний
door *n.* дверь
doubt *n.* сомнение
dozens *use* десятки
drama *n.* драма
dress *n.* платье
drink *v. t.* пить
drive *v. i.* ездить, ехать
  ~ off уезжать
dull *adj.* скучный, скучноватый
during *pr.* во время + *gen.*

E

early *adj.* ранний
  adv. рано
easy *adj.* лёгкий
eat *v. t.* есть
economic *adj.* экономический
editor *n.* редактор

education *n.* образование
  higher ~ высшее образование
educational *adj.* учебный
effort *n.* усилие
eight *num.* восемь

eighteen *num.* восемнадцать
either *conj.* или
 ... or ... или ... или ...
else *adv.* ещё
 adj. другой
emotional *adj.* душевный
end *n.* конец
endless *adj.* бесконечный
engineer *n.* инженер
Englishman *n.* англичанин
Englishwoman *n.* англичанка
enjoyable *adj.* приятный
enough *adv. & pro.* довольно,
 достаточно

enter *v. t.* входить в, въезжать
 в; поступать в
especially *adv.* особенно
even *adv.* даже
evening *n.* вечер
every *adj.* каждый
 ~ other day через день,
everything *pro.* всё
excellent *adj.* отличный
exist *v. i.* существовать
expensive *adj.* дорогой
experience *n.* опыт, переживание
express *v. t.* выражать
expression *n.* выражение
extra *adj.* лишний

F

face *n.* лицо
fact *n.* факт
 in ~ на самом деле, действительно
factory *n.* завод, фабрика
fairy-tale *n.* сказка
far *adv.* далеко
fashion *n.* мода
father *n.* отец
feed *v. t.* кормить
feeling *n.* чувство
field *n.* поле
fifteen *num.* пятнадцать
fifteenth *ord. num.* пятнадцатый
fifth *ord. num.* пятый
fifty *num.* пятьдесят
find *v. t.* находить
finish *v. t. & i.* кончать(ся)
firm *n.* фирма
first *adj.* первый
 adv. & at ~ сперва, сначала
fish *n.* рыба
 v. i. ловить рыбу

five *num.* пять
floor *n.* пол
flow *v. i.* течь
flower *n.* цветок; *pl.* цветы
fly *v. i.* летать, лететь
foodstore *n.* гастроном
for *pr.* (*for the sake of*) для
 (*bound for, to a place*) в, на
 (*time*) на
foreigner *n.* иностранец, ино-
 странка
forest *n.* лес
forget *v. t.* забывать
form *n.* форма
forty *num.* сорок
fountain pen *n.* авторучка
four *num.* четыре
free
 to ~ oneself освобождаться
Frenchman *n.* француз
Frenchwoman *n.* француженка
fresh *adj.* свежий
Friday *n.* пятница
friend *n.* друг

frightened
   to be ~ боя́ться
frightful *adj*. стра́шный
from *pr*. из; от
   ~ there отту́да
front *n*. (military) фронт
   in ~ of пе́ред

frost *n*. моро́з
fry *v. t*. жа́рить
functional *adj*. практи́чный
furniture *n*. ме́бель
future *n*. бу́дущее
   adj. бу́дущий

G

gallery *n*. галере́я
garden *n*. сад
garnish *n*. гарни́р
gay *adj*. весёлый
German *n*. не́мец, не́мка
get
   to ~ away уходи́ть, уез-
   жа́ть, освобожда́ться (от)
   to ~ by without обходи́ть-
   ся без
   to ~ up встава́ть
girl *n*. де́вушка, де́вочка
give *v. t*. дава́ть
glad *adj*. дово́льный; рад
glass *n*. стака́н, рю́мочка
gloomily *adv*. мра́чно

gloomy *adj*. мра́чный
go *v. i*. ходи́ть, идти́; е́здить,
   е́хать
God *n*. Бог
golden *adj*. золото́й
good *adj*. хоро́ший; до́брый
good-bye до свида́ния
grandchild *n*. внук, вну́чка
grandmother *n*. ба́бушка
grape juice виногра́дный сок
greatly *adv*. о́чень
green *adj*. зелёный
groan *v. i*. стона́ть
group *n*. гру́ппа
guide *n*. экскурсово́д, гид

H

hair *n*. во́лосы
hammer *n*. молото́к
hand *n*. рука́
hang *v. i*. висе́ть
happen *v. i*. случа́ться, проис-
   ходи́ть
hate *v. t*. ненави́деть
have *v. t*. име́ть; у + *gen*.
he *pro*. он
health *n*. здоро́вье
hear *v. t*. слы́шать

heaven
   ~ knows Бог зна́ет
heavy *adj*. тяжёлый
Helen *n*. Еле́на
helicopter *n*. вертолёт
help *v. t*. помога́ть (*dat*.)
   n. по́мощь
her *pro*. её *etc*.; свой
   possessive её
here *adv*. здесь
hide *v. t. & i*. пря́тать(ся),

скрывать(ся)
high *adj.* высокий
-quality качественный
him *pro.* его (*etc.*)
himself *emphatic* сам
reflexive себя
his *pro. & adj.* его; свой
historical *adj.* исторический
history *n.* история
home *n.* дом
to go ~ идти домой

to leave ~ уходить/уезжать
из дому
at ~ дома
hope *v. i.* надеяться
hotel *n.* гостиница
hour *n.* час
house *n.* дом
how *adv. & exclamatory* как
~ much сколько
hundred *n.* сотня
num. сто

I

I *pro.* я
idea *n.* идея
ideal *n.* идеал
if *conj.* если
interrogative ли
ill *adj.* больной; -лен, -льна
illiterate *adj.* безграмотный
important *adj.* важный
in *pr.* в, на
influence *n.* влияние
instead *pr.* вместо
adv. вместо этого
institute *n.* институт
institution *n.* заведение

intend *v. i.* собираться
interest *v. t.* интересовать
to be ~ed in интересоваться
(*inst.*)
interesting *adj.* интересный
international *adj.* международ-
ный
interpreter *n.* переводчик,
переводчица
interrupt *v. t.* прерывать
into *pr.* в
iron *adj.* железный
it *pro.* он, она, оно

J

jacket *n.* пиджак
Japanese *n.* японец, японка
journal *n.* журнал
journalist *n.* журналист
journey *n.* поездка
joy *n.* радость

juice *n.* сок
July *n.* июль
June *n.* июнь
just *adv.* только; только что
~ before как раз перед

K

Kalinin *n.* Калинин
Kiev *n.* Киев
kind *adj.* добрый
kitchen *n.* кухня

knee *n.* колено
know *v. t.* знать
known *adj.* известный

L

lag
  ~ behind отставать от
last *adj.* последний
  at ~ наконец
later *adv.* позже, позднее
  a week ~ неделю спустя;
  через неделю
latest *adj.* последний, позднейший
learn *v. t.* учить, учиться (*dat.*)
least
  at ~ по крайней мере
leave *v. t.* оставлять; уходить
  из/от, уезжать из/от; выезжать из
lemon *n.* лимон
Leningrad *n.* Ленинград
less *adv.* меньше, менее
lesson *n.* урок
letter *n.* письмо
life *n.* жизнь
like
  ~ that так
like *v. t.* любить, нравиться

  do you ~ it? вам нравится это?
listen *v. t.* слушать
literature *n.* литература
little *adj.* маленький
  a ~ немного, немножко
live *v. i.* жить
local *adj.* местный
London *n.* Лондон
  adj. лондонский
long *adj.* длинный; долгий
  for a ~ time долго
  no ~er больше не(т)
look *v. i.* смотреть
  to ~ round осматривать
  to have a ~ at посмотреть (на)
lose *v. t.* терять
lot
  a ~ of много
lottery *adj.* лотерейный
loudly *adv.* громко
love *v.t.* любить
lovely *adj.* прекрасный
lower *adj.* низший

M

majority *n.* большинство
make *v. t.* делать
man *n.* человек, мужчина
manage *v. i.* успевать

he ~s to … ему удаётся …
many *adj. & pro.* много, многие, how ~ сколько
map *n.* карта

marble n. мра́мор
marry v. t. выходи́ть за́муж за; жени́ться на
mastery n мастерство́
match n. матч
May n. май
me pro. меня́ etc.
mean v. t. зна́чить
measure n. ме́ра
meet v. t. встреча́ть, встреча́ться с
mend v. t. чини́ть, починя́ть
middle-aged adj. пожило́й
midnight n. по́лночь
milk n. молоко́
minister n. мини́стр
Minsk n. Минск
miss v. t. скуча́ть по
modern adj. совреме́нный
Monday n. понеде́льник
money n. де́ньги
more adv. бо́льше, бо́лее
~ or less бо́лее или ме́нее

morning n. у́тро
adj. у́тренний
this ~ сего́дня у́тром
morrow
on the ~ за́втра
Moscow n. Москва́
adj. моско́вский
most n. большинство́
mother n. мать
motor vessel n. теплохо́д
mountain n. гора́
adj. го́рный
move v. t. & i. дви́гать(ся)
v. i. (house) переезжа́ть
multi-storey adj. многоэта́жный
mumble v. i. бормота́ть
museum n. музе́й
mushroom n. гриб
music n. му́зыка
musician n. музыка́нт
must v. до́лжен
my adj. & possessive pro. мой

N

national adj. национа́льный
native land ро́дина
natural adj. есте́ственный
near adj. бли́зкий, -зок, -зка́
adv. бли́зко
necessary adj. ну́жный, необходи́мый
it was ~ to ... пришло́сь; ну́жно/на́до бы́ло ...
neighbour n. сосе́д
neither adv. ни
... nor ... ни ... ни ...
never adv. никогда́
nevertheless adv. тем не ме́нее
new adj. но́вый

news n. но́вости
newspaper n. газе́та
Nicholas n. Никола́й
night n. ночь
nine num. де́вять
nine hundred num. девятьсо́т
ninth ord. num. девя́тый
no particle нет
adj. никако́й
~ longer бо́льше не(т)
nobody pro. никто́
noisy adj. гро́мкий; шу́мный
normal adj. норма́льный
not adv. не
nothing pro. ничто́, ничего́

notice *v. t.* замечáть
novel *n.* ромáн

now *adv.* тепéрь, сейчáс
nowhere *adv.* нигдé, никудá

O

obviously *adv.* очевúдно
o'clock ...часá, часóв
  one ~ час
  four ~ четы́ре часá
  nine ~ дéвять часóв
official *adj.* официáльный
often *adv.* чáсто
old *adj.* стáрый
omelette *n.* омлéт
on *pr.* на; в
  ~ Sunday в воскресéнье
once *adv.* однáжды; раз
one *num.* одúн
only *adv.* тóлько
open *adj.* откры́тый

opinion *n.* мнéние
  in my ~ по-мóему
opportunity *n.* возмóжность
or *conj.* или
orchestra *n.* оркéстр
organization *n.* организáция
other *adj.* другóй
ought *v.* слéдовать
  you ~ to ... вам слéдовало
  бы ...
our *adj.* наш
  ours *possessive pro.* наш
out
  ~ of из
outside *adv.* на дворé
over *pr.* над

P

parcel *n.* посы́лка
parents *n.* родúтели
pass *v. t.* проходúть мúмо,
  проезжáть мúмо
past *pr.* мúмо
pay *v. i.* платúть
  ~ attention обращáть вни-
  мáние
peaceful *adj.* мúрный
peasant *n.* крестья́нин,
  крестья́нка
people *n.* лю́ди
  the ~ нарóд
per *pr.* в
perhaps *adv.* мóжет быть
permit *v. t.* разрешáть
person *n.* человéк, лицó

personal *adj.* лúчный
philosophical *adj.* филосóф-
  ский
philosophize *v. i.* филосóфст-
  вовать
picture *n.* картúна
place *n.* мéсто
plan *n.* план
plane *n.* самолёт
play *v. i.* игрáть
  to ~ chess игрáть в шáхматы
  to ~ the piano игрáть на
  пианúно
pleasant *adj.* прия́тный;
  мúлый
  it is ~ прия́тно

please   пожа́луйста
   v. t.   нра́виться
   to be ~ed with   быть дово́ль-
   ным (inst.); ра́доваться (dat.)
plenty   n. & adv.   дово́льно,
   доста́точно
plunge v. i.   погружа́ться
poet n.   поэ́т
poetry n.   поэ́зия
policeman n.   милиционе́р
possible adj.   возмо́жный
   all-~   всевозмо́жный
post office n.   по́чта

pray v. i.   моли́ться
prepare v. t.   гото́вить
present
   to be ~   прису́тствовать
prevent v. t.   меша́ть (dat.)
price n.   цена́
problem n.   пробле́ма
prove v. i.   ока́зываться
psychological adj.   психологи́-
   ческий
pudding n.   пу́динг
put v.t.   класть, сажа́ть, ста́-
   вить

Q

quality n.   ка́чество
queue n.   о́чередь

quickly adv.   бы́стро
quite adv.   дово́льно, совсе́м

R

radio n.   ра́дио
rain n.   дождь
raise v. t.   поднима́ть
range n. (of mountains)   хребе́т
rather adv.   дово́льно, лу́чше
reach v. t.   доходи́ть до, доез-
   жа́ть до
read v. t. & i.   чита́ть
reading and writing   гра́мота
real adj.   настоя́щий
realistic adj.   реалисти́ческий
realistically adv.   реалисти́чески
reality n.   действи́тельность
realize v.t.   понима́ть, вспоми-
   на́ть
receive v.t.   получа́ть
recently adv.   неда́вно
record n.   пласти́нка
record-player n.   прои́грыватель

regard
   as ~ s ...   что каса́ется ...
regret n.   сожале́ние
   v. i.   жале́ть
rejoice v.i.   ра́доваться (at=dat.)
relation n.   отноше́ние
remove v.t.   уноси́ть, увози́ть;
   перевози́ть
representative n.   представи́-
   тель
resort v.i.
   ~ to   прибега́ть к
resources n.pl.   сре́дства
rest v.i.   отдыха́ть
restaurant n.   рестора́н
return v.i.   возвраща́ться
revolution n.   револю́ция
rise v.i.   встава́ть
river n.   река́, ре́чка

road *n.* доро́га, путь
room *n.* ко́мната
rouble *n.* рубль

run *v.i.* бе́гать, бежа́ть; течь
Russia *n.* Росси́я
Russian *n.* & *adj.* ру́сский

S

Saturday *n.* суббо́та
sauce *n.* со́ус
sausage *n.* колбаса́
say *v.t.* говори́ть
scholarship *n.* нау́ка
school *n.* шко́ла
scientist *n.* учёный
sea *n.* мо́ре
season *n.* вре́мя (го́да)
second *ord. num.* второ́й
see *v.t.* ви́деть
seem *v.i.* каза́ться
sell *v.t.* продава́ть
send *v.t.* посыла́ть
sensitive *adj.* чувстви́тельный; чу́ткий
sensitively *adv.* чу́тко
serious *adj.* серьёзный
serve *v.t.* & *i.* служи́ть (*dat.*)
set *v.t.* класть, сажа́ть, ста́вить
~ off отправля́ться
seventeen *num.* семна́дцать
severe *adj.* суро́вый
shade *n.* тень
she *pro.* она́
shelf *n.* по́лка
shop *n.* магази́н
shore *n.* бе́рег
short *adj.* коро́ткий
should *v.* до́лжен; сле́довать
show *v.t.* пока́зывать
shut *v.t.* закрыва́ть
Siberia *n.* Сиби́рь
sign *v.t* подпи́сывать

silent
to be ~ молча́ть
simple *adj.* просто́й
simply *adv.* про́сто
since *pr.* с
~ then с тех пор
sing *v.t.* & *i.* петь
sister *n.* сестра́
sit *v.i.* сиде́ть
v.t. сажа́ть
situate
to be ~d находи́ться
six *num.* шесть
sixteen *num.* шестна́дцать
skill *n.* мастерство́
sleep *v.i.* спать; *n.* сон
slip
~ out сбега́ть
slowly *adv.* ме́дленно
small *adj.* небольшо́й, ма́ленький, мал
smell *v.i.* па́хнуть
what's smelling? чем па́хнет?
so так
~ that так что
(*in order that*) что́бы
social *adj.* социа́льный
socialist *adj.* социалисти́ческий
society *n.* о́бщество
softly *adv.* ти́хо
solve *v.t.* реша́ть, разреша́ть
some *adj.* не́который
(or other) како́й-нибудь, како́й-то

~ time когда́-нибудь
somebody, someone *pro* кто́-нибудь, кто́-то
something *pro.* что́-нибудь, что́-то
sometimes *adv.* иногда́
someway *adv.* ка́к-нибудь, ка́к-то
son *n.* сын
song *n.* пе́сня
soon *adv.* ско́ро
   sooner or later ра́но или по́здно
soul *n.* душа́
source *n.* исто́чник
south *n.* юг
southern *adj.* ю́жный
Soviet *adj.* сове́тский
   ~ Union Сове́тский Сою́з
speak *v.i.* говори́ть
spend *v.t.* (*money*) тра́тить; (*time*) проводи́ть
splendid *adj.* прекра́сный
spoon *n.* ло́жка
sportsman *n.* спортсме́н
spring *n.* весна́
square *n.* пло́щадь
stadium *n.* стадио́н
stand *v.i.* стоя́ть

start *v.t. & i.* начина́ть(ся)
station *n.* вокза́л, ста́нция
still *adv.* (всё) ещё
stone *n.* ка́мень
stop *v.t. & i.* остана́вливать(ся)
strange *adj.* стра́нный
street *n.* у́лица
strength *n.* си́ла
strict *adj.* стро́гий
stroll *v.i.* гуля́ть
strong *adj.* си́льный; кре́пкий
student *n.* студе́нт, студе́нтка
study *v.t.* изуча́ть; учи́ться (*dat.*)
stupid *adj.* глу́пый
successful *adj.* уда́чный
such *adj.* тако́й
suddenly *adv.* вдруг
sufficient *adj.* доста́точный
suit *n.* костю́м
summer *n.* ле́то
   adj. ле́тний
sunbathe *v.i.* загора́ть
Suzdal' *n.* Су́здаль
sweet *adj.* сла́дкий
switch on включа́ть
symphony concert симфони́ческий конце́рт
system *n.* систе́ма

T

take *v.t.* брать
   (time) занима́ть
   ~ off снима́ть
   ~ out вынима́ть
talk *v.i.* говори́ть
tape recorder *n.* магнитофо́н
tea *n.* чай
teach *v.t.* учи́ть
teacher *n.* учи́тель, учи́тельница

teaspoon *n.* (ча́йная) ло́жка, ло́жечка
tell *v.t.* говори́ть
temperature *n.* температу́ра
tenth *ord. num.* деся́тый
than чем
thank *v.t.* благодари́ть
   ~s to благодаря́
that *adj. & pro.* тот; то, что; что

~ 's why вот почему́

the... the ... чем... тем ...

their *adj.* их, свой

  theirs *adj.* & *pro.* их; свой

them *pro.* их; *etc.*

then *adv.* тогда́; пото́м; зате́м

there *adv.* там; туда́

  from ~ отту́да

they *pro.* они́

thing *n.* вещь

think *v.i.* ду́мать

thirty *num.* три́дцать

this *adj.* & *pro.* э́тот; э́то

  ~ morning сего́дня у́тром

thought *n.* мысль

thousand *num.* & *n.* ты́сяча

three *num.* три

three hundred *num.* три́ста

Thursday *n.* четве́рг

ticket *n.* биле́т

till *pr.* до

time *n.* вре́мя; раз

  to be in ~ for успева́ть на

  + *acc,* to have a good ~ весе-

  ли́ться; прия́тно проводи́ть

  вре́мя

  some ~ когда́-нибудь

  at that ~ в то вре́мя

  for a long ~ до́лго; давно́

  for the first ~ в пе́рвый раз

  in 3 hours ~ че́рез три часа́

tired *adj.* уста́лый

  to get ~ устава́ть

to *pro.* в, на, к

today *adv.* сего́дня

together *adv.* вме́сте

tomorrow *adv.* за́втра

too *adv.* сли́шком

tooth *n.* зуб

tourist *n.* тури́ст, тури́стка

towards *pr.* к

town *n.* го́род

toy *n.* игру́шка

trade *n.* торго́вля

train *n.* по́езд

travel *v.i.* путеше́ствовать,

  е́здить

treat *v.t.* относи́ться к, уго-

  ща́ть

tree *n.* де́рево

trick *n.* хи́трость

trip *n.* пое́здка

trousers *n.pl.* брю́ки

try *v.i.* стара́ться, пыта́ться

tsar *n.* царь

Tuesday *n.* вто́рник

turkey *n.* (*as dish*) инде́йка

Turkish *adj.* туре́цкий

turn

  ~ into превраща́ться в

  ~ out to be ока́зываться

twenty *num.* два́дцать

two *num.* два, две

typical *adj.* типи́чный

U

Ukraine *n.* Украи́на

Ukrainian *adj.* украи́нский

understand *v.t* понима́ть

understandable *adj.* поня́тный

understanding *adj.* чу́ткий,

  понима́ющий

uneven *adj.* неро́вный

union *n.* сою́з

uninteresting *adj.* неинтере́с-

  ный

university *n.* университе́т

us *pro.* нас

used
   to get/become ~ to привы-
     káть к
useful *adj.* полéзный
USSR СССР (Сою́з Совéтских

Социалисти́ческих   Респу́б-
   лик)
usual *adj.* обы́чный
usually *adv.* обы́чно

V

vacation *n.* кани́кулы
various *adj.* рáзный
vegetables *n.* (*cooked*) гарни́р
very *adv.* óчень
village *n.* дерéвня, селó

violin *n.* скри́пка
visit *n.* визи́т; поéздка
   v.t. посещáть
Vladimir *n.* Владими́р
volume *n.* том

W

wait *v.i.* ждать
walk *n.* прогу́лка
   v.i. ходи́ть, идти́
wall *n.* стенá
want *v.t.* хотéть
war *n.* войнá
warm *adj.* тёплый
water *n.* водá
wave *n.* волнá
wave *v.t.* махáть
way *n.* дорóга, путь
   on the ~ по дорóге, по пути́
we *pro.* мы
weakness *n.* слáбость
wear *v.t.* носи́ть
Wednesday *n.* средá
week *n.* недéля
well *adv.* хорошó
west *n.* зáпад
what *pro.* что
   adj. какóй
when когдá
where *adv.* где
whether *conj.* ли
which *pro.* котóрый

whole *adj.* весь, цéлый
why *adv.* почему́, зачéм
wife *n.* женá
win *v.t.* выи́грывать
window *n.* окнó
wine *n.* винó
winter *n.* зимá
   adj. зи́мний
wish *v.t. & i.* желáть (*gen.*)
with *pr.* с
without *pr.* без
woman *n.* жéнщина
wood *n.* лес; дéрево
word *n.* слóво
work *n.* рабóта
   v.i. рабóтать
   ~ out разрабáтывать
worker *n.* рабóчий
world *n.* мир
worry *v.t. & i.* беспокóить(ся)
worse *adj.* ху́дший
worth
   to be ~ стóить
write *v.t.* писáть
writer *n.* писáтель

Y

year *n.* год
yearning *n.* тоска
Yerevan *n.* Ереван
yesterday *adv.* вчера
yet *adv.* ещё
you *pro.* ты; вы *etc.*

young *adj.* молодой
~ people молодёжь
your *adj.* твой; ваш
yours *possessive pro.* & *adj.*
твой, ваш
youth *n.* молодёжь; юность

Z

zoology *n.* зоология

RUSSIAN—ENGLISH VOCABULARY

This vocabulary contains the 2,000 Russian words used in the book. They are listed alphabetically under their basic forms (infinitive, nominative singular) together with peculiarities of conjugation or declension which have not been specifically covered in the grammar notes.

Where these peculiarities have been explained in the grammar notes we refer you to a paragraph in the grammar section of a lesson thus: (5 § 3), meaning Lesson 5, paragraph 3 of the grammar notes. For verbs, such information is given under the entry for the Imperfective infinitive, this being the form encountered in the first eight lessons.

When a peculiarity is so common as to be considered regular, no reference is made to the grammar; thus, the conjugation of verbs in -овать and -евать is assumed to be familiar, but exceptions to the usual tense formation of these verbs (7 § 2) are listed here. So, too, for example, the Genitive plural of feminine nouns ending in consonant +ка is generally omitted since this can be deduced: if the noun ends in -жка, -шка or -чка it will insert -e- to give the ending -жек, -шек or -чек; all other nouns in consonant +ка will insert -o- in the Genitive plural to give the ending -ок.

А

а and, but, whereas
  а он? what about him?
авария accident, breakdown
август August
австралиец *masc.*, *gen.* **австралийца; австралийка** *fem.*
  Australian
автобус bus
автомат vending machine
автоматический automatic
автомашина motor vehicle
автомобиль *masc.* car
автомобильный vehicular
автор author
авторучка pen, fountain pen, ball-point
адрес, *pl.* **адреса** address
Азовское море Sea of Azov
академия academy
аллея avenue
алло! hello! (*on telephone*)
американец, *gen.* **американца**
  American

американка American woman
анализировать /про- to analyse
английский English
англичанин, *nom. pl.* **англичане**, *gen.* **англичан** Englishman
англичанка Englishwoman
Англия England, Britain
аппарат camera; apparatus
апрель *masc.* April
арестовать *Impf. and Pf.* to arrest
армия army
армянский Armenian
архитектура architecture
артист actor, performer
аспирин aspirin
атмосфера atmosphere
африканец *masc.*, **африканка** *fem.*
  African
аэропорт, *loc. sg.* **в аэропорту**
  airport

Б

б *subjunctive particle* (27 § 4)
баба peasant woman; granny
  снежная баба snowman
бабушка grandmother
багаж, *gen. sg.* **багажа** luggage
Байкал Lake Baikal
балалайка, *gen.pl.* **балалаек**
  balalaika
балет ballet
Балтийское море Baltic Sea
банка, *gen.pl.* **банок** tin, can; jar, pot
барабан drum
бассейн swimming pool

башня, *gen.pl.* **башен** tower, spire
бегать (15 § 8) to run
беда trouble
  беда в том, что the trouble is that
бедный poor
бежать, *pres.* **бегу, бежишь** ... **бегут/по-** to run
без +*gen.* without
безвыходность *fem.* hopelessness
безграмотный illiterate
безопасность *fem.* safety

бе́лый white
бельё washing; linen; underwear
бе́рег, *loc.* на берегу́, *pl.* берега́ bank, shore
берёза birch
берло́га lair
бесконе́чный endless
беспла́тный free (of charge)
беспоко́иться/за- to worry
беспоко́йство anxiety
бесполе́зность *fem.* uselessness
бесполе́зный useless
беспо́мощный helpless
беспо́рный indisputable
беспоря́док, *gen.* беспоря́дка disorder
библиоте́ка library
бизнесме́н, *pl.* бизнесме́ны businessman
биле́т ticket
бить, *pres.* бью, бьёшь/по- to hit
благодари́ть/по- to thank
благодаря́ + *dat.* thanks to
благоразу́мный reasonable
бле́дный pale
блеск brilliance
блесте́ть, *pres.* блещу́, блести́шь *and* бле́щешь/по- *or* блесну́ть to shine
ближа́йший nearest
бли́зкий, *comp.* бли́же near, close
блонди́нка blonde
Бог God
бога́тый, *comp.* бога́че rich; bountiful
бо́дрый cheerful
бо́лее more
боле́знь *fem.* illness
бо́лен, больна́; больны́ ill

боле́ть (19 § 4), *pres.* боле́ю, боле́ешь/за- to be, fall ill
боле́ть *pres.* боли́т, боля́т/за- hurt, ache
боло́то bog, marsh
боль *fem.* pain, ache
больни́ца hospital
больно́й ill; painful, sore; (*used as noun*) patient, invalid
бо́льше *comp. of* мно́го *and* большо́й more; bigger
бо́льше не no longer
бо́льший *comp. of* большо́й larger
большинство́ majority
большо́й large
Большо́й теа́тр the Bolshoi Theatre
бо́мба bomb
бормота́ть, *pres.* бормочу́, бормо́чешь/про- to mumble, mutter
борьба́ struggle
ботани́ческий botanical
боя́ться, *pres.* бою́сь, бои́шься /по- (+ *gen.*) to fear
брат (17 § 2) brother
брать, *pres.* беру́, берёшь/взять, *Pf.fut.* возьму́, возьмёшь to take
брить, *pres.* бре́ю, бре́ешь/с-, по- to shave
броди́ть, *pres.* брожу́, бро́дишь /по- to wander
броса́ть/бро́сить, *Pf.fut.* бро́шу, бро́сишь to throw; abandon
броса́ться в глаза́ to strike one, be remarkable
брю́ки, *pl.*, *gen.* брюк trousers
буди́ть, *pres.* бужу́, бу́дишь/раз- to wake
бу́ду, бу́дешь... *fut. of* быть will

букéт bouquet
бульвáр boulevard
бумáга paper
буржуáзный bourgeois
бýря storm
буты́лка bottle

бы *subjunctive particle* (27 § 1, 2, 3, 4)
бывáть/по- to be, to frequent
бывáет, что it happens that
бы́вший former
бы́стрый quick
быть to be

В

в +*acc.* to, into; on (a day) (9 § 4); during +*prep.* in
вагóн carriage
вари́ть, *pres.* варю́, вáришь/с- to boil, cook
Варшáва Warsaw
вас *acc.*, *gen.*, *prep. of* вы
ваш, вáша, вáше; вáши your
вдруг suddenly
ведь *emphatic particle* as you know
вездé everywhere
везти́/по- (14 § 2) to take, convey
век century, age
вели́кий great
великодýшие magnanimity
верени́ца file, line
вéрить/по- to believe
вернýть *Pf. of* возвращáть to bring back
вернýться *Pf. of* возвращáться to return
вертолёт helicopter
веселиться/раз- to enjoy oneself
весёлый, *adv.* вéсело cheerful
веснá spring
весно́й in spring
вести́/по- (15 § 8) to conduct, take; drive

вестибю́ль *masc.* foyer
весь, вся, всё; все (15 § 3; 18 § 2) all
ветчинá ham
вéчер, *pl.* вечерá evening
вéчером in the evening
вéчный eternal
вещь *fem.* (18 § 3) thing
взгляд glance
взгля́дывать/взглянýть *Pf. fut.* взгляну́, взгля́нешь to glance
вздор rubbish, nonsense
взрóслый adult
взять *Pf. of* брать to take
вид, *loc.* в видý view; appearance; form
дéлать вид to pretend
ви́ден, виднá, ви́дно; видны́ visible
ви́деть, *pres.* ви́жу, ви́дишь/у- to see
визи́т visit
ви́лка fork
винá guilt, fault
винó, *pl.* ви́на wine
виновáт guilty, at fault
виногрáдный grape (*adj.*)
висéть, *pres.* вишý, виси́шь/по- to hang *v.i.*
витри́на shop window
включáть/включи́ть to switch on

вкус taste
вкусный tasty, delicious
владе́лец, *gen.* владе́льца owner
влия́ть/по- на + *acc.* to influence
влюбля́ться/влюби́ться *Pf.fut.* влюблю́сь, влю́бишься to fall for
вме́сте together
вме́сто + *gen.* instead of
вне́шность *fem.* (*outward*) appearance
вниз downwards
внима́ние attention
внима́тельный attentive
внук grandson
во (= в)
во-вторы́х secondly
води́тель *masc.* driver
води́ть (15 § 8) to lead, take
во́дка vodka
воева́ть to wage war
возвраща́ться/верну́ться *or* возврати́ться, *Pf.fut.* возвращу́сь возврати́шься to return, come back
во́здух air
вози́ть (14 § 2) to take, convey
возмо́жность *fem.* possibility, opportunity
возника́ть/возни́кнуть, *past* возни́к, возни́кла... to crop up
возража́ть/возрази́ть, *Pf.fut.* возражу́, возрази́шь to object
война́, *pl.* во́йны, *gen.* войн war
вокза́л station (large), terminus
волна́, *pl.* во́лны wave
волнова́ть/вз- to disturb
волнова́ться/вз- to worry

во́лосы, *sg.* во́лос, *gen. pl.* воло́с hair
во́ля will
вообще́ at all
вообще́ нет none at all
воплоща́ться/воплоти́ться, *Pf. fut.* воплощу́сь, воплоти́шься to be incarnated
вопро́с question
воро́та *pl.*, *gen.* воро́т gate
восемна́дцатый eighteenth
восемна́дцать eighteen
во́семь (28 § 1) eight
во́семьдесят (28 § 1) eighty
воскресе́нье Sunday
воспита́ние education, upbringing
восьмидеся́тый eightieth
восьмо́й eighth
вот here is, here are
вперёд forwards
впереди́ in front, ahead
впечатле́ние impression
вплоть до + *gen.* right up to
впро́чем though
враг, *gen.* врага́ enemy
врач, *gen.* врача́ doctor
вре́дный harmful
вре́мя, *neut.* (18 § 6) time
во вре́мя + *gen.* during
во́время in time
всё *neut. of* весь everything
всё (вре́мя) all the time
всё-таки all the same
всегда́ always
всего́ in all
вслух aloud
вспомина́ть/вспо́мнить to recall, remember
вспоте́ть *Pf. of* поте́ть to sweat
встава́ть (3 § 4)/встать (10 § 3) to get up

встре́ча meeting

встреча́ть/встре́тить, (10 § 3) to meet

встреча́ть Но́вый год to see in the New Year

встреча́ться/встре́титься to be met, encountered

вступа́ть/вступи́ть, *Pf. fut.* вступлю́, всту́пишь в + *acc.* to join (a party)

вся́кий any

вто́рник Tuesday

второ́й second

второ́е (*adj. used as noun*) main course

вход entrance

входи́ть/войти́ (12 § 1) to enter

вчера́ yesterday

вы you (*pl. or formal, polite*)

выбира́ть/вы́брать (10 § 3) to choose

вы́глядеть *pres.* вы́гляжу, вы́глядишь + *adv. or instr.* to look, appear

выде́рживать/вы́держать, *Pf. fut.* вы́держу, вы́держишь to hold out

выду́мывать/вы́думать to invent (*a story*)

выезжа́ть/вы́ехать (13 § 1) depart

выжида́ть/вы́ждать, *Pf. fut.* вы́жду, вы́ждешь + *gen.* to wait for

вызыва́ть/вы́звать, *Pf. fut.* вы́зову, вы́зовешь to call, summon

выи́грывать/вы́играть to win

выка́зывать/вы́казать, *Pf. fut.* вы́кажу, вы́кажешь to manifest

выключа́ть/вы́ключить to switch off

вылета́ть/вы́лететь (15 § 5) to leave (*by air*)

вы́лечить *Pf. of.* лечи́ть to cure

вы́мыть *Pf. of* мыть to wash

вынима́ть/вы́нуть (25 § 4) to take out

выпи́сывать/вы́писать, *Pf. fut.* вы́пишу, вы́пишешь to write out, copy out; prescribe

вы́пить *Pf. of* пить to drink

выполня́ть/вы́полнить to carry out

выпуска́ть/вы́пустить, *Pf. fut.* вы́пущу, вы́пустишь to (*mass-*) produce

выража́ть/вы́разить, *Pf. fut.* вы́ражу, вы́разишь to express

выража́ться/вы́разиться to be expressed

выраже́ние expression

выраста́ть/вы́расти, *Pf. fut.* вы́расту, вы́растешь *past* вы́рос, вы́росла to grow, sprout

выска́зывать/вы́сказать, *Pf. fut.* вы́скажу, вы́скажешь to express

высо́кий, *adv.* высоко́, *comp.* вы́ше high

высота́ height

вы́ставка exhibition

вы́сший highest; higher

выходи́ть/вы́йти (12 § 1) to go out; to turn out

выходи́ть/вы́йти за́муж за (26 § 4) to marry (*if subject is a woman*)

Г

га́дкий ugly
газ gas
газе́та newspaper
газиро́ванный fizzy
галере́я gallery
га́лстук tie
гарни́р (*cooked*) vegetables
гастроно́м food shop
где where
 где́-нибудь somewhere
ге́ний genius
географи́ческий geographical
геро́й hero; character (literary)
гид guide
гипс plaster
глава́ *pl.* **гла́вы** chapter
гла́вный main, chief
глаз, *loc.* **в глазу́** *pl.* **глаза́**, *gen.*
 глаз eye
глубо́кий, *adv.* **глубоко́**, *comp.*
 глу́бже deep; profound
 глубоча́йший deepest
глу́пость *fem.* nonsense
глу́пый stupid
говори́ть/по- to talk, speak
 говори́ть/сказа́ть (10 § 3)
 to say, tell
год year
 вре́мя го́да season (of year)
голова́, *acc.* **го́лову** head
головно́й head (*adj.*)
го́лод hunger
голода́ть/по- to starve
го́лос, *pl.* **голоса́** voice
голубо́й (pale) blue
го́лый naked
гора́, *acc.* **го́ру**, *gen.* **горы́**, *pl.*
 го́ры, *dat.* **гора́м** mountain

гора́здо +*comp.* much more
горбу́н, *gen.* **горбуна́** hunchback
го́рдый proud
го́ре grief
горе́ть, *pres.* **горю́, гори́шь/с-**
 to burn *v.i.*
го́рло throat
го́рный mountain (*adj.*)
го́род, *pl.* **города́** town, city
городско́й urban, city
гости́ница hotel
гость *masc. gen. pl.* **госте́й** guest
госуда́рство state
гото́вить, *pres.* **гото́влю, гото́-**
 вишь/при- to prepare; cook
гото́вый ready
гра́дус degree
гра́мота literacy
грани́ца frontier
 за грани́цей abroad
гра́ция grace
греть/со- to warm
гре́шный sinful
гриб, *gen.* **гриба́** mushroom
грози́ть, *pres.* **грожу́, грози́шь**
 /при-, по-+ *dat.* to threaten
гро́мкий, *comp.* **гро́мче** loud
гру́бый coarse, rude
грузови́к, *gen.* **грузовика́** lorry
гру́ппа group
гру́стный sad
гря́зный dirty
грязь *fem.* dirt, mud
губа́, *acc.* **гу́бу**, *gen.* **губы́**, *pl.*
 гу́бы, *dat.* **губа́м** lip
гуля́ть/по- to stroll
густо́й, *comp.* **гу́ще** dense,
 thick

Д

да yes

давáй(те) + *infin. or verb* (10 § 5) let's

давáть, *pres.* даю́, даёшь/дать (10 § 3) to give

давнó for a long time past; long ago

давны́м-давнó long, long ago

дáже even

далёкий, *adv.* далекó, *comp.* дáльше distant, far
далекó не нóвый far from new

дáма lady

дари́ть, *pres.* дарю́, дáришь/по- to give (a present)

дáча dacha, summer cottage

два *masc. and neut.*, две *fem.* (28 § 1) two

двадцáтый twentieth
двáдцать twenty

двенáдцатый twelfth
двенáдцать twelve

дверь, *fem.*, *gen.* двéри, *prep.* о двéри *but* на двери́, *pl.* двéри, *gen.* дверéй, *dat.* дверя́м, *instr.* дверя́ми *or* дверьми́ door

дви́гатель *masc.* engine

дви́гаться, *pres.* дви́гаюсь, дви́гаешься *or* дви́жусь, дви́жешься/дви́нуться to move

движéние movement; traffic

двóе two, a couple

двойнóй double

двор, *gen.* дворá yard, court

деви́ца maiden

дéвочка little girl

дéвушка girl

девянóсто (28 § 1) ninety
девянóстый ninetieth

девятнáдцатый nineteenth
девятнáдцать nineteen

девя́тый ninth
дéвять nine

дéдушка *masc.* grandfather

дежу́рный *adj. used as noun* person on duty

действи́тельно in fact, indeed

действи́тельность *fem.* reality

декáбрь *masc.*, *gen.* декабря́ December

дéлать/с- to do, make
дéлаться/с- to happen; become

дéло, *pl.* делá matter, business
дéло в том, что the fact is, that
в чём дéло? what is the matter?
в сáмом дéле really, indeed
на сáмом дéле actually

деловóй business *adj.*

день, *gen.* дня day

дéньги (18 § 4) money

деревéнский rural, country

деревня, *gen. pl.* деревéнь village; the country

дéрево, *pl.* дерéвья, *gen.pl.* дерéвьев tree; wood (*material*)

деревя́нный wooden

держáть, *pres.* держу́, дéржишь /по- to hold; keep

десятилéтка ten-year school

деся́тый tenth
дéсять ten

детекти́в detective novel

дéти *pl.*, *gen.* детéй, *instr.* детьми́ children

дéтский children's
дéтский сад kindergarten

дешёвый, *adv.* дёшево, *comp.* дешёвле cheap

деятельность *fem.* activity

джентльмéн, *nom. pl.* джентльмéны gentleman

дивáн divan

дирéктор, *nom. pl.* директорá director, manager
дирéктор шкóлы headmaster, headmistress

для + *gen.* for

до + *gen.* up to, as far as; until

дóбрый good, kind
дóброе ýтро! good morning!

довóльно fairly, quite

довóльный + *instr.* content with

доезжáть/доéхать (13 § 1) to reach, arrive

дождь *masc.*, *gen.* дождя rain
дождь идёт it rains, is raining

дóлго for a long time

дóлжен, должнá, должнó; должны́ obliged, must; owe, indebted
должнó быть must, *e.g.* он, должнó быть, читáет he must be reading

дом, *pl.* домá house; home
дóма at home
домóй homewards
из дóма out of the house
из дому from home

домáшний home *adj.* domestic

дорóга way, road
желéзная дорóга railway

дорогóй, *comp.* дорóже dear (*affection*); dear, expensive

доставáть, *pres.* достаю́, достаёшь/достáть, *Pf. fut* достáну, достáнешь to get

достáточно enough

достижéние achievement

доходи́ть/дойти́ (12 § 1) to reach, arrive

дочи́тывать/дочитáть to read to the end

дочь (8 § 2, 18 § 3) daughter

дрáма drama

драмати́ческий dramatic

дрéвний ancient

дровá *pl.*, *gen.* дров firewood

дрожáть, *pres.* дрожý, дрожи́шь /за- *or* дрóгнуть to tremble

друг (17 § 2) friend
друг дрýга, друг дрýгу, друг с дрýгом *etc.* one another

другóй other, another

дрýжба friendship

дружелю́бный amicable

дýмать/по- to think

дурнóй, *adv.* дýрно bad

дух spirit

душ shower

душá, *acc.* дýшу, *gen.* души́, *pl.* дýши soul

душéвный spiritual

дýшный stuffy

дым smoke

дышáть, *pres.* дышý, дышишь /по- *or* дохнýть + *instr.* to breathe

дя́дя *masc.*, *gen.pl.* дя́дей uncle; man, fellow

Е

его *acc.*, *gen. of* **он** *and* **оно́** his, its

еди́нственный only, sole

её *acc.*, *gen. of* **она́** her, it(s)

е́здить, *pres.* **е́зжу, е́здишь**/(**по-**) (11 § 3) to go, travel

ёлка fir tree; Christmas tree

ерева́нский Yerevan (*adj.*)

е́сли if

есте́ственный natural

есть there is, there are

есть (3 § 4), *past* **ел, е́ла**(9 § 1)/ **съ-** to eat

е́хать (5 § 5)/**по-** (11 § 3) to go, travel

ещё yet, still

ещё не not yet

ещё ко́фе some more coffee

ещё что-то something else

Ж

жа́дность *fem.* greed

жале́ть/по- to regret

жа́ловаться/по- to complain

жа́рить/по- to fry

жа́ркий, *comp.* **жа́рче** hot (*mainly of weather, intangibles*)

жгу, жжёшь... *pres. of* **жечь**

ждать (5 § 5)/**подо-** + *acc. or gen.* to wait

же *emphatic particle*

жела́ние desire

жела́ть/по- +*gen.* to wish, desire

желе́зный iron

жёлтый yellow

жена́, *pl.* **жёны**, *gen.* **жён** wife

жена́т (26 § 4) married (*if subject is a man*)

жени́ться (26 § 4) *Impf. and Pf.* to marry (*if subject is a man, or man and woman*)

же́нщина woman

жесто́кий cruel

жечь, *pres.* **жгу, жжёшь**... **жгут**; *past* **жёг, жгла/сжечь** *Pf. fut.* **сожгу́, сожжёшь**; *past* **сжёг, сожгла́** to burn

жи́вопись *fem.* painting

живо́тное *adj. used as noun* animal

жизнь *fem.* life

жило́й дом block of flats

жи́тель *masc.* inhabitant

жить, *pres.* **живу́, живёшь**/**по-** to live

журна́л magazine

журнали́ст journalist

З

за + *acc.* within (*a period*); behind (*motion, direction*); for, in favour of; + *instr.* beyond, behind(*position*); for (*to fetch*); at

за обе́дом at dinner

за́ городом in the country

забо́р fence

забыва́ть/забы́ть, *Pf.fut.***забу́ду, забу́дешь** to forget

заведе́ние institution

заве́довать (*no Pf.*) +*instr.* to manage

заве́дующий (*participle used as a noun*) +*instr.* director, manager

заверше́ние culmination

зави́сеть от +*gen.* (5 § 5) to depend on

заво́д factory, works

за́втра tomorrow

за́втрак breakfast

за́втракать/по- to have breakfast

загора́ть/загоре́ть, *Pf. fut.* **загорю́, загори́шь** to sunbathe, become sunburnt

зада́ние task

заде́рживать/задержа́ть, *Pf. fut.* **задержу́, заде́ржишь** to delay

за́дний rear

заезжа́ть/зае́хать (13 § 1) **к** +*dat.* to call in on

заинтересова́ться *Pf. of* **интересова́ться** to become interested in

зайти́ *Pf. of* **заходи́ть к** +*dat.* to call in on

зака́нчивать/зако́нчить to finish off

зако́н law

закрыва́ть/закры́ть (10 § 3) to close, shut

закрыва́ться/закры́ться to close *v. i.*

зал hall, auditorium

замести́тель deputy

заме́тный noticeable

замеча́тельный remarkable

замеча́ть/заме́тить (10 § 3) to notice

замолча́ть *Pf. of* **молча́ть** to fall silent

за́мужем за +*instr.* (26 § 4) married to (*if subject is a woman*)

занима́ть/заня́ть (25 § 4) to occupy

занима́ться/заня́ться, *Pf. fut.* **займу́сь, займёшься** +*instr.* to occupy oneself with, study, spend one's time on

за́нят, занята́, за́нято, за́няты busy, occupied

за́пад west

за́падный western

запи́ска note

заплати́ть *Pf. of* **плати́ть** to pay

заподо́зрить *Pf.* to suspect

запреща́ть/запрети́ть, *Pf. fut.* **запрещу́, запрети́шь** to forbid

зараба́тывать/зарабо́тать to earn

заража́ть/зарази́ть, *Pf. fut.* **заражу́, зарази́шь** +*instr.* to infect with

зара́нее beforehand

зарубе́жный foreign

заставля́ть/заста́вить, *Pf. fut.* **заста́влю, заста́вишь** to force, compel

засыпа́ть/засну́ть to fall asleep

зато́ on the other hand

захо́д со́лнца sunset

заходи́ть/зайти́ (12 § 1) **к** +*dat.* to call in on, drop in

захоте́ть *Pf. of.* **хоте́ть** to begin wanting

защища́ть/защити́ть, *Pf. fut.* защищу́, защити́шь to defend

звать, *pres.* зову́, зовёшь/по- to call; to invite
  как вас зову́т? what is your (first) name?

звезда́ (18 § 3) star

звони́ть/по- to ring, phone

зда́ние building

здесь here

здоро́ваться, *pres.* здоро́ваюсь, здоро́ваешься/по- с + *instr.* to greet

здоро́вый healthy

здоро́вье health

здра́вствуй(те)! hello! how do you do?

зелёный green

землетрясе́ние earthquake

земля́, *acc.* зе́млю, *gen.* земли́, *instr.* землёй, *pl.* зе́мли, *gen.* земе́ль, *dat.* зе́млям earth, ground

земляни́ка wild strawberry, -ies

зима́, *acc.* зи́му, *gen.* зимы́, *pl.* зи́мы winter
  зимо́й in winter

зи́мний winter (*adj.*)

змей, *instr.* змеёй snake

знако́м, знако́ма; знако́мы acquainted

знако́миться, *pres.* знако́млюсь, знако́мишься/по- с + *instr.* to get to know

знако́мый familiar; (*used as noun*) friend, acquaintance

знамени́тый famous

знато́к, *gen.* знатока́ connoisseur

знать to know

значе́ние significance, meaning

зна́чить to mean

золото́й golden

зооло́гия zoology

зря for nothing

зуб tooth

зуби́ло chisel

И

и and

игра́ game

игра́ть/по- to play; to act

игро́к player

игру́шка toy

идеа́льный ideal

иде́я idea

идти́ (3 § 4; 9 § 1)/пойти́ (10 § 3; 11 § 1, 2) to go, come (on foot)

из + *gen.* out of, from

из-за + *gen.* because of; from behind

из-под + *gen.* from under

избега́ть/избежа́ть (15 § 8iii) *or* избе́гнуть + *gen.* to avoid

избы́ток, *gen.* избы́тка excess

изве́стный well known

извиня́ть/извини́ть to forgive
  извиня́ться/извини́ться to apologize

изгиба́ть/изогну́ть to curve, bend

изменя́ть/измени́ть to change
  изменя́ться/измени́ться to change, be altered

измере́ние measurement

измеря́ть/изме́рить to measure

изображать/изобразить, *Pf. fut.*
изображу, изобразишь to
depict

изучать/изучить to study

изящество refinement,
elegance

икра caviar

именно namely

иметь/возыметь to have

имущество possessions

имя *neut., gen., dat., prep.* имени,
instr. именем; *nom. pl.* имена
gen. pl. имён, *dat. pl.* именам
name, first name

иначе otherwise

индейка, *gen. pl.* индеек turkey

инженер engineer

иногда sometimes

иностранец, *gen.* иностранца
foreigner

иностранный foreign

инстинктивный instinctive

институт institute

инструмент instrument, tool

интеллектуальный educated

интересный interesting

интересоваться/за- + *instr.* to
be interested in

инфекция infection

иронический ironic

искать, *pres.* ищу, ищешь
/(сыскать) + *acc. or gen.* to
search, look for

исключать/исключить to
except, exclude

исключение exception

искренний, *adv.* искренно sincere

искусство art

испытывать/испытать to
experience

исторический historic

история history; story

источник source

исчезать/исчезнуть, *past* исчез,
исчезла to disappear

итак and so, hence

итог sum, total, result

их *acc., gen., prep. of* они
their

ишь! *exclamation of surprise*

июль *masc.* July

июнь *masc.* June

К

к + *dat.* towards, to; in time
for

Кавказ the Caucasus

каждый each, every

казаться; кажусь, кажешься/по-
to seem

как how, as
как-то somehow; to some
extent
как раз just

какой what, which (*interrogative adj.*)

какой-то some

камень *masc., gen.* камня
(18 § 3) stone

Канада Canada

канадец *masc., gen.* канадца;
канадка *fem.* Canadian

канал canal

каникулы *pl., gen.* каникул
holidays

капуста cabbage

карандаш, *gen.* карандаша
pencil

ка́рлик dwarf
карма́н pocket
ка́рта map
карти́на picture
  карти́нка small picture, illustration
карто́шка potato, potatoes
каса́ться/косну́ться + *gen.* to touch
  что каса́ется меня́ so far as I am concerned
ка́сса cash desk
касси́рша cashier
катастро́фа disaster
каучу́к rubber
кафе́ *indecl.* café
кафта́н caftan
ка́чественный high quality
ка́чество quality
ка́шлять/за- *or* **ка́шлянуть** (19 § 7) to cough
квалифика́ция qualification(s)
кварта́л city block
кварти́ра flat, apartment
кефи́р kefir
ки́евский Kievan
киломе́тр kilometre
кино́ *indecl.* cinema
кинофи́льм film
кио́ск news-stand
кита́ец, *gen.* **кита́йца** Chinaman
кита́йнка Chinese woman
класс class
класть/положи́ть (25 § 1) to put, lay
кли́мат climate
клуб club, social centre
клю́ква cranberry
кни́га book
когда́ when
  когда́-нибудь (17 § 1) sometime or other

когда́-то (17 § 1) some time; once upon a time
кого́, *gen. of* **кто**
колбаса́ sausage (*salami type*)
колеба́ться, *pres.* **коле́блюсь, коле́блешься/по-** to hesitate
коле́но, *pl.* **коле́ни**, *gen.* **коле́ней** knee
  стоя́ть на коле́нях to kneel
коли́чество quantity
колле́кция collection
колхо́з collective farm
коме́дия comedy
комме́рческий commercial
ко́мната room
компа́ния company
компози́тор composer
компо́т stewed fruit
конве́рт envelope
конду́ктор attendant (*in railway carriage*)
коне́ц, *gen.* **конца́** end
коне́чно of course
конкре́тный definite
консерва́тор conservative
констру́ктор designer
конта́кт contact
контра́кт contract
конце́рт concert
конча́ть/ко́нчить to finish
копе́йка, *gen. pl.* **копе́ек** co-peck
корзи́на basket
кори́чневый brown
корми́ть, *pres.* **кормлю́, ко́рмишь/на-** to feed
коро́ткий, *comp.* **коро́че** short
коса́, *acc.* **ко́су** scythe
косе́ц, *gen.* **косца́** hay-maker
коси́ть, *pres.* **кошу́, ко́сишь/с-** to scythe
костю́м suit

кото́рый who, which
  кото́рый час? what is the time?
ко́фе *masc.*, *indecl.* coffee
ко́шка cat
кра́йний extreme
  по кра́йней ме́ре at least
краси́вый beautiful
кра́сный red
красота́ beauty
кремль *masc.* kremlin, citadel
кре́пкий, *comp.* кре́пче strong, firm
  кре́пкий сон deep sleep
кре́сло armchair
крестья́нин, *nom. pl.* крестья́не, *gen. pl.* крестья́н peasant
крик shout
кри́тик critic
крити́ческий critical
крича́ть, *pres.* кричу́, кричи́шь /за- *or* кри́кнуть to shout
крова́ть *fem.* bed, bedstead
кро́ме + *gen.* besides, except for

кру́глый circular
круго́м around
кру́жка mug, tankard
крупне́йший most important
кру́пный large
крыло́ (17 § 2) wing
кто who
  кто́-нибудь (17 § 1) someone
  кто-то (17 § 1) someone
куда́ where to
кула́к, *gen.* кулака́ fist
культу́ра culture
культу́рный cultured
купа́ться/ис- to bathe
купи́ть *Pf. of* покупа́ть to buy
ку́пол, *pl.* купола́ dome
купчи́ха merchant's wife
кури́ть, *pres.* курю́, ку́ришь /за- to smoke
куст, *gen.* куста́ bush
ку́хня, *gen. pl.* ку́хонь kitchen; cuisine
ку́чер, *pl.* кучера́ coachman
ку́шать/с- to eat (25 § 3)

Л

ла́герь *masc.*, *pl.* лагеря́ camp; concentration camp
ла́йнер liner
ла́сковый tender
лёгкие *pl. adj. used as noun* (г *pronounced as* x) lungs
лёгкий, *comp.* ле́гче (г *pronounced as* x) light, easy
легкомы́сленный (г *pronounced as* x) flippant
лёд, *gen. sg.* льда, *loc.* на льду ice
лежа́ть, *pres.* лежу́, лежи́шь /по- to lie

лека́рство medicine
ле́кция lecture
лес, *loc.* в лесу́, *pl.* леса́ forest, woods; timber
ле́стница stairs
лет *gen. pl. of* ле́то (17 § 2, 4)
лета́ть/(по-) (15 § 8) to fly
лете́ть/по- (15 § 8) to fly
ле́тний summer
ле́то summer
  ле́том in summer
лечи́ть, *pres.* лечу́, ле́чишь /вы- to cure
лечь *Pf. of* ложи́ться to lie down

ли *interrogative particle* whether, if
лимо́н lemon
ли́ния line
лири́ческий lyric
литерату́ра literature
лифт lift
лицо́, *pl.* ли́ца face; person
ли́чность *fem.* personality
ли́чный personal
лиша́ть/лиши́ть +*gen.* to deprive of
ли́шний spare, superfluous
лови́ть, *pres.* ловлю́, ло́вишь /пойма́ть to catch
ло́дка boat
ложи́ться/лечь, *Pf. fut.* ля́гу, ля́жешь, *past* лёг, легла́ to lie down
ло́жка spoon
ло́ндонский London (*adj.*)

лотере́йный lottery (*adj.*)
лотере́я lottery
лошади́ная си́ла horse-power
ло́шадь *fem.* horse
луг, *gen. sg.* лу́га, *loc.* на лугу́, *pl.* луга́ meadow
лу́чше better
лу́чший better; best
люби́мый favourite
люби́тель lover (*of something*); amateur
люби́ть, *pres.* люблю́, лю́бишь /по- to love, like
любова́ться/по- +*instr.* to admire
любо́вь *fem., gen.* любви́, *instr.* любо́вью love
любо́й any
любопы́тство curiosity
лю́ди (18 § 4) people
ля́гу, ля́жешь *Pf. fut. of* лечь

М

магази́н shop, store
магнитофо́н tape recorder
май May
ма́ленький small
мале́йший the slightest
мали́на raspberries
ма́ло little; +*gen.* a little, a few
ма́лый *adj. used as noun* lad
ма́льчик boy
ма́ма mum
ма́рка, *gen. pl.* ма́рок stamp
март March
маршру́т route
ма́сло butter; oil
ма́сса mass
мастерство́ skill, craft

матч match
мать, *gen., dat., prep.* ма́тери, *instr.* ма́терью; *pl.* ма́тери *gen.* матере́й mother
мах sweep (of arm)
маха́ть, *pres.* машу́, ма́шешь/ махну́ть +*instr.* to wave
маши́на machine; car, vehicle
машинострои́тельный заво́д engineering works
ме́бель *fem.* furniture
медве́дь *masc.* bear
медици́нский medical
ме́дленный slow
ме́жду +*instr.* between
междунаро́дный international
ме́нее less

меня́ *acc.*, *gen. of* я
ме́ра measure
ме́сто, *pl.* места́ place
ме́сяц month
метро́ *indecl.* metro
мечта́ (day) dream, fancy
меша́ть/по- + *dat.* to interfere, disturb, hinder
милиционе́р policeman
мили́ция militia, police
миллио́н million
миловидный comely
ми́лый sweet, kind, dear
мимо́за mimosa
ми́мо + *gen.* past
министе́рство ministry
мини́стр minister
мину́та, мину́тка minute
мир the world; peace
ми́рный peaceful
мне *dat.*, *prep. of* я
мне́ние opinion
мни́тельный mistrustful
мно́гие (16 § 4) many
мно́го much, a lot; + *gen.* many, a lot
многоэта́жный multi-storey
мо́да fashion
мо́дный fashionable, with it
мо́жет быть perhaps
мо́жно (it is) possible, (one) may
как мо́жно бо́льше as many as possible
мой, моя́, моё; мои (15 § 3; 18 § 2) my
моле́бен service of thanksgiving, intercession
моли́ться/по- to pray
молодёжь *fem.* youth, young people
молоде́ц! well done!
молодо́й, *comp.* моло́же young

молоко́ milk
молото́к, *gen.* молотка́ hammer
моло́чный dairy (*adj.*)
молча́ть, *pres.* молчу́, молчи́шь /по- *or* за- to be, fall silent
моме́нт moment
мора́льный moral
мо́ре *pl.* моря́ sea
моро́женое *adj. used as a noun* ice cream
моро́з frost
Москва́ Moscow
москви́ч, *gen.* москвича́ Muscovite
моско́вский Moscow (*adj.*)
мост, *gen. sg.* мо́ста, *loc.* на мосту́; *pl.* мосты́ bridge
мото́р motor
мотоци́кл motorcycle
мочь/с- (5 § 5; 9 § 1; 10 § 3) to be able, can
мо́щный mighty, powerful
мра́мор marble
мра́чный gloomy
мстить, *pres.* мщу, мсти́шь/ото- to avenge
мудрене́е wiser
муж, *pl.* мужья́, *gen.* муже́й, *dat.* мужья́м husband
мужи́к, *gen.* мужика́ peasant (*pre-revolutionary*)
мужичо́к (*diminutive of* мужи́к) little peasant
мужчи́на *masc.* man
музе́й museum
му́зыка music
музыка́нт musician
му́ка torment
мы (8 § 3) we
мысль *fem.* thought
мыть, *pres.* мо́ю, мо́ешь/вы- *or* по- to wash

мя́гкий, *comp.* **мя́гче** (г *pronounced as* **x**) soft

мя́со meat

мяч, *gen.* **мяча́** ball

Н

на +*acc.* to, on to; for (*a time*) +*prep.* at, on

набега́ть/набежа́ть (15 § 8iii) to cover (*of clouds*)

наблюда́ть to observe

навари́ть *Pf.* to cook

наве́рно, наве́рное probably

навстре́чу +*dat* towards

над +*instr.* above, over

надева́ть, *pres.* **надева́ю, надева́ешь**/**надеть,** *Pf. fut.* **наде́ну, наде́нешь** to put on (*clothing*)

наде́жда hope

надёжный reliable

наде́яться, *pres.* **наде́юсь, наде́ешься** to hope **на** + *acc.* to hope for, rely on

надзвёздный celestial

на́до (it is) necessary, (one) must

надоеда́ть/надое́сть, *Pf. fut.* **надое́м** *etc.,* see **есть** (3 § 4) to bore

нажа́рить *Pf.* to fry

наза́д backwards; ago

назва́ние name, title

называ́ться/назва́ться, *Pf. fut.* **назову́сь, назовёшься** + *nom. or instr.* to be called

найти́ *Pf. of* **находи́ть** to find

наконе́ц finally

нале́во to the left

нам *dat. of.* **мы**

наоборо́т on the contrary

написа́ть *Pf. of* **писа́ть** to write

напи́ток, *gen.* **напи́тка** drink

напомина́ть/напо́мнить to remind

направле́ние direction

напра́во to the right

наприме́р for example

нарисова́ть *Pf. of* **рисова́ть** to draw

наро́д a people, nation; the people

наро́дный national; folk

нас *acc., gen., prep. of* **мы**

населе́ние population

наслажде́ние enjoyment

настоя́щий real, genuine

настрое́ние mood

наступа́ть/наступи́ть to set in, come (*of weather, time*)

насчи́тывать/насчита́ть to count

ната́чиванье whetting

нату́ра nature, character

нау́ка science

научи́ть *Pf. of.* **учи́ть** to teach

находи́ть, *pres.* **нахожу́, нахо́дишь**/**найти́,** *Pf. fut.* **найду́, найдёшь** *Pf. past* **нашёл, нашла́** to find

находи́ться/найти́сь to be situated *Pf.* to be found

национа́льный national

нача́ло beginning

начина́ть/нача́ть, *Pf. fut.* **начну́, начнёшь** to begin

начина́ться/нача́ться to begin

наш, на́ша, на́ше; на́ши our

не not

не то, что not like, not the same as

небо, *pl.* небеса sky

небольшой small

неважный unimportant; not too good

невероятный improbable

невозможно impossible

негде (there is) nowhere

недавно recently

недалеко от + *gen.* not far from

неделя week

недовольный + *instr.* dissatisfied with

недостаток, *gen.* недостатка fault

недостаточно insufficient

нежный gentle

независимый independent

нездоровый unhealthy

незнакомый unfamiliar

неинтересный uninteresting

некогда there is no time to; once upon a time

некого (24 § 2) there is nobody to

некоторые some, several

некрасивый ugly

некто (24 § 1) someone

некуда (there is) nowhere

нелёгкий (г *pronounced as* x), *adv.* нелегко difficult, hard

нельзя (10 § 4) it is impossible

немало quite a few

немец, *gen.* немца German

немножко a little

немодный unfashionable, without fashion

ненавидеть, *pres.* ненавижу, ненавидишь/воз- to hate

необходимость *fem.* necessity

необходимый essential

неопытный inexperienced

неподвижный motionless

неправда it is not true

непрактичный impractical

неприличный indecent

непростой not easy

неразумный unreasonable

неровный uneven

несколько + *gen.* several, a few

нести/по- (14 § 1) to carry

несчастный unfortunate

несъедобный inedible

нет no; + *gen.* there is (are) no

нетерпеливый intolerant, impatient

нетерпение impatience

неудобный awkward; uncomfortable

неужели surely not

нечего (24 § 2) there is nothing to

нечто (24 § 1) something

ни..., ни... neither..., nor..

как ни however

кто ни whoever

ни с кем, ни с чем, *etc.* (26 § 1) *see* никто, ничего

ни за что! not for anything!

-нибудь (17 § 1)

нигде nowhere

низ, *loc.* на низу bottom end, lower part

низкий, *comp.* ниже low

никакой no, none

никогда never

никто, *acc.*, *gen.* никого (г *pronounced as* в) no one

никуда nowhere

ничего (г *pronounced as* в) nothing; never mind!; not bad!

ничто́ (26 § 1) nothing

ничу́ть   not a bit

но   but

новозела́ндец *masc.*, *gen.* **новозела́ндца; новозела́ндка** *fem.* New Zealander

но́вости *pl.*, *gen.* **новосте́й** news

но́вый   new

нога́ (18 § 3)   foot; leg

нож, *gen.* **ножа́**   knife

но́жницы *pl.*, *gen.* **но́жниц** scissors

но́мер, *pl.* **номера́**   number, No. hotel room

норма́льный   normal, O.K.

нос, *pl.* **носы́**   nose

носи́ть (14 § 1)   to carry, take; to wear

носо́к, *gen.* **носка́**   sock

ночь *fem.*   night

но́чью   by night

ноя́брь *masc.*, *gen.* **ноября́** November

нра́виться, *pres.* **нра́влюсь, нра́вишься/по-**   + *dat.* to please

  му́зыка мне нра́вится   I like the music

ну   well

ну́жен, нужна́, ну́жно; нужны́ necessary

O

о, об + *prep.*   about, concerning

о́ба *masc. and neut.*, **о́бе** *fem.* (28 § 5)   both

обе́д   dinner

обе́дать/по-   to dine

обеспе́чивать/обеспе́чить   to secure, supply

обеспоко́ить *Pf. of* **беспоко́ить** to worry

обеща́ть/по-   to promise

оби́дный   insulting

оби́дчивый   touchy

оби́дчик   offender

о́блако, *pl.* **облака́,** *gen.* **облако́в** cloud

о́бласть *fem.*   region; field (of endeavour)

облегче́ние (г *pronounced as* х) relief

обма́нывать/обману́ть   to deceive

о́бморок   faint

обраба́тывать/обрабо́тать   to process

о́браз   image

образе́ц, *gen.* **образца́**   example, specimen

образова́ние   education

обра́тно   back

обраща́ть/обрати́ть, *Pf. fut.* **обращу́, обрати́шь**   to direct

обраща́ться/обрати́ться   to deal with, address

обслу́живание   service

обсужда́ть/обсуди́ть, *Pf. fut.* **обсужу́, обсу́дишь**   to discuss

обходи́ться, *pres.* **обхожу́сь, обхо́дишься/обойти́сь,** *Pf. fut.* **обойду́сь, обойдёшься;** *past* **обошёлся, обошла́сь без** + *gen.*   to do without

обще́ственный   public; social

о́бщество   society

о́бщий   general

  в о́бщем   in general

общи́тельный sociable

объясня́ть/объясни́ть to explain

обыкнове́нный ordinary

обы́чный usual

обя́занный obliged

обяза́тельно necessarily; definitely, without fail

огля́дываться/огляну́ться *Pf. fut.* огляну́сь, огля́нешься to look round

огро́мный huge

одева́ть, *pres.* одева́ю, одева́ешь /оде́ть, *Pf. fut.* оде́ну, оде́нешь to dress

одева́ться/оде́ться (10 § 3) to get dressed

оде́жда clothes

одея́ло blanket

оди́н, одна́, одно́; одни́ (26 § 2) one; alone

одина́ковый alike, similar

оди́ннадцатый eleventh

оди́ннадцать eleven

одна́жды once

одна́ко however

однообра́зный monotonous

оживлённость liveliness

ожида́ть + *acc. or gen.* to expect, wait for

о́зеро, *pl.* озёра, *gen.* озёр lake

ока́зываться/оказа́ться, *Pf. fut.* окажу́сь, ока́жешься + *instr.* to turn out to be, manifest oneself as

окно́, *pl.* о́кна, *gen.* о́кон window; window sill

о́коло + *gen.* near; about

окружа́ть/окружи́ть to surround

октя́брь *masc., gen.* октября́ October

омле́т omelette

он *masc.*, he, it; она́ *fem.* she, it; оно́ *neut.* it; они́ *pl.* they (8 § 3)

опа́здывать/опозда́ть to be late

опа́сность *fem.* danger

опа́сный dangerous

о́пера opera

описа́ние description

опи́сывать/описа́ть, *Pf. fut.* опишу́, опи́шешь to describe

определённый definite

определя́ть/определи́ть to define, determine

опуска́ть/опусти́ть (10 § 3) to post

о́пытный experienced

опя́ть again

орга́н organ

организа́ция organization

орке́стр orchestra

освеже́ние refreshing process

освобожда́ть/освободи́ть, *Pf. fut.* освобожу́, освободи́шь от + *gen.* to free, make free

освобожда́ться/освободи́ться to free oneself, get away from

о́сень *fem.* autumn

о́сенью in autumn

осма́тривать/осмотре́ть, *Pf. fut.* осмотрю́, осмо́тришь to look round

осмо́тр tour of inspection

осно́вывать/основа́ть to found, base

осо́бенный special

остава́ться, *pres.* остаю́сь, остаёшься/оста́ться, *Pf. fut.* оста́нусь, оста́нешься to remain, stay

оставля́ть/оста́вить, *Pf. fut.*

27*

оста́влю, оста́вишь to leave
остально́й remaining
остана́вливаться/останови́ться,
Pf. fut. остановлю́сь, оста-
но́вишься to stop, halt
остано́вка stop
осторо́жный careful
от +gen. from
отве́т answer
отвеча́ть/отве́тить, Pf. fut.
отве́чу, отве́тишь to answer
отдава́ть/отда́ть as дава́ть/дать
(3 § 4, 10 § 3) to give, give up,
sacrifice
отделе́ние section, department
отдыха́ть/отдохну́ть (10 § 3)
to rest, relax; be on holiday
оте́ц, gen. отца́ father
отзыва́ться/отозва́ться, Pf. fut.
отзову́сь, отзове́шься о
+prep. to react to
открыва́ть/откры́ть (10 § 3)
to open
откры́тка postcard
отку́да where from
отлича́ться/отличи́ться +instr.
to be distinguished by
отли́чный excellent
отмеча́ть/отме́тить, Pf. fut. от-
ме́чу, отме́тишь to mark
отмсти́ть Pf. of. мстить to
avenge
относи́ть, pres. отношу́, отно́-
сишь/отнести́, Pf. fut. отнесу́,

отнесёшь, past отнёс, отнесла́
to take back
относи́ться/отнести́сь к +dat.
to treat, have an attitude to;
to date from, relate to
отноше́ние relationship, attitude
отопле́ние heating
отправля́ть/отпра́вить, Pf. fut.
отпра́влю, отпра́вишь to
despatch
отправля́ться/отпра́виться
to set off
отры́вок, gen. отры́вка extract
отстава́ть, pres. отстаю́, отста-
ёшь/отста́ть, Pf. fut. отста́ну,
отста́нешь от +gen. to lag
behind
отсю́да from here
отту́да from there
отходи́ть/отойти́ от +gen.
(12 § 1) to go away from
отча́яние despair
о́тчество patronymic (5 § 1)
отъе́зд departure
оты́скивать/отыска́ть, Pf. fut.
отыщу́, оты́щешь to find,
seek out
официа́льный official, formal
о́чень very
о́чередь fem. (18 § 3) queue
оши́бка, gen. pl. оши́бок mistake
ощуще́ние feeling, sensation

П

па́дать/упа́сть, Pf. fut. упаду́,
упадёшь to fall
па́лец, gen. па́льца finger
пальто́ indecl. coat

па́мятник monument, statue
па́мять fem. memory
па́па (masc.) dad
па́рень masc., gen. па́рня, nom.

pl. па́рни, *gen.* парне́й, *dat.*
парня́м lad
Пари́ж Paris
пари́к, *gen.* парика́ wig
парикма́херская *adj. used as
noun* barber's shop, hairdresser's
парк park
па́ртия party (*political*)
па́хнуть/за- + *instr.* to smell of
пеници́ллин penicillin
пе́рвый first
во-пе́рвых firstly
переводи́ть/перевести́ (15 § 8)
to translate
перево́дчик translator, interpreter
перегора́ть/перегоре́ть to burn
out
пе́ред + *instr.* before; in front
of
передава́ть/переда́ть *as* дава́ть
/дать (3 § 4, 10 § 3) to
convey, transmit
передо́м in front
пережива́ние emotional experience
переменя́ть/перемени́ть to
change
переноси́ться, *pres.* переношу́сь,
перено́сишься/перенести́сь,
Pf. fut. перенесу́сь, перене-
сёшься, *past* перенёсся, пере-
несла́сь to be transferred
переполня́ть/перепо́лнить
to overfill
переставáть, *pres.* перестаю́,
перестаёшь/переста́ть, *Pf.
fut.* переста́ну, переста́нешь
to stop, cease
перестра́ивать/перестро́ить to
rebuild

переходи́ть/перейти́ (12 § 1) to
cross
перечи́тывать/перечита́ть to
reread
перио́д period
пе́сня, *gen.pl.* пе́сен song
пессими́ст pessimist
петь, *pres.* пою́, поёшь/с- to
sing
пиани́но *indecl. neut* piano
пешко́м on foot
пиджа́к, *gen.* пиджака́ jacket
пирожо́к, *gen.* пирожка́ piro-
zhok, pie
писа́тель *masc.* writer
писа́ть/на- (2 § 1) to write
письмо́, *pl.* пи́сьма, *gen.* пи́сем
letter
пить (3 § 4)/вы-, *Pf. fut.* вы́пью,
вы́пьешь to drink
пи́ща food
пла́кать, *pres.* пла́чу, пла́чешь
/за- to cry, weep
план plan; (street) map
за́дний план background
пласти́нка record, disc
плати́ть, *pres.* плачу́, пла́тишь
/за- to pay
плато́к, *gen.* платка́ handkerchief
пла́тье (17 § 2) dress
плечо́, *pl.* пле́чи, *gen.* плеч, *dat.*
плеча́м shoulder
плохо́й, *adv.* пло́хо; *comp* ху́же;
superl. ху́дший bad
пло́щадь *fem.* (18 § 3) square
по + *dat.* according to; along
по-мо́ему in my opinion
по-ру́сски in Russian
по ме́ре того́, как as, in
proportion
побыва́ть *Pf.* to be, visit

пове́рить *Pf. of* ве́рить to believe

повора́чивать/поверну́ть to turn

повторя́ть/повтори́ть to repeat

повыша́ть/повы́сить, *Pf. fut.* повы́шу, повы́сишь to raise

пога́нка toadstool

погиба́ть/поги́бнуть, *past* поги́б, поги́бла to perish

поговори́ть *Pf. of* говори́ть to have a talk

пого́да weather

погрози́ть *Pf. of* грози́ть to threaten

погружа́ться/погрузи́ться, *Pf. fut.* погружу́сь, погрузи́шься to be immersed in, plunge into

погуля́ть *Pf. of.* гуля́ть to stroll

под + *instr.* under; near + *acc.* under (*motion*)

подава́ть/пода́ть *as* дава́ть/да́ть (3 § 4, 10 § 3) to give, hand

пода́рок, *gen.* пода́рка present

подлета́ть/подлете́ть (15 § 8) к + *dat.* to fly up to

поднима́ть/подня́ть (25 § 4), to lift, raise, pick up

поднима́ться/подня́ться to climb

подожда́ть *Pf. of* жда́ть to wait

подозрева́ть, *pres.* подозрева́ю, подозрева́ешь to suspect

подозре́ние suspicion

подпи́сывать/подписа́ть, *Pf. fut.* подпишу́, подпи́шешь to sign

подпо́лье underground

подру́га, подру́жка friend (*female*)

подхо́д approach

подходи́ть/подойти́ (12 § 1) к + *dat.* to approach

подъезжа́ть/подъе́хать (13 § 1) к + *dat.* to approach

по́езд, *pl.* поезда́ train по́ездом by train

по́ездка trip

пое́хать *Pf. of* е́хать to go, travel

пожале́ть *Pf. of* жале́ть to regret

пожа́луйста! please; help yourself!; you are welcome!

пожела́ть *Pf. of* жела́ть to wish, desire

пожило́й elderly

пожима́ть/пожа́ть, *Pf. fut.* пожму́, пожмёшь to squeeze пожима́ть плеча́ми to shrug one's shoulders

поза́втракать *Pf. of* за́втракать to have breakfast

позавчера́ the day before yesterday

позволя́ть/позво́лить + *dat.* to allow, permit

позвони́ть *Pf. of* звони́ть to ring, phone

по́здний, *adv.* по́здно; *comp.* по́зже late

поздравля́ть/поздра́вить, *Pf. fut.* поздра́влю, поздра́вишь с + *instr.* to congratulate on

познако́миться *Pf. of* знако́миться to get to know

пойма́ть *Pf. of* лови́ть to catch

пойти́ *Pf. of* идти́ to go (11 § 2)

пока́ while; meanwhile; so long! пока́ не until

пока́зывать/показа́ть (10 § 3) to show

покида́ть/поки́нуть to leave, quit

поко́й peace, quiet

поколе́ние generation

поко́рный humble

покоря́ться/покори́ться + *dat.* to submit to

поко́с haymaking

покупа́ть/купи́ть (10 § 3) to buy

поку́пка purchase

ходи́ть за поку́пками to go shopping

пол, *loc.* на полу́ floor

пол, полови́на half

пол второ́го half past one

по́лдень (28 § 7) midday

по́ле *pl.* поля́ field

поле́зность *fem.* usefulness

поле́зный useful

полёт flight

полете́ть *Pf. of* лете́ть to fly

полити́ческий political

по́лка shelf

полно́ + *gen.* plenty

по́лночь (28 § 7) midnight

по́лный, *short form* по́лон, полна́, полно́, полны́ full; complete

положе́ние position, situation

положи́ть *Pf. of* класть to put

полтора́ (28 § 6) one and a half

получа́ть/получи́ть to receive

получа́ться/получи́ться to work out right

по́льза profit; use, advantage

по́льзоваться/вос- + *instr.* to use, make use of

по́мнить to remember

помога́ть/помо́чь (10 § 3) + *dat.* to help

по́мощь *fem.* help.

понеде́льник Monday

понима́ть/поня́ть (25 § 4) to understand; realize

понра́виться *Pf. of* нра́виться to please

поп-му́зыка pop music

поправля́ть/попра́вить., *Pf. fut.* попра́влю, попра́вишь to correct

попро́бовать *Pf. of* про́бовать to try

попроси́ть *Pf. of* проси́ть to ask, request

пора́ it is time to

поработа́ть *Pf.* to work for a bit

поросёнок, *pl.* порося́та, *gen.* порося́т piglet

по́ртиться, *pres.* по́рчусь, по́ртишься/ис- to be spoilt

порха́ть/порхну́ть to flit

поря́док, *gen.* поря́дка order

всё в поря́дке everything is all right

посади́ть *Pf. of* сади́ть and сажа́ть to put (sitting), seat

посади́ть в тюрьму́ to put in prison

посвяща́ть/посвяти́ть, *Pf. fut.* посвящу́, посвяти́шь + *dat.* to devote, dedicate to

посереди́не in the middle

посеща́ть/посети́ть, *Pf. fut.* посещу́, посети́шь to visit

посиде́ть *Pf.* to sit for a while

по́сле + *gen.* after

после́дний last; latest

послеза́втра the day after tomorrow

послу́шать *Pf. of* слу́шать to listen

посмотре́ть *Pf. of* смотре́ть to look

посовѐтовать *Pf. of* совѐтовать to advise

поспешить *Pf. of* спешить to hurry

постáвить *Pf. of* стáвить to put

постанóвка production (*theatre*)

постѐль *fem.* bed, bedding

постоя́нный constant

пострóить *Pf. of* стрóить to build

поступáть/поступить, *Pf. fut.* поступлю́, поступишь в + *acc.* to enter (*an organization*)

посу́да crockery

посылáть/послáть, *Pf. fut.* пошлю́, пошлёшь to send

посы́лка parcel

потеря́ть *Pf. of* теря́ть to lose

потóм then, afterwards

потому́ что because

потушить *Pf. of* тушить to extinguish

поутру́ in the morning

почему́ why

вот почему́ that is why

пóчесть *fem.* honour

починя́ть/починить to mend

почитáть *Pf.* to read, do a bit of reading

пóчта post, mail; post-office

почти almost

почтóвый post (*adj.*)

пощёчина slap in the face

поэ́зия poetry

поэ́т poet

поэ́тому therefore

пóяс belt; waist

прав, правá; прáвы correct

прáвда truth; it's true

прáвило rule

прáвильный correct

правительство government

прáво right; truly

прáздник holiday

практичный practical

пребывáние stay

превращáться/превратиться, *Pf. fut.* превращу́сь, превратишься в + *acc.* to turn into

предлагáть/предложить to offer

предпочитáть/предпочѐсть *Pf. fut.* предпочту́, предпочтёшь; *past* предпочёл, предпочлá to prefer

представитель *masc.* representative

представля́ть/предстáвить, *Pf. fut.* предстáвлю, предстáвишь to introduce; imagine

прекрáсный superb

прерывáть/прервáть, *Pf. fut.* прерву́, прервёшь to interrupt

престáрый very, very old

престу́пник criminal

при + *prep.* in the presence of; during the time of; taking into account; on (*doing something*)

прибавля́ть/прибáвить, *Pf. fut.* прибáвлю, прибáвишь to add

прибегáть/прибѐгнуть к + *dat.* to resort to

прибегáть/прибежáть, *Pf. fut.* прибегу́, прибежишь... прибегу́т to come running

прибывáть/прибы́ть, *Pf. fut.* прибу́ду, прибу́дешь to arrive

привѐт greeting; hello!

привозить/привезти (14 § 3) to bring (by transport)

привыка́ть/привы́кнуть, *Pf.*
past привы́к, привы́кла к
+*dat.* to get used to
привы́чка habit
привы́чный habitual
привя́зывать/привяза́ть, *Pf. fut.*
привяжу́, привя́жешь to tie to
приглаша́ть/пригласи́ть, *Pf. fut.*
приглашу́, пригласи́шь to
invite
при́город suburb
при́городный suburban
пригото́вить *Pf. of* гото́вить
to prepare; cook
придоро́жный near the road
приезжа́ть/прие́хать (13 § 1)
to arrive
признава́ть, *pres.* признаю́, при-
знаёшь/призна́ть, *Pf. fut.* при-
зна́ю, призна́ешь to recognize, acknowledge
признава́ться/призна́ться
to admit, confess
прика́з order, command
прика́зывать/приказа́ть, *Pf. fut.*
прикажу́, прика́жешь +*dat.*
to order
прилета́ть/прилете́ть (15 § 8)
to arrive (by air)
прили́чие politeness, decency
прили́чный decent
примити́вный primitive
принадлежа́ть, *pres.* принад-
лежу́, принадлежи́шь (*no Pf.*)
+*dat. or* к +*dat.* to belong to
принадле́жность *fem.* member-
ship
принима́ть/приня́ть (25 § 4) to
take, to accept
приноси́ть/принести́ (14 § 3)
to bring (on foot)
приро́да nature

прису́тствовать to be present
присыла́ть/присла́ть, *Pf. fut.*
пришлю́, пришлёшь to send
притворя́ться/притвори́ться
to pretend
приходи́ть/прийти́ (*or* придти́)
(12 § 1) to come, arrive
приходи́ться/прийти́сь (12 §2)
to have to
причи́на reason
прия́тный pleasant
про +*acc.* about
про себя́ to oneself
пробле́ма problem
про́бовать/по- to try
проводи́ть/провести́ (15 § 8)
to spend (*time*)
прогоня́ть/прогна́ть, *Pf. fut.*
прогоню́, прого́нишь to chase
out
програ́мма programme
прогу́лка outing
продава́ть/прода́ть *as* дава́ть/
дать (4 § 5, 10 § 3) to sell
продавщи́ца sales girl, shop
assistant
продолжа́ть/продо́лжить to
continue
проду́кты *pl.*, *gen.* проду́ктов
food products
проезжа́ть/прое́хать (13 § 1)
to drive past; travel through
прожи́ть *Pf.*, *fut.* проживу́,
проживёшь to live through,
survive
про́за prose
прои́грыватель *masc.* record-
player
произведе́ние work of art
произво́дство production
произноси́ть/произнести́ (14 § 3)
to pronounce

происходить/произойти (12 § 1) to occur

происшествие incident, occurrence

промышленность *fem.* industry

проникать/проникнуть, *past* проник, проникла to penetrate

просидеть *Pf.*, *fut.* просижу, просидишь to sit through

просить/по- (5 § 5) to ask (a favour)

проснуться *Pf. of* просыпаться to wake up

проспект avenue

простой, *adv.* просто, *comp.* проще simple

простужаться/простудиться, *Pf. fut.* простужусь, простудишься to catch a cold

протестовать/за- to protest

против + *gen.* against

проходить/пройти (12 § 1) to pass

процесс process

прочитать *Pf. of* читать to read

прошлый past

прощать/простить, *Pf. fut.* прощу, простишь to forgive

проще simpler

прослушать *Pf. of.* слушать to listen

прямой, *adv.* прямо direct, straight

прятаться, *pres.* прячусь, прячешься/с- to hide

психолог psychologist

психологический psychological

психология psychology

птица bird

публика public

пугать/ис- to frighten

пудинг pudding

пускай, пусть (25 § 2) let

пустой, *adv.* пусто empty

пустяк, *gen.* пустяка trifling matter

путь *masc.*, *gen.*, *dat.*, *prep.* пути, *instr.* путём; *pl.* пути, *gen.* путей, *dat.* путям way

пытаться/по- to attempt

пьеса play

пятидесятый fiftieth

пятнадцатый fifteenth

пятнадцать fifteen

пятница Friday

пятый fifth

пять five

пятьдесят fifty

Р

работа work

работать/по- to work

рабочий *adj. used as noun* worker

равный level, equal

всё равно all the same

мне всё равно I do not mind

рад, рада; рады + *dat.* glad of

радио *indecl.* radio

радовать/об- to gladden

радоваться/об- + *dat.* to be delighted by

радостный joyful

радость *fem.* joy

раз, *gen. pl.* раз time, occasion; *adv.* once

не раз more than once, many a time

разбудить *Pf. of* **будить** to wake

ра́зве *emphatic interrogative particle* really?

развива́ть/разви́ть, *Pf. fut.* **разовью, разовьёшь** to develop **развива́ться/разви́ться** to develop (*v.i.*)

разви́тие development

разгова́ривать to talk, converse

разгово́р conversation

раздева́ться, *pres.* **раздева́юсь, раздева́ешься/разде́ться,** *Pf. fut.* **разде́нусь, разде́нешься** to undress; take one's coat off

разли́чный various

разма́х sweep, swing

размышля́ть to reason, think

ра́зница difference

ра́зный different, various

разраба́тывать/разрабо́тать to work out

разреша́ть/разреши́ть + *dat.* to allow **разреша́ться/разреши́ться** to be allowed

разруша́ть/разру́шить to destroy **разруша́ться/разру́шиться** to be destroyed

разуме́ется of course

райо́н district

раке́та rocket

ра́ма frame

ра́нний, *adv.* **ра́но,** *comp.* **ра́ньше** early

распоряже́ние arrangements, instruction

расска́зывать/рассказа́ть, *Pf.*

fut. **расскажу́, расска́жешь** to tell, narrate, relate

расстоя́ние distance

расти́, *pres.* **расту́, растёшь;** *past* **рос, росла́/вы-** to grow **растя́гивать/растяну́ть** *Pf. fut.* **растяну́, растя́нешь** to stretch, extend

реакти́вный jet

реалисти́ческий realistic

реа́льный real

ребёнок, *gen.* **ребёнка,** *pl.* **де́ти** child

револю́ция revolution

реда́ктор editor

режиссёр producer (theatrical)

результа́т result

река́ (18 § 3) river

рекомендова́ть/по- + *dat.* to recommend

религио́зный religious

ремо́нт repair

репута́ция reputation

ресни́ца eyelash

респу́блика republic

рестора́н restaurant

реце́пт prescription

ре́чка *diminutive of* **река́** river, stream

речь *fem. pl.* **ре́чи,** *gen.* **рече́й** speech

реша́ть/реши́ть to decide **реша́ться/реши́ться** to resolve

реши́тельный decisive

рисова́ние drawing

рисова́ть/на- to draw

род sort **своего́ ро́да** of its sort

роди́тель *masc.* parent

рожда́ться *or* **роди́ться/ роди́ться** to be born

рожде́ние birth
  день рожде́ния birthday
рожде́ственский Christmas
  (adj.)
Рождество́ Christmas
рома́н novel
романти́ческий romantic
рост growth; stature
рот, gen. рта, loc. во рту mouth
роя́ль masc. grand piano
руба́ха, руба́шка shirt
рубль masc., gen. рубля́ rouble
рука́ (18 § 3) hand; arm

румя́ный rosy, glowing
ру́сский Russian
ру́чка diminutive of рука́ hand;
  handle; pen
ры́ба fish
ры́бка diminutive of ры́ба
  little fish
ры́бный fish (adj.)
ры́нок, gen. ры́нка market
рю́мочка diminutive of рю́мка
  (liqueur) glass
ряд row, series
ря́дом с + instr. next to

С

с + instr. with
  + gen. from; since
  с тех пор since then
сад, loc. в саду́, pl. сады́ garden;
  orchard; park
сади́ться/сесть (24 § 4) to sit
  down
сажа́ть or сади́ть/по- (25 § 1) to
  put (sitting)
сам, сама́, само́; са́ми (8 § 4)
  (one)self
самова́р samovar
самолёт aeroplane
самолюби́вый vain
са́мый the very; the most
  то же са́мое the same
сапоги́, gen. pl. сапо́г boots,
  calf-boots
са́хар sugar
сбе́гать Pf. to run (and fetch)
све́жесть fem. freshness
све́жий fresh
свет light; (high) society
свети́ться/за- to shine
све́тский (high) society (adj.)
све́чка diminutive of свеча́ candle

свида́ние rendezvous
  до свида́ния au revoir!,
  see you!
свобо́дный free; fluent
свой, своя́, своё; свои́ (15 § 2, 3)
  (one's) own
свя́зывать/связа́ть, Pf. fut.
  свяжу́, свя́жешь to link,
  connect
свя́зываться/связа́ться с
  + instr. to get mixed up
  with
связь fem. communication,
  connexion, link
свято́й sacred, holy
сгущённый condensed
сде́лать Pf. of де́лать to do,
  make
сде́рживать/сдержа́ть, Pf. fut.
  сдержу́, сде́ржишь to hold
  back
себя́ (21 § 4) (one)self
се́вер north
се́верный northern
сего́дня (г pronounced as в)
  today

седьмо́й seventh
сезо́н season (*theatre*)
сейча́с now; in a minute
секре́т secret
село́, *pl.* сёла village
се́льское хозя́йство agriculture
семе́стр term
семидеся́тый seventieth
семна́дцатый seventeenth
  семна́дцать seventeen
семь seven
  се́мьдесят seventy
семья́, *gen.* семьи́, *instr.* семьёй
  family
сентя́брь *masc.*, *gen.* сентября́
  September
се́рдце, *pl.* сердца́ heart
середи́на middle
се́рый grey
серьёзный serious
сестра́ (18 § 3) sister
сесть *Pf. of* сади́ться to sit down
Сиби́рь *fem.* Siberia
сиби́рский Siberian
сиде́ть, *pres.* сижу́, сиди́шь/по-
  to sit
си́ла strength
сила́ч, *gen.* силача́ strong man
си́льный strong
  си́льный моро́з heavy frost
симпати́чный nice
симфони́ческий symphony
  (*adj.*)
си́ний blue
сини́ца blue tit
синтети́ческий synthetic
систе́ма system
сия́ть/по-, за- to shine
сказа́ть *Pf.* (10 § 3) to say, tell
ска́зка fairy tale
скаме́йка *gen. pl.* скаме́ек
  bench

сканда́л row
сквозь + *acc.* through
ско́лько + *gen.* how much,
  how many
ско́ро soon
ско́рость *fem.* speed
ско́рый quick
  ско́рая по́мощь first aid;
  ambulance
скри́пка violin
скро́мность *fem.* modesty
скро́мный modest
скрыва́ть/скрыть, *Pf. fut.* скро́ю,
  скро́ешь to hide, conceal
ску́ка boredom
ску́льптор sculptor
скульпту́ра sculpture
скуча́ть/соску́читься по + *dat.*
  to miss, long for
скучнова́тый rather dull
ску́чный dull, boring
сла́бость *fem.* weakness
сла́бый weak
сла́дкий sweet
сле́довать/по- to follow
  сле́дует посети́ть one ought
  to visit
слеза́ть/слезть, *Pf. fut.* сле́зу,
  сле́зешь, *past* слез, сле́зла
  с + *gen.* to climb down from
слепо́й blind
сли́шком too (+ *adj. or adv.*)
слова́рь *masc.*, *gen.* словаря́
  dictionary
сло́во, *pl.* слова́ word
  сло́вом in a word
сло́жный complicated
слу́жба service
служи́ть/про-, по- to serve
слу́чай occurrence; chance
  несча́стный слу́чай accident
случа́ться/случи́ться to happen

слушать/по- to listen

слышать, *pres.* слышу, слышишь/у- to hear

слышаться/по- to be heard

слышен, слышна, слышно; слышны audible

смерть *fem.* death

сметана sour cream

смеяться, *pres.* смеюсь, смеёшься/за- to laugh

смородина currant(s)

смотреть, *pres.* смотрю, смотришь/по- to look

смотреть за + *instr.* to look after

смочь *Pf. of* мочь to be able, to manage

смущать/смутить, *Pf. fut.* смущу, смутишь to embarrass

сначала at first

снег, *loc.* на снегу, *pl.* снега snow

снежный snow (*adj.*)

снимать/снять, *Pf. fut.* сниму, снимешь to photograph; to take off (clothes)

собирать/собрать (10 § 3) to collect, pick, gather

собираться/собраться to be about to, be going to; to intend

собор cathedral

собственность *fem.* possessions, property

собственный own

совершенно completely, utterly

совершенствовать/у- to perfect

совеститься, *pres.* совещусь, совестишься/по- + *gen.* to be ashamed of

советовать/по- + *dat.* to advise

советский Soviet

современный contemporary; modern

совсем totally, completely

совсем не not at all

не совсем not quite

согласен, согласна, согласно; согласны in agreement

соглашаться/согласиться, *Pf. fut.* соглашусь, согласишься с + *instr.* to agree with

согнуться *Pf. of* сгибаться to stoop

содержание content

Соединённые Штаты United States

сожаление regret

к сожалению unfortunately

создавать/создать *as* давать/дать (3 § 4, 10 § 3) to create

сознавать/сознать, *as* узнавать/узнать to recognize

сознание recognition, admission; consciousness

сойтись *Pf. of* сходиться to meet up with

сок juice

солдат, *gen. pl.* солдат soldier

солист soloist

солнце sun

сомневаться, *pres.* сомневаюсь, сомневаешься в + *prep.* to doubt

сомнение doubt

сон, *gen.* сна sleep

видеть во сне to dream

сорок forty

сороковой fortieth

сосед (17 § 2) neighbour

сосиска sausage

соскучиться *Pf. of* скучать to miss

состояние condition

состоять, *pres.* состою, состоишь из +*gen.* to consist of

сотня, *gen. pl.* сотен (about a) hundred

сотрудник employee

сотый hundredth

соус sauce; gravy

сохраняться/сохраниться to be preserved

социалистический socialist

социальный social

союз union

спасибо thank you

спальня bedroom

спать, *pres.* сплю, спишь/по-, про- to sleep

спектакль *masc.* show

специалист specialist

специальный special

спешить/по- to hurry

список, *gen.* списка list

спокойный calm, peaceful
спокойной ночи good night

спорить/по- to argue

спорт sport

спортсмен, *pl.* спортсмены sportsman

способ method

справляться/справиться, *Pf. fut.* справлюсь, справишься с +*instr.* to deal with

спрашивать/спросить, *Pf. fut.* спрошу, спросишь to ask, enquire
спрашивается? may one ask?

спустя later

сравнение comparison

сравнивать/сравнить to compare

сразу at once

среда, *acc.* среду *pl.* среды, *dat.* средам Wednesday

среди +*gen.* among

средство means; money; medicine

срезывать *or* срезать/срезать, *Pf. fut.* срежу, срежешь to mow

ссориться/по- to quarrel

ставить/по- (25 § 1) to put (standing)

стадион stadium

стакан glass, tumbler

становиться, *pres.* становлюсь, становишься/стать (10 § 3) + *instr.* to become; to (go and) stand, take one's place

станция station

стараться/по- to try

старик, *gen.* старика old man

старомодный old-fashioned

старушка old woman

старый old

статистика statistics

статуя statue

стена (18 § 3) wall

стетоскоп stethoscope

стиль *masc.* style

стихи, *gen. pl.* стихов poetry

сто (28 § 1) hundred

стоимость *fem.* cost

стоить to cost; to be worth

стол, *gen.* стола table

столица capital

столовая *adj. used as noun* dining room; canteen, self-service restaurant

столько +*gen.* so much, so many

стон groan

стонáть, *pres.* стонý *or* стонáю, стóнешь/про- *or* за- to groan, moan

сторонá, *acc.* стóрону, *pl.* стóроны, *gen.* сторóн, *dat.* сторонáм side

стоáть, *pres.* стою, стоúшь/по- to stand

страдáние suffering

страдáть/по- to suffer

странá (18 § 3) country

стрáнный strange

стрáстный passionate

стрáшный frightful

стрóгий, *comp.* стрóже severe

строúтельство construction

стрóить/по- to build

студéнт, студéнтка student

стул, *pl.* стýлья, *gen.* стýльев chair

стучáть, *pres.* стучý, стучúшь /за-, по- *or* стýкнуть to knock

стыдúться, *pres.* стыжýсь, стыдúшься/по- + *gen.* to be ashamed of

стыдно + *dat.* + *gen.* ashamed емý стыдно кóмнаты he is ashamed of his room

стюардéсса stewardess

суббóта Saturday

сувенúр souvenir

судúть, *pres.* сужý, сýдишь to judge

судьбá fate

сумéть *Pf. of* умéть to be able

сýмка bag

сýпик *diminutive of* суп soup

сурóвый severe, grim

сýтки *pl.*, *gen.* сýток a day, 24-hour period

существó being

существовáние existence

существовáть/про- to exist

сфотографúровать *Pf. of* фотографúровать to photograph

сходúть/сойтú (12 § 1) to go down, get off

сходúть *Pf.* (19 § 5) to go (to fetch)

сцéна scene; stage

счастлúвый happy

счáстье happiness

считáть to consider

считáться + *instr.* to be considered

съедóбный edible

съéздить *Pf.* (19 § 5) to go (to fetch)

съесть *Pf. of* есть to eat

сын, *pl.* сыновьá, *gen.* сыновéй, *dat.* сыновьáм son

сыр cheese

сяду, сядешь *Pf. fut. of* сесть to sit down

Т

таблéтка pill

тайгá taiga, virgin forest

так so; thus так как since таковá жизнь such is life

тáкже also

такóй such, so

такт tact

там there

танк tank

таре́лка plate
твой, твоя́, твоё (15 § 3); твой
(18 § 2) your
твори́ть/со- to create
теа́тр theatre
театра́льный theatre (adj.)
тебя́ acc., gen. of ты
тексти́льный textile (adj.)
телеви́зор television
телефо́н telephone
   телефо́нная бу́дка telephone
   box
те́ло, pl. тела́ body
тёмный, adv. темно́ dark
температу́ра temperature
тень fem. shade; shadow
тепе́рь now
тепло́ warmth; adv. warmly
теплохо́д (motor)ship
тёплый, adv. тепло́ warm
терпе́ть, pres. терплю́, те́рпишь
   to bear, tolerate
теря́ть/по- to lose
тетра́дь fem. exercise book
тётя, gen. pl. тётей aunt
те́хникум trade school, technical college
типи́чный typical
ти́хий, comp. ти́ше quiet
-то emphatic particle; (17 § 1)
това́р goods, article
това́рищ comrade; friend
тогда́ then
то́же also
толпа́ crowd
то́лько only
то́лько что only just
том volume (book)
то́нкий, comp. то́ньше subtle
торго́вля trade
тоска́ melancholy
тот, та, то; те (15 § 3) that one

то́тчас at once
точи́ть/на- to sharpen
трава́ (18 § 3) grass
траге́дия tragedy
традицио́нный traditional
трамва́й tram, streetcar
тра́нспорт transport
тра́нспортный transport (adj.)
тра́тить, pres. тра́чу, тра́тишь
   /ис- на +acc. to spend,
   expend on
тре́бовать/по- +gen. to demand
трево́жить/вс- to disturb,
   alarm
тре́тий, тре́тья, тре́тье; тре́тьи
   (15 § 4) third
три (28 § 1) three
тридца́тый thirtieth
   три́дцать thirty
трина́дцатый thirteenth
   трина́дцать thirteen
тролле́йбус trolleybus
тромбо́н trombone
тротуа́р pavement
тру́бка pipe; tube
   телефо́нная тру́бка
   telephone, ear piece
труд, gen. труда́ labour; difficulty
тру́дный difficult
ту́ндра tundra
туре́цкий Turkish
тури́ст tourist
ту́фля, gen. pl. ту́фель shoe
ту́ча storm cloud
туши́ть, pres. тушу́, ту́шишь
   /по- to extinguish
ты (8 § 3) you (sg.) (intimate,
   affectionate)
ты́сяча thousand
тюрьма́, gen. pl. тю́рем prison
тяжёлый, adv. тяжело́ heavy

У

у +*gen.* near, at; (5 § 4) in (one's) room, house, country; to have

убега́ть/убежа́ть, *Pf. fut.* **убегу́ убежи́шь**... **убегу́т** to run away

убежда́ться/убеди́ться, *Pf. fut.* (*no 1st pers. sg.*), **убеди́шься в** +*prep.* to be convinced of

убива́ть/уби́ть, *Pf. fut.* **убью́, убьёшь** to kill

уважа́емый respected

уве́ренный sure, certain, confident

уви́деть *Pf fut.* **уви́жу, уви́дишь** to see, catch sight of

увлека́тельный absorbing, fascinating

увлека́ться/увле́чься, *Pf. fut.* **увлеку́сь, увлечёшься;** *past* **увлёкся, увлекла́сь** +*instr.* to be carried away by, absorbed in

угова́ривать/уговори́ть to persuade

уго́дно, что вам уго́дно? what can we do for you? what would you like?

  всё что уго́дно anything you like

  ско́лько уго́дно as many as you like

у́гол, *gen.* **угла́,** *loc.* **в, на углу́** corner; angle

угоща́ть/угости́ть, *Pf. fut.* **угощу́, угости́шь** +*instr.* to treat to

ударя́ть/уда́рить to strike, hit

уда́чный successful

удивля́ться/удиви́ться, *Pf. fut.*

удивлю́сь, удиви́шься +*dat.* to be surprised by

удо́бный convenient, comfortable

удо́бство comfort, convenience

удовлетворе́ние satisfaction

удово́льствие pleasure

у́дочка fishing rod

уезжа́ть/уе́хать (13 § 1) to leave, go away

у́жас horror

ужа́сный terrible

уже́ already

  уже́ не no longer

у́жин supper

узнава́ть, *pres.* **узнаю́, узнаёшь /узна́ть,** *Pf. fut.* **узна́ю, у-зна́ешь** to recognize; find out

ука́зывать/указа́ть, *Pf. fut.* **укажу́, ука́жешь на** +*acc.* to point out

Украи́на Ukraine

украи́нский Ukrainian

у́лица street

у́личный street (*adj.*)

улыба́ться/улыбну́ться to smile

улы́бка smile

ум, *gen.* **ума́** mind; intelligence

  сходи́ть/сойти́ с ума́ to go out of one's mind

уме́ть/с- to be able, know how to

умира́ть/умере́ть, *Pf fut.* **умру́, умрёшь;** *past* **у́мер, умерла́** to die

у́мный intelligent

у́мственный mental, intellectual

умыва́ться/умы́ться, *Pf. fut.* **умо́юсь, умо́ешься** to wash one's hands and face умышленный deliberate

университе́т university

уничтоже́ние destruction, annihilation

употребля́ть/употреби́ть, *Pf. fut.* употреблю́, употреби́шь to use

упражне́ние exercise

Ура́л the Urals

уро́к lesson

усе́рдный keen

уси́лие effort

усло́вие condition

услу́га service, favour

услы́шать *Pf. of.* слы́шать to hear, catch the sound of

успева́ть, *pres.* успева́ю, успева́ешь/успе́ть to manage, have time to; на + *acc* to be in time for

успе́х success

устава́ть, *pres.* устаю́, устаёшь /уста́ть (10 § 3) to tire, become tired

уста́лость *fem.* fatigue

уста́лый tired

устра́ивать/устро́ить to arrange; suit

утёнок, *gen.* утёнка (17 § 2) duckling

у́тренний morning *(adj.)*

у́тро, *gen.* у́тра (but с утра́, до утра́) morning

у́тром in the morning

у́хо, *pl.* у́ши, *gen.* уше́й ear

уходи́ть/уйти́ (12 § 1) to go away

уче́бник text-book

уче́бный educational

учени́к, *gen.* ученика́ pupil, schoolboy

учени́ца schoolgirl

учёный scientist

учи́тель, *pl.* учителя́ teacher *masc.*

учи́тельница teacher *fem.*

учи́ть/на- (16 § 3) + *dat. of subject taught* + *acc. of person taught* to teach

учи́ться/на- to learn; be a pupil, student

Ф

фа́брика factory

факт fact

фами́лия surname

фантасти́ческий fantastic

февра́ль *masc.*, *gen.* февраля́ February

фигу́ра figure

фи́зик physicist

фи́зика physics

физи́ческий physical

филосо́фский philosophical

филосо́фствовать/по- to philosophize

фильм film, movie

фи́рма firm

фле́йта flute

фо́рма form

фотоаппара́т camera

фото́граф photographer

фотографи́ровать/с- to photograph

фотогра́фия photography; a photograph

фотока́рточка snapshot

францу́з Frenchman

францу́женка Frenchwoman

фронт front

футбо́л football

Х

халáт dressing gown, white
   coat
харáктер character
хвáстаться/по- + *instr.* to
   boast of
хватáть/хватúть *impersonal*
   + *gen.* to suffice
хúтрость *fem.* cunning; trick
хúтрый cunning
хлеб bread
ходúть/(по-) (11 § 1) to go
хозя́ин, *pl.* хозя́ева, *gen.* хозя́ев
   host
хозя́йственный household
холм, *gen.* холмá hill
хóлод cold
холóдный, *adv.* хóлодно cold

хорóший, *adv.* хорошó, *comp.*
   лýчше, лýчший, *superl.* лýчший (21 § 2) good
   хорошó! good! fine! O.K.!
хотéть/за- (3 § 4) to want
хоть even though; just
   хоть раз just once
храм church, temple
хребéт, *gen.* хребтá mountain
   range
хýденький *diminutive of* худóй
   thin, slight
худóжественный artistic
   худóжественная литератýра
   belles lettres
худóжник artist
хýдший worst
хýже worse

Ц

царь, *gen.* царя́ tsar
цвет, *pl.* цветá colour
цветóк, *gen.* цветкá, *nom. pl.*
   цветы́, *gen.* цветóв flower
целовáть/по- to kiss
цéлый whole
цель *fem.* aim, purpose

ценá, *acc.* цéну *pl.* цéны price
центр centre
центрáльный central
цéрковь *fem.* (18 § 5) church
цивилизáция civilization
цитúровать/про- to quote
цúфра figure, statistic

Ч

чай tea
чáйка, *gen. pl.* чáек seagull
чáйник kettle, teapot
час hour
   часы́ clock; watch; hours
чáстный private
чáсто, *comp.* чáще often

часть *fem.* part
чáшка cup
чегó *gen. of* что
чей, чья, чьё; чьи (21 § 5)
   whose
чек check, receipt; cheque
человéк, *pl.* лю́ди, *but gen. pl.*

sometimes **человéк** (17 § 2) person
человéчество humanity
человéческий human
человéчный humane
чем than
чемодáн suitcase
чéрез + *acc.* through, across; every other; via; in (*after a period of time*)
чёрт, *pl.* **чéрти,** *gen.* **чертéй** devil
четвéрг, *gen.* **четвергá** Thursday
четвёртый fourth
чéтверть *fem.* quarter (19 § 2)
  чéтверть пя́того quarter past four
  без чéтверти пять quarter to five
четы́ре four
четы́рнадцатый fourteenth
  четы́рнадцать fourteen

чех Czech
чин, *pl.* **чины́** rank
чини́ть/по- to mend
чи́стый, *comp.* **чи́ще** clean, pure
читáть/про- to read
член member
что what; that
  а что? what of it? so what?
  что ли? (*emphatic*) or what?
  что такóе...? what is...?
  что э́то за + *nom.?* what sort of a... is this?
что́бы to, in order to (27 § 2) (*subjunctive particle*)
чу́вство, *gen. pl.* **чувств** feeling
чу́вствовать/по- to feel
чужóй someone else's
чу́ткий sensitive
чуть a little bit; only just; scarcely
  чуть (ли) не almost, very nearly

Ш

шаг, *loc.* **на шагу́** step, pace
шáпка hat, cap
шахматúст chess player
шáхматы *pl.*, *gen.* **шáхмат** chess
шéдший *participle of* **идтú**
шёл, шла *past of* **идтú**
шестидеся́тый sixtieth
шестнáдцатый sixteenth
  шестнáдцать sixteen
шестóй sixth
шесть six
шестьдеся́т sixty

широ́кий, *comp.* **ши́ре** wide, broad
шкаф, *loc.* **в шкафу́,** *pl.* **шкафы́** cupboard
шкóла school
шкóльный schocl (*adj.*)
шум noise
шумéть, *pres.* **шумлю́, шумúшь /за-** to make a noise
шу́мный noisy
шутúть, *pres.* **шучу́, шу́тишь /по-** to joke

Щ

щётка　brush, broom

Э

эгойст　egoist
эй!　hey!
экзáмен　exam
эконóмика　economics
экономический　economic
экскурсовóд　guide
экскýрсия　excursion, tour
электричка　electric train
электрический　electrical
электростáнция　power station

энéргия　energy
эра　era
　нáшей эры　A.D.
этáж, *gen.* этажá　storey
　пятый этáж　fourth floor
этажéрка　book-case
это　this is, these are
этот, эта, это; эти　this; these
эффективность　*fem.* efficiency
эффективный　effective

Ю

юбка　skirt
юг　south

южный　southern
юность　*fem.* youth

Я

я (8 § 3)　I
явлéние　phenomenon
являться　+ *instr.* to be; to
　act as
ягода　berry
　ягодка　*diminutive of* ягода
　(a single) berry
ядерный　nuclear

язык, *gen.* языкá　language;
　tongue
яйцó, *pl.* яйца, *gen.* яиц　egg
январь *masc.*, *gen.* января
　January
японец *masc.*, *gen.* японца;
　японка *fem.*　Japanese
ясный　clear
ящик　box; drawer

INDEX

The figures refer to the number of the lesson where the Grammar notes deal with the point in question.

Accusative case 2; 5; 6; 18
Adjectives: declension,
    singular 15
    plural 18
  'hard' and 'soft' 6
  short form 3; 15
  comparative 20
  superlative 21
Adverbs 6; 22
  comparative 20
  superlative 21
Age 17; 19
Conjunctions 23
Dates 25
Dative case 8
Days of the week 9
Duration of time 6
Fractions 28
Genitive case:
  singular 4
  plural 16; 17
  partitive 6
  other uses 4; 5
Gerunds 23
Indirect questions 3, 11
Indirect speech 11
Instrumental case 7; 18

'Let him ...' 25
'Let us ...' 10
Months 9
Nouns: declension,
    singular 8
    plural 18
  irregular plurals 6; 17; 18
  neuter nouns in -мя 18;
  gender 1; 4
Numerals: cardinal 4; 17; 19; 25;
    26; 28
    collective 28
    ordinal 15; 17
  declension 28
Passive voice 7; 22
Participles 22
Patronymic 5
Prepositional case 1; 4; 6; 18
Pronouns: personal 5
  declension 8; 15; 18
Reflexive pronoun 21
Reflexive verbs 7
Relative pronoun 15
'Somebody, something' 17
Spelling: rules of *page 3*
Subjunctive 27
Surnames 5; 25

Time: expressions of 6; 7; 8; 9;
   15; 19; 28
Verbs: aspects 9
  future tense 10
  Imperative 3; 13; 27

past tense 9
present tense 1; 2; 3; 4
verbs in -нуть 19
verbs in -овать, -евать 7
Verbs of motion 11; 12; 13; 14;
   15; 19

больной 19
было 22
виден, видно 13
маленький 15
много, многие 16
некто, нечто 24
нельзя 10
никто, ничто 26
носить 14
оба 28
один 26, 28
полдень, полночь 28

полтора 28
приходиться 12
пускай, пусть 25
сам 8
самый 21
свой 15
себя 21
сколько 28
слышен, слышно 13
-то, -нибудь 17
учить, учиться 16
чей 21
чтобы 26; 27